EL COLOR

DEL

PRIVILEGIO

EL COLOR

DEL

PRIVILEGIO

EL RACISMO COTIDIANO
EN MÉXICO

HERNÁN GÓMEZ BRUERA

🌐 Planeta

ÍNDICE

PRESENTACIÓN

Eres un racista. Sí, tú, quien está leyendo estas páginas. Te estoy acusando a ti, que seguramente estás convencido de ser incapaz de incurrir en ese vicio, a ti que muy probablemente veas siempre el racismo en el ojo ajeno, pero nunca en el propio. Desde la primera página te atribuyo un adjetivo sin conocerte. ¿Resulta una afrenta? Qué pena. Pero es la verdad. Y aclaro: no te estoy llamando clasista, algo que a muchas y muchos les resulta más sencillo de aceptar y reconocer en sí mismos y en los demás. Nada de eso, lo que te estoy diciendo es que eres un ra-cis-ta. Lo eres tú... y lo soy yo también. Lo somos todos. Ya va siendo hora de que dejemos de engañarnos a nosotros mismos porque todos tenemos, en mayor o menor medida, algo de racistas. No se trata aquí de buscar pretextos para eludir la responsabilidad de cada quien, sino de darnos cuenta de que todas y todos —estemos o no conscientes de ello— tenemos una forma de racismo guardada en algún lugar. Lo que busca este libro es descubrir dónde se aloja ese racismo para tratar de erradicarlo.

El racismo en México ha sido por largos años un asunto difícil de nombrar y reconocer. Raramente logramos tener una discusión racional sobre el tema porque su sola mención nos incomoda y suscita posturas defensivas entre propios y extraños. Ese racismo no siempre se manifiesta en una abierta exclusión hacia ciertos grupos o en manifestaciones de segregación y violencia, como es más frecuente en otros países. Nuestro racismo está tan normalizado y es a tal punto recurrente que muchas veces no es reconocido como tal; se «disfraza» de otra cosa, de algo menos amenazante. En ese sentido, es un racismo vergonzante e hipócrita. Uno donde el valor de las personas —sus virtudes y su inteligencia, su talento o su atractivo físico— se asocia a diferencias en el tono de piel (a veces muy sutiles), así como a la mayor o menor presencia de rasgos que suelen ser percibidos como «autóctonos» (los estudiosos los llamarían «racializados»), por hacernos recordar nuestras raíces prehispánicas. En general, es un racismo vinculado a la invisibilización y el desprecio que existe hacia la cultura y el idioma de los pueblos indígenas.

Aunque históricamente hemos preferido no ver nuestro racismo, nos acompaña todos los días y está en muchos ámbitos de nuestra vida: comienza por mostrarse en el lenguaje y podemos encontrarlo en las expresiones del habla popular que empleamos a diario, desde las frases que nos parecen de sentido común hasta los refranes, pasando por el humor al que recurrimos día a día, el tipo de comedia que consumimos y los chistes que contamos. El racismo es tan fuerte que marca nuestras relaciones personales y determina incluso quiénes son nuestros colegas y amigos. Está dentro de nuestras familias y en nuestras escuelas, donde aprendemos a ser racistas desde muy pequeños y donde a menudo somos objeto de discriminación racial y la ejercemos en contra de nuestros propios parientes, compañeros y amigos. El racismo marca con fuerza nuestros patrones de belleza en el mundo de la publicidad, el periodismo, los medios de comunicación, el cine y la televisión. Existe, desde luego, en la política como un todo, en las políticas públicas y en los políticos, tanto de izquierda como de derecha, además de que se refleja socialmente en las actitudes que mostramos hacia cierto tipo de migrantes (muchas veces los que más se parecen a nosotros, como son los provenientes de Centroamérica), y en las políticas migratorias que históricamente ha instrumentado el Estado mexicano.

Sufrimos y ejercemos racismo en los hospitales y en el trabajo, donde muchas veces los encargados de reclutamiento, promoción o permanencia toman decisiones —consciente o inconscientemente— a partir de los rasgos y la apariencia física de las personas (eso que para evitar llamar por su nombre solemos denominar «el porte» o «la buena presencia»), en lugar de premiar criterios como el talento, el mérito o el esfuerzo, por mencionar algunos. Pero ese racismo está también presente en los espacios de entretenimiento, donde el tono de piel y la apariencia física determinan muchas veces si entramos o no a un simple bar o a un antro.

Por sobre todas las cosas, ese racismo puede determinar si somos pobres o ricos y, sobre todo, *qué tan pobres o ricos somos*. Y es que, de manera muy evidente, nuestro racismo está íntimamente emparentado al clasismo; más incluso en otros países del mundo donde esa asociación también se puede encontrar. Para comprobar que vivimos en una sociedad racista no hace falta recopilar demasiada evidencia y estudios, aunque estos siempre son necesarios: basta con echar un rápido vistazo a la realidad para ver quiénes son los grandes empresarios y cuál es su tono de piel; quiénes son los pobres y de qué color son; de qué tez están llenas las cárceles y de cuál las estrellas en las telenovelas; quiénes ocupan y han ocupado los espacios de poder más importantes en el país y qué tipo de personas aparecen en las revistas de sociales. Porque mientras en México el privilegio es de color blanco, la pobreza tiene por lo general la piel morena y la indigencia el rostro indígena.

En general, la atención cuando se habla de racismo suele estar en sus víctimas. Menos interés solemos mostrar en la otra cara de esa misma moneda: la de quienes están arriba de la pirámide social y gozan de un privilegio otorgado por nacimiento. Un privilegio que en México tiene en la blancura uno de sus principales ingredientes. Ese es precisamente el

11

enfoque que he querido dar a este libro. Desde luego, ello no implica que solo los privilegiados ejerzan discriminación racial. Bien sabido es que se da en todos los niveles. Sin embargo, hay un racismo que emana de las élites y los sectores acomodados del que no hemos hablado lo suficiente. Por el efecto multiplicador que las acciones de esos sectores tienen ante el conjunto de la sociedad es importante ponerles más atención, porque, gracias a su poder e influencia en los más diversos ámbitos, estos grupos tienen una capacidad mayor para imponer una serie de estereotipos y estigmas al resto de la gente que constituyen la base de una forma racista de pensar y actuar.

El privilegio blanco —del que pocas veces hablamos porque quienes lo detentan nunca han necesitado enunciarlo como tal— está presente en todos los ámbitos. De tez blanca son —como lo calculamos con datos duros para este libro— el grueso de los empresarios y banqueros que concentran la mayor tajada del producto interno bruto (PIB) en nuestro país; quienes ostentan las posiciones de poder más altas en la política: desde la mayoría de los secretarios y secretarias de Estado hasta los ministros y ministras de la Suprema Corte de Justicia, pasando por los gobernadores de las distintas entidades federativas. De tez clara son —en su mayoría— quienes tienen la capacidad de formar opinión porque controlan los principales medios de comunicación, conducen noticieros y escriben columnas en los periódicos. Hombres y mujeres de tez blanca son, también, los que aparecen en comerciales de televisión, gran parte de los directores de películas mexicanas y hasta la mayor parte de las mujeres que suelen ganar los concursos de belleza de mayor impacto mediático.

El contexto en el que vive una parte importante de las élites blancas en nuestro México las hace crecer con enormes delirios de grandeza, con una percepción de ser más poderosas que las demás, más ricas, más atractivas, más sofisticadas, más *cool* y hasta más inteligentes que las mayorías morenas. Esa percepción muchas veces va acompañada de una sensación de merecer una serie de satisfactores por el simple hecho de ser quienes son: por su origen, por su apellido, por su «cuna», por su tono de piel. Claramente, muchas de estas personas han tenido oportunidades inmerecidas que exceden por mucho sus capacidades, sus talentos, sus esfuerzos y su dedicación.

Es poco probable que esa gente cuestione sus propios privilegios. A ella va dirigida en gran medida la crítica que en los últimos años se ha hecho hacia los llamados *whitexicans*, un término que comenzó con un simple tuit y alcanzó más tarde escala viral. Aunque hasta ahora es difícil acertar si ese debate que se ha dado sobre todo en las redes se limita a un simple meme o podrá derivar en una crítica social más elaborada, se trata de un término que satiriza el raci-clasismo de las élites; es un recordatorio de que en México el estatus social, la apariencia física y el tono de piel ejercen una influencia mucho más determinante que en otras sociedades.

Como autor de este libro, estoy plenamente consciente de que en el contexto que estoy describiendo me ubico dentro del privilegio. Sin pecar de autorreferencial, pero sin ser deliberadamente omiso, me anticipo a la crítica que seguramente harán varios lectores. ¿Por qué alguien que pertenece a la *güeritocracia* y es parte de la *blanquitud* escribe un libro sobre el racismo del cual se ha beneficiado? No estoy seguro de tener una respuesta persuasiva ante ello. Puedo decir, sin embargo, que me resulta inquietante cada vez que me pongo a reflexionar cuánto de lo que he logrado alcanzar en la vida —poco o mucho, según sea el referente de comparación— tiene que ver con una dimensión tan vacía e insignificante como es mi tono de piel y mis rasgos físicos.

En varios momentos, mientras escribía este libro, reflexioné sobre las ventajas que eso ha significado a lo largo de mis más de 40 años de existencia, desde pequeño hasta hoy. Traté de ser honesto conmigo mismo y elaboré una lista extensa, en la cual incluí desde los aspectos más nimios hasta los más significativos. Tan larga resultó ser esa lista que me sorprendió y preferí detenerme ante la incomodidad que me generó. Mencionaré, por tanto, solo algunas cuestiones, a pesar de que varias de ellas hacen que me sonroje. Por ejemplo, cuando siendo pequeños mi hermano y yo solíamos ir a un centro comercial a pedir dinero a la gente, y para aumentar nuestras posibilidades de éxito inventábamos que nuestros padres nos habían dejado ahí, se habían marchado sin nosotros y no teníamos manera de volver a casa. No sé cuántos en realidad se creían el cuento. De lo que estoy seguro es de que, de no ser un par de güeritos, no nos habría ido tan bien con la caridad cristiana.

En temas más serios y determinantes para la vida de un ser humano, recuerdo también el trato que recibíamos cuando acudíamos al Instituto Nacional de Pediatría para tratarnos una deshidratación, una herida que merecía costura o una conmoción cerebral por habernos dado un guamazo. El trato que nos brindaban en aquel hospital público —donde algunas de las enfermeras se fascinaban con nosotros, los rubios— nunca era el mismo que el de otras personas que debían someterse a esperas más largas y que incluso eran objeto de un trato mucho menos amable que el que recibía mi familia. Recuerdo también cómo, muchos años después, siendo joven —aunque ya mayor de edad—, fui a dar a una celda por haber cometido una imprudencia a altas horas de la noche. No era el único allí, éramos muchos más: 20 o 30, quizá, que entramos casi al mismo tiempo. Solo había un güero que fue el primero al que las autoridades de la delegación dejaron salir.

El privilegio blanco ha estado presente en muchos otros momentos de mi vida: en que nunca me hayan rechazado para entrar a un antro u otro espacio de entretenimiento; en que ciertas personas me vean más, me escuchen más, me pongan más atención o simplemente recuerden mi nombre; en que algunos maestros de la universidad consideraran más valiosas mis opiniones y una maestra haya dicho por ahí —para mi vergüenza— que haberme visto el primer día de clases fue como encontrarse «un sol en medio de la negrura»; en que las personas no me consideren feo ni desagradable a la vista porque mi tono de piel suele ser percibido como la antítesis de eso en esta sociedad; en que quienes están en posiciones de poder o influencia me consideren parecido a ellos y sea más probable que se interesen en cruzar alguna palabra conmigo, incluso en darme una oportunidad de algún tipo.

Probablemente también ese privilegio es el que me ha permitido opinar en la televisión nacional, conducir un programa o escribir en un diario. Podría decir incluso que he disfrutado del privilegio de no tener que hablar jamás de mi propio privilegio —porque este suele ser incuestionable—, salvo por decisión o iniciativa propia como ahora. Desde luego que también ha habido desventajas, como haber sido bulleado durante un año entero de la preparatoria, cuando decidí incursionar en una escuela pública, tema del que hablaré en el primer capítulo; pero nada que pueda compararse con las mieles generadas por mi privilegio.

Una enorme sensibilidad acompaña cualquier discusión sobre racismo en México. Cuando el tema se menciona nos sentimos atacados y, en ocasiones, el simple hecho de que alguien hable del asunto públicamente es suficiente para ser etiquetado como racista. Y es que nadie quiere reconocerse como tal, a pesar de que —como sostengo en este libro— todas y todos en alguna medida lo somos porque, consciente o inconscientemente, clasificamos y jerarquizamos a otras personas a partir de sus rasgos físicos y su pertenencia étnica, ya sea de manera deliberada o de forma no intencional, como ocurre en la mayoría de los casos. Se trata —y esa es mi invitación al escribir estas páginas— de que cada uno examine dónde guarda su racismo y en qué tipo de racismo se encuadra su manera de ser, pensar y actuar frente a los demás.

No comparto la idea de que hablar sobre racismo y raci-clasismo pueda ser peligroso, contraproducente o perjudicial. Tampoco creo que hacerlo polarice a nuestra sociedad —como creen algunas almas tibias y pusilánimes— o que pueda destapar «la caja de pandora», como piensan quienes están cómodos con su privilegio y desean que permanezca inefable e inalterable. Estoy convencido de que la lucha contra el racismo en México pasa, en primer lugar, por romper el silencio y discutir el tema. Creo que debemos polemizar sobre el asunto de forma tan acalorada como sea necesario. Esa lucha, desde luego, pasa también

15

por examinar nuestro propio privilegio y por deconstruir —cada uno— el racismo nuestro de cada día.

El libro que hoy presento no pretende ser una contribución original a los estudios sobre racismo, salvo quizás el segundo capítulo, en el que sugiero una tipología sobre distintas manifestaciones del racismo mismo. Lo que he intentado hacer, en todo caso, es compilar de una manera amena y accesible a todo tipo de público buena parte de lo que se ha escrito, tanto por parte de especialistas como de periodistas que han elaborado reportajes sobre aspectos específicos ligados al tema. Los primeros capítulos, en particular, se basan en una serie de trabajos académicos realizados por expertos en racismo a partir de disciplinas como la historia, la sociología y la antropología. Así, comienzo por recapitular, en los primeros cinco capítulos, las definiciones básicas sobre el racismo y sus características en México, para abordar también las intersecciones entre clasismo y racismo, y de qué está hecho el privilegio blanco en nuestro país.

A partir del sexto capítulo reviso el problema del racismo en ámbitos particulares de nuestra vida, comenzando por el lenguaje; luego continúo con el racismo que aprendemos en la escuela y la familia, y con el que determina nuestro ideal de belleza, que está presente en la publicidad, el cine y la televisión. Más adelante trato el tema del racismo en la comentocracia y los medios, y el «racismo cadenero»: ese que nos topamos en bares y antros en los que se selecciona a las personas a partir de su apariencia física. Hacia el final del libro analizo el racismo que históricamente ha definido nuestras políticas migratorias y el que hoy marca nuestras actitudes hacia las personas migrantes. Después me refiero al racismo que marca nuestra relación con las trabajadoras del hogar y dejo para los dos capítulos finales el racismo en la política y una forma particular de este último, que hace tiempo denominé como «la pejefobia»: el racismo y el clasismo dirigido hacia el presidente Andrés Manuel López Obrador, pero, sobre todo, hacia las mayorías que lo siguen.

He podido conversar sobre este libro con algunos de los principales estudiosos del racismo en México, como: Federico Navarrete, Olivia Gall, Eugenia Iturriaga, Patricio Solís y Alice Krozer, a quienes les agradezco su orientación y apoyo, en especial a esta última, quien leyó prácticamente todo el manuscrito antes de ser entregado a la editorial, junto con José Antonio Aguilar de la organización Racismo MX, otro gran conocedor del tema. En la elaboración de este trabajo conté con la valiosísima colaboración de algunos estudiantes que fungieron como asistentes de investigación, particularmente, el talentoso José Manzano y el impetuoso Manuel Chong, quienes trabajaron en la elaboración de encuestas, en la medición de tonos de piel y otras tareas. Me apoyaron también a revisar este escrito y brindaron valiosos comentarios Violeta Vásquez, además de José Antonio Aguilar y Alice Krozer, a quienes ya mencioné. También le agradezco a Alexandra Haas y al equipo del Consejo Nacional para Prevenir la Discriminación, así como a su par en la Ciudad de México, el Copred, por brindarme información valiosa. También, desde luego, con mi amigo, el publicista Pepe Becker, quien me sugirió trabajar sobre este tema, y con mis editores de Planeta, Karina Macias, Gabriel Sandoval y Pierre Herrera. Estoy agradecido también con Tambo, porque su alma me acompañó en silencio mientras escribía estas páginas, y especialmente lo estoy con un bote que me ha permitido navegar por mucho tiempo y llegar mucho más lejos de lo que jamás imaginé.

1

DE QUÉ HABLAMOS CUANDO HABLAMOS DE RACISMO

Al realizar un estudio antropológico sobre el racismo, Eugenia Iturriaga presentó a un grupo de estudiantes de preparatoria en una escuela privada una serie de fotografías y les pidió imaginar sus historias de vida. El patrón que encontró fue más que consistente: siempre que aparecían personajes de tez clara, los jóvenes pensaban en bienestar económico, carreras exitosas, estudios universitarios, refinamiento cultural y gusto por el arte y la lectura. En cambio, cuando aparecían sujetos de tez morena, los estudiantes asociaron los perfiles que la antropóloga les presentaba a pobreza, alcoholismo, violencia y, evidentemente, empleos mal remunerados.

Pero lo más revelador llegó cuando Iturriaga les mostró una fotografía de un artista plástico de origen zapoteco (Francisco Toledo)… La ignorancia de los muchachos, incapaces de identificar a una de las grandes figuras de la cultura y las artes en México, se puso de manifiesto: uno de ellos dijo que era un hombre que se había vuelto alcohólico y había perdido su casa y su familia; una aseveró que se trataba de un pepenador de basura. Otros más imaginaron que era bolero o vendedor de esquites. «Ese señor es un vago, vele la cara», apuntó con toda seguridad una de las participantes. «Más bien tiene cara de hacer algún trabajo agrícola», señaló otra. Algún estudiante más intervino para asegurar: «Es un señor raro, se ve que fuma mucho y no creo que sea pobre, más bien se dedica a las matemáticas, a la literatura o a la pintura». Ante ello, un joven contestó: «Pues si se dedica a la literatura seguro que nunca ha logrado publicar algo, por eso su cara de frustración».

Para aproximarse al verdadero personaje, al artista oaxaqueño en el que el lector tal vez ya esté pensando, la antropóloga preguntó a los alumnos si creían que se trataba de una persona culta. «Claro que no, ese señor es un pescador»; «No, es un jardinero»; «No, vende artesanías», fueron algunas de las respuestas. Uno más agregó: «Es el típico señor que te encuentras en las ruinas y te platica todo». «Sí, típico que lo ves y agarras a tu hija, pero después te das cuenta de que es muy amable y culto». «Es un pintor, ¿no es Toledo?», dijo al fin un joven, al que a pesar de su acierto nadie secundó. «Parece loco», gritó una de sus compañeras. «Da miedo»; «Es el Changoleón que sale con Facundo»; «Sí, es igualito al Changoleón», dijo uno más antes de que el resto rompiera en risas.[1]

Al final del ejercicio, después de que les explicaron quién era ese artista, varios de los estudiantes se dieron cuenta de la cantidad de prejuicios racistas compartidos con muchas otras personas. Una de las participantes, por ejemplo, reconoció que nunca había pensado que fuera racista, que esos no eran los valores que le habían inculcado en su casa ni en la escuela; que incluso siempre se había considerado «una buena persona».[2]

Sucede que para ser o dejar de ser racista poco tiene que ver el que uno sea buena o mala persona. Tampoco hace falta estar consciente de que uno es racista. De hecho, las principales manifestaciones del racismo en México se producen sin que tengamos la menor conciencia de ellas. Y es que el racismo nuestro de cada día es un fenómeno tan frecuente en nuestra sociedad que ha terminado por convertirse en parte de nuestro lenguaje cotidiano. Como señala la socióloga Mónica Moreno, se ha convertido en «lo que todos hacemos», bajo la lógica de que «así son las cosas».[3]

¿QUÉ ES EL RACISMO?

Primero lo primero: *las razas no existen*. Por lo general, ese suele ser hoy el consenso entre biólogos, genetistas y antropólogos. Es evidente que hay una serie de variaciones físicas de una persona a otra, pero, como escribe Olivia Gall, una de las mayores expertas sobre racismo en México, vistas de cerca no resultan significativas como para que se agrupe a las personas como «negros», «blancos», «asiáticos» o «amerindios», por mencionar algunas de las supuestas «razas».[4]

Desde el punto de vista biológico, las características externas del ser humano a las que tradicionalmente hemos recurrido para distinguirnos a unos de otros no son indicadores confiables para explicar las variaciones genéticas.[5] Así lo han demostrado los estudios más recientes sobre el genoma humano. Genéticamente, los humanos somos 99.9% iguales, independientemente del tono de piel o lugar de procedencia. En otras palabras, los elementos que nos diferencian a unos de otros se expresan únicamente en 0.1% de nuestro genoma.[6] Tampoco desde el ámbito de la psicología se puede hablar de razas; el grueso de los psicólogos coincide en que los seres humanos, independientemente de su tono de piel o sus rasgos físicos, somos muy parecidos en nuestras capacidades y limitaciones mentales.[7]

Si las «razas» no existen, ¿por qué tan comúnmente hacemos referencia a ellas, pensamos y discutimos sobre estas como si se trataran de una realidad palpable, material e irrefutable? Porque lo que existe en realidad es solo una idea de «raza» en la que muchas personas han creído —por lo general con estúpido fervor—, y esa creencia ha tenido un impacto importante en la sociedad. Porque hemos construido un mundo en el que el tono de piel o los rasgos físicos de las personas parecen —de manera equivocada— algo muy importante cuando se trata de distinguirnos entre unos y otros.

La idea de la «raza» —que entrecomillo en este libro porque quiero tomar distancia de ella— no es cualquier idea. Resulta poderosa porque históricamente ha sido utilizada para diferenciar a las personas; para justificar las diferencias que hemos creado entre nosotros; para determinar qué le toca a quién y en qué cantidad, quién merece el éxito o quién está destinado a una posición de subordinación, quién es un ser humano con dignidad que puede gozar plenamente de sus derechos y quién está condenado a aceptar una condición de marginación, quién nació para servir a los demás y quién para servirse de los otros.

Aunque el término *raza* carece de validez, lo que resulta indiscutible es que el racismo existe y por lo general se sustenta en la supuesta existencia de las «razas», la creencia de que efectivamente existen. El racismo se basa en una construcción equivocada de que entre las personas habría diferencias raciales y que estas importan en términos del valor que le damos a una persona o a un grupo de personas, así como en la manera en que evaluamos sus aptitudes y capacidades.

Desde sus orígenes a mediados del siglo XVIII, el racismo fue adoptado como una ciencia para justificarse. Esa ciencia —que a los ojos de hoy, pero no necesariamente de entonces, se puede ver como una seudociencia— obsesivamente se daba a la tarea de medir cráneos, estudiar tipos de bocas, tamaños de narices, forma de pómulos, la altura de las personas y su complexión, entre otras características, para, a partir de algunas aproximaciones aparentemente sofisticadas, sacar una serie de conclusiones que en la actualidad pueden parecernos bastante ridículas. Como cierta tesis del médico, antropólogo y oficial alemán de las SS, Josef Mengele, quien sugirió que la raza de una persona podía ser identificada nada más y nada menos que por la forma de su mandíbula.[8] En el afán de sustentar su creencia en la existencia de una «raza aria pura», este estudioso llevó a cabo experimentos en miles de presos, a los cuales inyectó químicos en los ojos para ver si cambiaban al color azul, y se abocó a realizar pruebas en mujeres para que pudieran tener gemelos, con la intención de que las alemanas fueran las encargadas de repoblar la tierra con su presunta pureza aria.[9]

Otros ejemplos no tan conocidos, aunque no menos sombríos que los de Mengele, se llevaron a cabo en el sudoeste africano, un laboratorio para los experimentos de los «científicos» europeos, particularmente alemanes, alimentados por sus teorías darwinistas de superioridad racial. Durante el genocidio en Namibia, a principios del siglo xx, la demanda de huesos humanos de los africanos se incrementó exponencialmente en Europa. Miles de museos y hospitales compraron cráneos de personas de origen africano para estudiar la estructura de su cabeza, mientras que «científicos» de entonces, como Eugen Fischer, antropólogo y profesor de medicina, estudiaron en los campos de concentración la forma del cuerpo, el color y la forma del cabello, así como los ojos de las comunidades herero, una etnia del grupo bantú ubicada al sur de África, para llegar a conclusiones —que hoy también parecen muy absurdas— como esa de que los niños mulatos de aquellas comunidades constituían una «raza inferior», útiles únicamente para actividades de baja cualificación como policías o empleados de servicios postales.[10]

En el caso de México, el estudio de las «razas» influyó mucho en los científicos sociales mexicanos a partir de finales del siglo xix y la primera mitad del xx. A través de ellos se sustentó la creencia en el atraso de las comunidades indígenas[11] y se promovió la idea de que era necesario crear «ciudadanos perfectos», libres de esa terrible herencia degenerativa que corrompía a la sociedad.[12] Para evitar que esto ocurriera, planteaba la ciencia de entonces, era necesario promover la homogeneidad racial y evitar la reproducción entre ciertos grupos.[13]

En esta lógica, los médicos que se adscribían a la llamada eugenesia —una disciplina muy influyente durante los años veinte y treinta— clasificaron a los mexicanos en tres razas: criollos, mestizos e indios. Como era de esperarse, aquella ciencia definió a los criollos como inteligentes, impetuosos, audaces y de activa energía; a los indígenas como pasivos, apáticos, humildes y desinteresados; y a los mestizos como inteligentes y audaces, aunque con la apatía y el desinterés que presuntamente caracterizaba a los indígenas.[14] De igual manera, los médicos eugenistas establecieron un vínculo entre los pueblos originarios y la inclinación hacia la delincuencia o las enfermedades mentales, además de plantear de forma explícita la superioridad de la «raza blanca», a partir de cuya idea se motivó una política migratoria que buscó promover la inmigración europea durante el periodo revolucionario, como explicaré en el capítulo 13.

Detrás del origen del racismo está la necesidad de justificar la superioridad de unos sobre otros para establecer diferencias en el acceso a la riqueza y al poder. Para lograrlo, explica también Gall, los racistas recurrieron a los aspectos que saltaban a la vista de forma más clara: aquellos que las personas, aunque se empeñen, difícilmente pueden cambiar, tales como el tono de piel, el color y la forma de los ojos y el pelo, la fisonomía de la nariz y la boca o el tamaño de la cabeza.[15]

En principio, el racismo tiene que ver con asociar determinado tipo de conducta o grado de inteligencia al tono de piel de las personas, al fenotipo e incluso a su pertenencia étnica, y a partir de ello establecer quiénes son mejores que otros, quiénes pueden acceder a cierto nivel o posición, y a qué tipo de personas ese acceso debiera estar vedado.[16] El racismo es la creencia de que ciertos seres humanos son mejores que otros a partir de factores que normalmente tienen que ver con sus rasgos físicos y que suelen asociarse a determinado tipo de comportamiento o forma de pensar.[17]

Pero el racismo no se limita a los rasgos físicos y al tono de piel. Si así fuera, no veríamos en México y otros países latinoamericanos, por ejemplo, una fuerte discriminación entre personas que se identifican como «mestizas» y quienes se consideran indígenas, a pesar de que muchas veces su tono de piel y su fenotipo son similares. Cuando en San Cristóbal de las Casas, Ali Roxox, una estudiante de doctorado de origen k'iche' que vestía traje tradicional indígena, entró a una pastelería a comprar unos *croissants* y la corrieron por considerar que se trataba de una vendedora ambulante que no tenía cara de tener derecho a a ese producto, la razón de aquel acto discriminatorio no radicó en el tono de piel; probablemente tampoco en su clase social. Fue en su manera de ser y de vivir, su cultura y sus tradiciones.[18] Por ello es que las diferencias culturales, al igual que las lingüísticas —que algunos consideran discriminación étnica—, también constituyen una expresión del racismo.

Para quien gusta de las definiciones rigurosas, una útil para la discriminación racial (a pesar de recurrir a la palabra *raza*) es la que estableció la Organización de las Naciones Unidas (ONU) el 21 de diciembre de 1965 a través de la Convención Internacional para la Eliminación de todas las Formas de Discriminación Racial, un documento firmado inicialmente por 103 países que se reunieron para adoptar por primera vez una política en contra del racismo.[19] Según esta convención, actualmente ratificada por 181 países (incluido México, que lo hizo en 1975), «la discriminación racial denota cualquier distinción, exclusión, restricción o preferencia basada en motivos de raza, color, linaje, origen nacional o étnico que tenga como resultado anular o disminuir el reconocimiento, disfrute o ejercicio, en igualdad de condiciones, de los derechos humanos y las libertades fundamentales en la esfera política, económica, social y cultural, así como en cualquier otra esfera de la vida pública».[20]

Ejemplos de racismo en nuestra sociedad hay muchos, y en este libro los iré deshilvanando uno a uno. En el anonimato de las redes sociales se pueden apreciar buenos ejemplo de ellos.

Tan solo en Facebook hay dos páginas llamadas «Prietos en aprietos» que juntas tienen más de 51 000 seguidores. Ya no mencionemos la página «Cosas naquísimas» que concentra casi dos millones de seguidores, donde se pueden leer publicaciones como: «Le daré *unfollow* a todo el que sea prieto, aquí no es llantera…». En otra publicación se lee una captura de pantalla de un chat que dice: «¿Qué se necesita para conquistarte?», a lo que la otra persona le contesta: «Ser blanco». En otra publicación se puede ver un dibujo de un trabajador de cine que le pregunta a una pareja el sabor de sus palomitas: «¿Las quiere dulces o saladas?», a lo que el hombre contesta: «Las quiero como ella». Finalmente, el vendedor responde: «No tenemos palomitas prietas».

En Twitter, un internauta también creó la cuenta «Cosas de prietxicans», en la que se pueden leer burlas hacia la gente pobre y morena, e incluso se refieren al presidente López Obrador a través de mensajes como estos: «#EsDePrietxicans @lopezobrador_ comiendo barbacoa con Jesús Ernesto». También suben mensajes como: «#EsDePrietxicans robarse y tragarse los dulces sin pagarlos en la dulcería de Liverpool. Pinches cerdos nacos». Otros tuits hacen referencia a oficios como «#EsDePrietxicans ser valet parking y dejar apestando el coche»; a la alimentación: «(Es de prietxicans) comer frijoles diario», e incluso al olor: «(Es de prietxicans) oler a jerga húmeda».

EQUÍVOCOS SOBRE EL RACISMO

Dos interpretaciones equivocadas del racismo son muy frecuentes. La primera es creer que es un acto aislado que comete determinado individuo, algo que ocurre esporádicamente o incluso de manera espontánea. La segunda consiste en pensar que el racista es necesariamente una mala persona que desprecia a otras y actúa de forma consciente y deliberada para perjudicarlas, para infligirles algún daño.

Los dos planteamientos representan un extravío porque el racista no necesariamente es una persona que actúa de mala fe, ni alguien que de repente ejerce actos de racismo o tiene el propósito de lastimar. El racista incluso puede ser algo así como una «víctima» de sus propios prejuicios en la medida en que forma parte de un sistema racista, una estructura, un comportamiento que se repite de forma sistemática, y un orden social que genera una tensión y un resentimiento social de alguna forma también puede perjudicar a quien ejerce el racismo.

Pero no hay que confundirse: esa ventaja no les toca un día a unos y otro día a los otros de forma aleatoria. El aventajado no es hoy alguien de tez morena clara, mañana un moreno-oscuro y pasado un blanco. Cuando se dice que el racismo es un *sistema* es porque se trata de un fenómeno estructural y de un patrón; algo que se da y se repite y que, por lo general, transcurre siempre en la misma dirección: desde un grupo social con más poder (y por lo general también riqueza) hacia otro con menos. Comúnmente, el racismo se expresa —y muchas veces también se justifica— a través de estereotipos y generalizaciones heredadas, las cuales suelen ser bastante burdas y reflejan altísimas dosis de ignorancia.

Está la idea de que los indígenas son flojos, que los negros huelen mal, que los chinos son sucios, que los judíos son avaros... Así fue, como explica el historiador Federico Navarrete, desde que los primeros pensadores racistas aparecieron en escena, al atribuir a cada una de las principales «razas» características distintas: unos eran vistos como «ladinos e indolentes» (los indios), otros como «inmorales y flojos» (los negros), otros como inescrutables o astutos (los asiáticos), y unos más como «primitivos e incapaces» (los australianos nativos). Naturalmente, como esos primeros pensadores eran europeos, presentaron a los blancos como la «raza superior», atribuyéndose las mayores virtudes y caracterizándose a sí mismos como hábiles, trabajadores e inteligentes.[21]

En los tiempos que corren, los estereotipos raciales son el pan de cada día, no solo en México. En América Latina y en todo el mundo las personas de piel blanca suelen ser asociadas al refinamiento de modales, la mesura, la belleza y el derecho a comer *croissants*, mientras que las morenas o de tez oscura son vinculadas a conductas violentas, a la pobreza, la miseria, las pasiones sin control o la exuberancia de los sentidos.[22]

Durante el periodo colonial los indígenas eran vistos como «los sin razón», los negros eran considerados como de «media razón» (lo que sea que eso signifique), y los conquistadores y colonizadores resultaban ser los «dotados de razón». Hoy todavía los pueblos originarios de México y de toda la región son vistos como atrasados, de bajo «nivel cultural», supersticiosos, cerrados, e incluso «acostumbrados a vivir en la pobreza», cual si alguien en su sano juicio decidiera optar por ello.[23]

Aunque detrás del racismo siempre se alojan prejuicios, es importante entender que no todo prejuicio conduce necesariamente al racismo. En Estados Unidos, muchos afrodescendientes basan su desprecio a los blancos precisamente en una serie de atributos negativos comúnmente basados en prejuicios. Algo similar ocurre en México, donde los grupos históricamente discriminados pueden albergar un resentimiento hacia los privilegiados o blancos de clase alta, considerándolos arrogantes, engreídos o incluso gente que le debe todo a sus conexiones (¡lo cual muchas veces es el caso!). Esto, sin embargo, no es racismo, a pesar de que a los agraviados les encanta presentarse como víctimas de una forma de «discriminación al revés». Alguien que se siente víctima de ello, por ejemplo, es el actor Mauricio Martínez, cuando en un polémico tuit que se convirtió en tendencia reclamaba a Tenoch Huerta hablar de los *whitexicans*, por tratarse —según él— de un término racista, a la par de quienes discriminan a las personas de piel oscura.

Seamos claros: la supuesta «discriminación a la inversa» o «discriminación al revés» no existe. En gran medida, es una invención de las élites (blancas), producto de su ignorancia sobre el asunto, su hipersensibilidad cada vez que se habla de un tema que les incomoda y su tendencia a colocarse siempre como el centro de cualquier tema. Esas élites no pueden ser objetos de racismo simple y sencillamente porque la estructura social no se ha conformado históricamente de una manera que sistemáticamente les niegue las oportunidades necesarias para desarrollarse. Por el contrario, la sociedad está hecha para que les vaya bien, triunfen, disfruten de la abundancia y se sientan representadas en los modelos de éxito que se presentan a través de la publicidad y los medios de comunicación masiva; aunque a los Mauricio Martínez del mundo les cueste tanto comprenderlo.

Utilizaré un ejemplo propio: cuando terminé la secundaria decidí ingresar a un CCH para conocer la vida fuera de la burbuja en la que me había desenvuelto hasta entonces. Al acudir por primera vez a mi nuevo plantel se me ocurrió vestir unas ropitas que mi madre me había comprado durante las vacaciones de verano y una mochilita nueva donde se leía: «United Colors of Benetton». En traducción al lenguaje ceceachero de esos años eso quería decir, nada más y nada menos que: «Ven y golpéame». Muy pronto ocurrió lo que estaba llamado a acontecer, lo que en mi ingenuidad yo parecía estar pidiendo a gritos: dos estudiantes irrumpieron en el aula con unas tijeras para cortarme el pelo al grito de «ahora sí, pinche güero, ya te va a cargar la verga».

¿Fui víctima de discriminación por mi tono de piel en esa y otras ocasiones durante ese año? Difícilmente. En todo caso, fui objeto de un *bullying* que causó uno de los años más infelices en toda mi vida, y que pronto me obligó a regresar a la comodidad de la escuelita privada donde siempre había estado. Que mis «victimarios» me despreciaran por ser güerito y privilegiado, y por usar una ridícula mochila que lo reafirmaba, es altamente probable. De ahí a aseverar que existe un patrón discriminatorio en México contra las personas de tez clara como yo, y quienes usan mochilitas de marca, hay un abismo más grande que el océano Atlántico. Lo que puede existir, si acaso, es resentimiento y revanchismo, incluso situaciones específicas de maltrato asociadas al tono de piel blanco. Nada, sin embargo, que pueda considerarse racismo. Es más, el mismo tono de piel que me hizo vulnerable en aquel contexto ha sido una ventaja en muchísimas ocasiones a lo largo de mi vida. En otras palabras, el beneficio que me ha dado la blanquitud es muy superior al costo que eventualmente me puede haber generado.

En los últimos años, conforme estos temas se discuten cada vez más en los medios de comunicación y las redes sociales, hemos visto varias muestras de una élite convencida de que efectivamente existe el racismo al revés.

Además de Martínez, el actorzuelo antes mencionado, muchos otros han salido a expresar su indignación frente al uso del recientemente aparecido término *whitexican*, el cual busca ridiculizar a las élites blancas que viven desconectadas de la realidad social del país, que no son conscientes de sus privilegios o si lo son los consideran como algo natural, y que muy a menudo adoptan actitudes racistas y clasistas sin siquiera darse cuenta. En 2018, por ejemplo, cuando se creó una cuenta anónima en Twitter llamada @LosWhitexicans, dedicada a exhibir actitudes clasistas y racistas de esa élite privilegiada, un tuitero de tez clara con medio millar de seguidores expresó así su indignación: «Por qué hay una página que se llama @LosWhitexicans y nadie tacha esto como racistas a pesar de que se la pasan incitando al odio? Sería lo mismo si existiera una página que se llamara blackxicans o prietxicans? O ahí sí sería racismo» (@RafagaCarpio). Otro más, un exfuncionario calderonista, sentenció con absoluta indignación: «Aviso: a cualquiera que use el término *whitexican* conmigo o con quien sea, muere digitalmente para mí. Lo último que nos faltaba como país era generar odio y rencor con un concepto pendejo, basado en el color de la piel. Carajo» (@MaxKaizer75).

El reclamo de esa élite blanca que se siente «discriminada» cuando se habla de racismo y se critican sus privilegios de cuna aflora una y otra vez. Nos tocó vivirlo al realizar un programa de televisión, *La Maroma Estelar*, en Canal Once. Al efectuar una visita al ITAM, el standupero Carlos Ballarta, mi coconductor, identificó a dos estudiantes de manera humorística como «un par de estudiantes blancos», luego de preguntarles si llegaban a la escuela en helicóptero. La cantidad de acusaciones que entonces recibimos por parte de tuiteros, *whitexicans* hipersensibles y gente supuestamente informada en los medios por nuestro «racismo al revés» fueron sorprendentes. Incluso una conocida periodista, perteneciente a uno de esos oligopolios mediáticos que por años ha hecho escarnio de los pobres en sus programas de humor (además de haber creado un cerco que excluye de sus pantallas a los no blancos), pidió la renuncia del director del canal , José Antonio Álvarez Lima; al final, terminó por marcharse quien escribe esto.

Llamarle a alguien «whitexican», decirle «catrín», «fifí» o utilizar cualquier otra etiqueta puede acaso llegar a constituir una reprobable ofensa, pero no es un acto de racismo ni de discriminación porque no son términos que expresen un fenómeno estructural en el cual un grupo social ha ejercido sistemáticamente poder sobre otro. Discriminar es negar a un grupo de personas, de forma sistemática, su acceso a determinados derechos por razón de su tono de piel, fenotipo, condición socioeconómica, sexo, orientación sexual, etc. No es un hecho aislado que le ocurre a una persona, es un fenómeno estructural en el que un sector de la población ha oprimido a otro a lo largo del tiempo a partir de una relación de poder. Pensar que existe la discriminación de las mujeres hacia los hombres, de quienes tienen una discapacidad hacia quienes no la tienen, de los *gays* hacia los heterosexuales, de los pobres hacia los ricos o incluso de quienes tienen la tez oscura hacia quienes la tienen blanca es un absurdo que solo pretende evitar que se discutan los privilegios de ciertos sectores y que su poder se mantenga incontestable.

La fórmula para entender por qué no existe algo semejante a la discriminación al revés es simple: *racismo = prejuicio + poder*. A partir del contexto estadounidense, Reni Eddo-Lodge explica que, aunque las propias víctimas de racismo pueden llegar a ser vengativas, crueles y estar llenas de prejuicios, no hay suficientes personas situadas en posiciones de poder como para ejercer un racismo a gran escala hacia las personas de tez blanca como ocurre en contra de la gente de piel oscura. ¿O acaso existen negros sobrerrepresentados en sitios en donde los prejuicios pueden surtir efectos? La respuesta en la mayor parte de los casos, dice Eddo-Lodge, es muy clara: desde luego que no.[24]

En un *stand-up* que se viralizó en las redes sociales, Ahmer Rahman, un comediante australiano afrodescendiente, explicó con claridad por qué no existe el racismo inverso, mofándose ingeniosamente de lo absurdo del término:

Si yo quisiera podría ser un racista al revés. Lo único que necesitaría es una máquina del tiempo. Me introduciría allí y regresaría a esos tiempos en que Europa colonizó al resto del mundo. Luego convencería a la gente de África del Norte y del Sur, así como al Centro y Sur de América, para invadir y colonizar el continente europeo, robar sus tierras y recursos, intercambiar esclavos; donde exportáramos gente blanca para trabajar en gigantescas plantaciones de arroz en China, para después arruinar Europa durante un par de siglos hasta que todos sus descendientes quieran migrar para vivir en los lugares donde viven los morenos y los negros. [...] Claro, para entonces me aseguraría de instalar sistemas donde los privilegiados, morenos y negros ocupen todas las oportunidades económicas, sociales y políticas [...] y solo para reírme sometería a la gente blanca a todos los estándares de belleza de la gente negra, terminaría cambiando el color de su piel, ojos y cabello [...]. Si después de cientos de años de todo esto me paro en un escenario de *stand-up comedy* y digo: "¡Hey! ¿Qué le pasa a la gente blanca? ¿Por qué no pueden bailar?" [...] Eso sería racismo al revés.[25]

Enlace a video
de Ahmer Rahman.

32

2

¿QUÉ TIPO DE RACISTA ERES?

El primer paso para resolver el problema de racismo —esa creencia equivocada de que ciertos seres humanos son mejores que otros o merecen más por sus características físicas, su idioma o pertenencia étnica— es reconocer que todos somos racistas o tenemos algo de racistas. Quien escribe estas líneas y quien las está leyendo en este momento también. Estemos o no dispuestos a reconocerlo, nos guste o no nos guste, el racismo en México es una práctica cotidiana y normalizada, un hecho que se da y se repite, un sistema que funciona en un *continuum* que va desde las formas más abiertas y evidentes hasta las más disimuladas e inconscientes.

Decir que todos somos racistas no implica que hayamos elegido serlo de forma consciente y deliberada. En todo caso, implica aceptar que todos formamos parte de un sistema. Uno en el que crecimos y en el cual hemos sido educados, que de una u otra forma nos hace cómplices y partícipes de un conjunto de prejuicios que fácilmente pueden derivar en prácticas de discriminación racial.

Por eso, si genuinamente queremos vivir en una sociedad sin racismo debemos comenzar, en primer lugar, por reconocer el problema, algo similar al paso que tiene que dar el alcohólico al aceptar el problema que padece y trabajar todos los días para solucionarlo. Lo mismo pasa, seguramente, con otras formas de discriminación: para superar el machismo, el clasismo, la homofobia o la xenofobia, debemos reconocer que somos machistas, clasistas, homófobos o xenófobos.

Desde luego que no todos somos racistas ni discriminamos de la misma forma ni en la misma intensidad; tampoco lo hacemos igualmente conscientes, por supuesto. De lo que se trata es de revisarnos a nosotros mismos, analizarnos y así descubrir dónde se aloja ese racismo que muchas veces no somos siquiera capaces de identificar y que otras veces aceptamos como si fuera algo «chistoso».

El proceso pasa por reflexionar sobre nuestra forma de ser, pensar y actuar, lo que hacemos y dejamos de hacer, lo que decimos o dejamos de decir. Implica revisar lo que determina nuestros gustos y prácticas cotidianas para ser capaces de identificar en qué reducto de nuestro ser se aloja ese racismo nuestro de cada día.

Esta tipología de racismos puede servir para comenzar con esa necesaria revisión. He tratado de enumerar 10 manifestaciones del racismo desde las más graves hasta las menos, aunque el rigor no es estricto y las categorías pueden empalmarse, sin ser mutuamente excluyentes:

1) El racista descarado. Es el que ejerce una forma abierta y desvergonzada de racismo —la más extrema de todas— y lo hace generalmente de manera activa, consciente y deliberada. Es aquel que cree en la existencia de una «raza» superior e incluso, en algunos casos, milita para hacer valer ideas supremacistas que lleven a ese grupo a situarse por encima de los demás. Esta forma de racismo segrega, excluye y aparta al diferente porque considera que es imposible mezclarse y convivir con él. Comenzó quizá con ese racismo «científico», esa seudociencia promovida durante el siglo XIX que clasificaba a individuos de diferentes fenotipos en diferentes «razas», jerarquizadas entre seres humanos, supuestamente, superiores e inferiores.

Es la prédica y práctica histórica del Ku Klux Klan, que a partir de la abolición de la esclavitud en Estados Unidos recurrió al terrorismo, la violencia y actos intimidatorios en contra de negros, judíos y otros grupos. Es el letrero que todavía en los años sesenta en Estados Unidos decía: «Aquí no se aceptan perros, negros ni mexicanos». Esta primera forma de racismo —la más fácil de identificar— es también la peor de todas porque recurre a la violencia física, al homicidio selectivo o al genocidio en nombre de una «solución final», como la que llevó al exterminio de los judíos en la Segunda Guerra Mundial, o la «limpieza étnica» que promovieron Slobodan Milošević, Radovan Karadžić y Ratko Mladić en la antigua Yugoslavia.

En nuestras tierras, ese tipo de racismo no es hoy tan común, aunque ciertamente estuvo muy presente a lo largo de nuestra historia: existió desde tiempos coloniales, cuando se discutía si los indígenas tenían alma, y cuando se instauró el sistema de castas, a través del cual la sociedad se organizó en una pirámide jerárquica basada en el color de piel y la «limpieza de la sangre», siendo la española la de mayor dignidad y la de ascendencia africana la más despreciada.

Del más cercano siglo XX también podemos extraer varios ejemplos de este tipo de racismo, descarado, segregacionista y violento, como lo fueron los crímenes de odio cometidos contra los chinos en Sonora en 1911, que se llevaron la vida de más de 300 y despojaron de sus bienes a otros 150;[1] la prohibición, establecida por el Congreso de ese estado en 1923, de que mujeres mexicanas se casaran con chinos; la política migratoria de los años veinte y treinta que prohibió la entrada al país a negros, amarillos, malayos, hindúes, gitanos, chinos, árabes y judíos. Y no se diga de la aparición de organizaciones de ultraderecha como la Liga Nacional Anti-China y Anti-judía o los comités Pro-Raza que, influidos por los regímenes fascistas de Europa, buscaban boicotear los comercios de estos grupos y expulsar del país a judíos, chinos y negros.[2] Quizá la expresión más extrema de todas fueron los Camisas Doradas, la organización más parecida a los Camisas Negras en la

Italia fascista, las Pardas en Alemania nazi o las Azules en la España falangista. Los Camisas Doradas en México fueron partidarios del exterminio judío, y en diversas ocasiones recurrieron a la violencia contra este grupo.[3]

2) El racista que no osa confesar su nombre. Es otra forma de racismo, menos agresiva que la anterior, aunque mucho más frecuente en nuestra sociedad y más difícil de desmontar. Es el racista que aparta, segrega y excluye, aunque por lo general no lo busque deliberada y conscientemente y no recurra a la violencia física. Es el empleador que, a la hora de la verdad, prefiere al güerito antes que al de tez morena para ocupar determinada vacante, el que se inclina por aquel que no tiene rasgos atribuidos a los indígenas o afrodescendientes. Es el reclutador que, al anunciar un puesto de trabajo, pide gente con «buena presencia», cuando al final terminará decantándose por el candidato de tez más clara o el tipo más cercano al modelo occidental.

Es el que, a sabiendas de que está siendo racista, toma decisiones que afectan a una persona o grupo de personas con base en sus características físicas. Es el que, en su «gusto por discriminar», y sin importar incluso lo que esto pueda costarle a él mismo, toma decisiones con base en la apariencia física de las personas —normalmente a partir de criterios como el tono de piel o el fenotipo—, en lugar de atender al talento o la capacidad de las personas que está buscando.

Es el cadenero que le cierra el paso al de «tez humilde», para emplear el lenguaje de algunos, que pretende ingresar a un antro porque su tono de piel le sugiere que no habrá de consumir lo suficiente. Es la *hostess* que, al asignar a los comensales en un restaurante, coloca en la parte de atrás del lugar a las personas morenas o de fenotipo indígena, mientras que sienta al frente a los blanquitos porque cree que «visten mejor» el lugar. Es el policía que desconfía de quien tiene la piel más oscura y lo vigila de cerca cuando ingresa a una tienda departamental. Es cualquiera que considera como gente «decente» al de tipo caucásico y duda de la honestidad, honorabilidad o buenos propósitos de aquellos que identifica entre los tonos de piel más oscuros.

3) El racista vergonzante. Es el que, al no estar plenamente consciente de ser racista, ni por asomo lo reconoce o reconocerá, pero a cada momento lo demuestra en sus prejuicios. Muchas veces este tipo de racista se declara abierto y tolerante, y suele enfatizar sus posturas como parte de una actitud «buena ondita» y queda bien, sea porque es lo políticamente correcto, sea porque se dice o se cree «progre», «moderno» y «abierto». Nada de esto impide, sin embargo, que el racismo aflore a la menor provocación. La forma más fácil de distinguir a este tipo de racista es por la manera de construir sus frases, que incluyen muchos sin embargos y asegunes. El típico racista vergonzante empieza diciendo: «No es por ser racista, pero...» o «No es porque Evo Morales sea indígena, aunque...». Este tipo de preámbulos casi siempre suelen ir seguidos de un prejuicio racista o un planteamiento que tiene por resultado último discriminar a las personas. «Yo no soy racista», dirá tal vez este racista, «pero qué huevones son los indígenas, si le chingaran más no estarían tan jodidos». «No es porque Evo sea indígena, pero es claro que tiene limitaciones para ser un digno jefe de Estado». A este tipo de racista también podríamos escucharle decir: «No tengo nada en contra de los negros, pero la neta apestan» o «No es por racismo ni clasismo, pero malditos nacos que no saben hablar».

4) El racista de las particularidades. Otro tipo de racista es aquel que, sin denostar a un grupo social en su totalidad o desvalorizarlo por completo, reprueba cierto(s) aspecto(s) particular(es) intrínseco(s) a su forma de vida o sus costumbres, cuando estas probablemente constituyen un elemento esencial de su propia identidad o tienen que ver con una respuesta frente a la discriminación que padecen. Una forma de ejercer este racismo, por ejemplo, es cuando se condena a los indígenas por vivir en zonas rurales o estrechamente vinculadas a la tierra, considerándolos por estas y otras razones «atrasados» o «ignorantes», y explicando a partir de ello el que vivan en una condición de pobreza. Otra es cuando se les critica por «no hablar bien español», suponiendo que hay una sola forma de hacerlo y considerando que los pueblos indígenas son quienes deben adaptarse a la cultura mayoritaria.

El típico racista de excepción es el que cree que el «tradicionalismo» y el apego de los pueblos indígenas a sus costumbres representan un freno al progreso, al desarrollo y a la modernidad. Es, por ejemplo, un empresario en Chihuahua que me dijo: «Estos cuates [los indígenas] tienen que acoplarse a las nuevas tendencias de la economía, ser productivos y educarse como los demás. Aquí en Chihuahua muchos viven de la caridad, son alcohólicos y cero productivos». Es también ese empresario del sector energético que me dijo:

La gente de pronto no quiere salir de la pobreza, se arraigan a sus costumbres. Mi padre tiene ranchos en Hidalgo y si vieras lo difícil que es convencer a la gente allá para que estudie o haga algo... Yo tengo un mocito en mi casa, que es también tu casa, y el cuate no quiere salir adelante. Yo le digo que lo ayudo y no quiere. Le ofrezco alternativas para que estudie una carrera por las noches y me contesta [hace la voz aguda tratando de imitar la forma en que, según él, habla una persona indígena]: «Noooo, en las noches veo a la nooo-via...». Es que es un gen que traen. Tu pregúntale a un huichol o a un mazahua si cambiaría su estilo de vida. Verás que muchos no quieren salir de ahí. La tecnología y la modernidad no les ha llegado, y esa gente sigue manteniendo sus costumbres.

Un ejemplo conocido es el de Gabriel Quadri, ex candidato presidencial, que tuiteó: «Si México no tuviera que cargar con Guerrero, Oaxaca y Chiapas, sería un país de desarrollo medio y potencia emergente...» (continuaré con el tema en el capítulo 15).

5) El racista de lo estético. Es el racismo que se expresa en los gustos que hemos aprendido desde pequeños o nos han sido impuestos a partir de los patrones de consumo. El que se materializa en los paradigmas de belleza impuestos por los medios de comunicación, el cine, la televisión y las revistas que determinan qué nos gusta, qué es *cool* o qué «está *in*». En México, particularmente, para millones de personas ser bonito o bonita, lindo o linda, guapo o guapa, atractivo o atractiva, es sinónimo de ser caucásico, alto, de tez clara, rasgos «finos», cabello rubio y ojos claros. En cambio, ser feo, desagradable o no apetecible es equivalente a tener un tono de piel que tiende a la oscuridad, rasgos que se consideran indígenas o afrodescendientes, baja estatura, ojos y cabello negros.

Esta forma de racismo estético se expresa en frases como: «aunque el niño es morenito, está bonito», «es una florecita de pantano», «la blancura es la mitad de la hermosura» o incluso en el uso del término *chacal*, utilizado para referirse a un hombre que, aunque resulta atractivo, tiene rasgos considerados mesoamericanos o proviene de un código postal que se considera «incorrecto». El racista de lo estético es el que asocia de forma automática la tez clara a la belleza, sea o no consciente de ello. Es también esa persona que solo puede sentirse físicamente atractiva si logra acceder al ideal de blanquitud. Es esa mujer que permanentemente está buscando ser güera, ya sea a través de tintes de pelo, cremas blanqueadoras o cirugías estéticas para tener rasgos más afilados y de tipo occidental (continuaré con este tema en el capítulo ocho).

6) El racista que invisibiliza. Otra forma muy común de racismo es aquella que vuelve invisible o resta importancia a determinadas personas o grupos sociales. No hace falta que hablemos bien ni mal de esas personas o grupos, basta con ignorarlos, hacer como si no existieran. Los vemos, pero no los miramos ni los observamos; los oímos, pero no los escuchamos, mucho menos dialogamos con ellos. En consecuencia, nada o casi nada en nuestra sociedad y en las políticas públicas está pensado, planeado y diseñado para que puedan formar parte de nosotros y ejerzan sus derechos, mucho menos para que se considere su perspectiva, su visión del mundo, su manera de ser.

La forma en que históricamente hemos invisibilizado a los pueblos indígenas es un ejemplo de ello. Lo dejó en claro la comandante Esther, cuando el 23 de marzo de 2001 subió al pleno de la Cámara de Diputados y en nombre de las mujeres indígenas dijo: «Sufrimos el olvido porque nadie se acuerda de nosotras». La consecuencia de eso es clara y lo dijo ella misma: «Nosotras además de mujeres somos indígenas y así no estamos reconocidas». Producto de este racismo que invisibiliza es que el grueso de los mexicanos nada sabemos acerca de los 70 pueblos indígenas existentes, de sus idiomas o sus costumbres. ¿Cuántos podrían mencionar siquiera diez lenguas vivas de México y la zona en que se hablan?, por ejemplo.

Durante el proceso electoral de 2018 quedaron claras las consecuencias de esta forma de racismo cuando Marichuy, una mujer indígena, intentó ser candidata a la presidencia. Como nuestro sistema financiero no está diseñado para este tipo de grupos porque simplemente nunca pensó en ellos, Marichuy y su gente tuvieron que dar miles de vueltas para que les permitieran siquiera abrir una cuenta bancaria y así poder cumplir con los requisitos de ley. Y como la autoridad electoral piensa que vivimos en Suecia —el país «civilizado» que los consejeros del Instituto Nacional Electoral (INE) están empeñados en emular—, a la institución no se le ocurrió pensar en la cantidad de dificultades que representaría a los integrantes del Consejo Nacional Indígena hacer afiliaciones a través de una aplicación de celular, en el medio rural y entre las comunidades indígenas, sitios en los que muchas veces resulta difícil tener acceso a la luz, a la red telefónica y a internet. Tampoco se les ocurrió contemplar que, para instalar esa aplicación, se necesitaba un tipo de teléfono inteligente que cuesta al menos 5 000 pesos. Como a quienes tomaron las decisiones no les pasó por la mente pensar en los pueblos indígenas, utilizaron una tecnología que acabó por excluir a una parte importante de estos pueblos del proceso, y —sin menoscabo de otros factores— los alejó de la posibilidad de crear un nuevo partido político nacional.

Quizá el mejor ejemplo de ese racismo que invisibiliza es el caso de las comunidades afrodescendientes, a las que hemos negado un lugar en nuestra propia historia. Desde el primer siglo como nación independiente, los mexicanos nos hicimos a la idea de que en México simplemente no había negros, al grado de que a partir de 1921 dejamos de contarlos en los censos de población. Hoy pocos saben que durante tiempos coloniales llegaron al país más esclavos negros que españoles.[4] No hizo falta recurrir a matanzas o genocidios para desaparecerlos del mapa; simplemente los hicimos etéreos, actuamos como si no estuvieran, a pesar de que al comenzar a existir como país soberano la población de origen africano en México superaba 10% del total.[5] La invisibilización de las comunidades afrodescendientes puede explicar, por ejemplo, que pocos mexicanos sepan que varios de los líderes de nuestra guerra de Independencia —como José María Morelos y Vicente Guerrero— eran también afrodescendientes, aunque no estamos acostumbrados siquiera a contemplar la posibilidad de que gente de origen africano pueda tener semejante relevancia histórica.[6]

La invisibilización explica también el hecho de que antes de 2015, cuando se hizo la primera Encuesta Intercensal, ni siquiera sabíamos cuántos afrodescendientes había en el país. No teníamos siquiera claridad de que hay casi 1.4 millones de afrodescendientes en el país, y que representan 6.5% de la población en Guerrero, 4.9% en Oaxaca y 3.3% en Veracruz.[7] Y si lo que no se cuenta no existe, el caso de los afromexicanos es paradigmático. Por eso estas comunidades, a diferencia de lo que ocurre con los pueblos indígenas, no han sido objeto de políticas públicas específicas para revertir la extrema marginación, la pobreza y la exclusión en la que viven. Antes de 2019 ni siquiera aparecían reconocidas en la propia Constitución; en consecuencia, tampoco podían ejercer cabalmente sus derechos.

La invisibilización, como una de las manifestaciones del racismo que afecta a ciertos grupos, no se ha detenido en la actualidad. Una de sus principales víctimas son aquellas personas que aparecen en el espacio de las élites blancas, desempeñando alguna actividad doméstica u otro tipo de labor, pero de las que nunca se guarda siquiera registro de sus nombres; son los «morenos-sin-nombre», como los bautizó Mario Arriagada: conserjes, trabajadoras domésticas o mensajeros que trabajan en casas y oficinas, pero cuyo trabajo nunca vemos, valoramos o reconocemos; sin ir más lejos, no nos sentimos siquiera en la necesidad de recordar los rostros de quienes los llevan a cabo.

7) **El racista «cariñoso».** Otra manera de ejercer racismo es a través de la infantilización. Llamar «indito» al indio, «negrito» al negro o «morenito» al moreno podría verse como parte de la idiosincrasia mexicana, una manera de hablar plagada de eufemismos (como llamar «gordito» al gordo). Pero el uso de estos términos también forma parte de una manera particular de ejercer racismo que ve a ciertos grupos como si fueran menores de edad, en lugar de ciudadanos iguales a nosotros en derechos, obligaciones, necesidades y aspiraciones. Lejos de representar una muestra afectiva, infantilizar a un grupo de personas es una manera de tutelarlas, de decidir por ellas en lugar de reconocer su derecho a ser quienes son y quieren ser; a tomar sus propias decisiones, incluso a autogobernarse.

Esta forma de racismo conduce al paternalismo. Quien lo ejerce —que puede ser una persona en lo individual, una institución o el Estado en su conjunto— tiende a considerar que un grupo de personas son inferiores, normalmente por su modo de vida o su cultura y, en consecuencia, necesitan de nuestra protección y cuidado, por lo que son incapaces de tomar sus propias decisiones.

El racismo cariñoso es una forma muy mexicana de ser racista. «Mi muchacha es como de la familia», «yo la adoro», «es lo máximo», «no podría vivir sin ella». Otro podría ser: «Jesús, el jardinero, es un hombre muy bueno, casi no pide nada, se conforma con lo que le doy, hasta se come las sobras que tan generosamente le dejamos en la casa». Hay mucho menos amor detrás de estas frases que el que parece cuando algún trabajador doméstico o una trabajadora del hogar es desprovisto de humanidad, cuando se asume que puede vivir tranquilamente con menos que nosotros porque son «gente buena» o «se contenta con poco». Ejemplo de racismo «con cariño» es cuando la famosa cantante Yuri, en una entrevista en *Ventaneando*, al hablar de Yalitza Aparicio (la actriz que interpreta a Cleo en *Roma*, el famoso largometraje de Alfonso Cuarón) exclamó: «Quiero que sepan que quiero a una persona así en mi casa. Si alguien me está viendo en Oaxaca, yo quiero una Yalitza para mí en casa. Me urge para apapacharla, para que coma con nosotros, que se vaya de vacaciones con nosotros, para que cuide a mi hija» (vuelvo al tema en el capítulo 14).[8]

8) El racista consigo mismo. Quizá una de las formas más tristes, aunque también más comunes de racismo, es aquella que algunas personas se infligen a sí mismas aun cuando, por lo general, son incapaces de advertirlo. Y es que el racismo no solo se dirige hacia otras personas. Muchas veces también puede dirigirse hacia uno mismo o hacia las personas que se parecen mucho a ti. El racista consigo mismo es el que siente vergüenza de ser quien es. Aquel que, a fuerza de escuchar expresiones o presenciar actitudes racistas que se han vuelto parte de la cotidianidad —y por ende le parecen normales—, termina por incorporarlas y hacerlas suyas. Es quien, como resultado de años, décadas y siglos durante los cuales su grupo social ha sido denigrado, minimizado o invisibilizado, termina por internalizar todo ello al punto de degradarse a sí mismo y a la cultura a la que pertenece. El racista consigo mismo es el que reproduce ese racismo del que es objeto y termina por despreciarse a sí mismo.

Denominado por estudiosos como «endorracismo»,[9] se trata de una forma de racismo que emana «a partir del mismo grupo discriminado».

Es una forma de discriminación reproducida por el mismo sujeto que la sufre y experimenta. Constituye una forma de «autodesprecio instigado», donde el discriminado por su tono de piel o su fenotipo acepta mirarse a sí mismo con los ojos de quien lo rechaza y lo excluye.[10] Es aquel que adopta como propia la forma de pensar de quien lo oprime. En esa lógica, si quien lo discrimina cree que su grupo étnico es racialmente inferior, atrasado, incivilizado, incapaz, salvaje, desprovisto de belleza, con menores habilidades o intelectualmente incapaz, el discriminado termina por creer que todo eso es cierto. A partir de eso, el racista consigo mismo intenta imitar la forma de ser y pensar de quien lo discrimina: vestirse igual, hablar de la misma manera, repetir sus gustos musicales, hacer suyos los mismos modismos y su lenguaje, pensar igual y hasta votar por los mismos partidos, creyendo que de esta manera podrá acceder a una condición de privilegio o a ciertas posiciones de poder; algo que, por cierto, en algunas ocasiones ocurre, aunque no en la mayor parte de los casos.[11]

El racista consigo mismo suele desvalorizar a su propio grupo social. Es el indígena que ha internalizado la idea de que los indígenas son sucios, torpes y perezosos, incluso incapaces de hacer cualquier cosa que no sean trabajos manuales; el que busca a cualquier precio dejar de parecer indígena para separarse de tales estigmas y no ser asociado a esos atributos negativos. Es la mujer que está convencida de que no puede verse bella sin practicarse un *extreme makeover* para acceder a la blanquitud. Es quien se tiñe el pelo de rubio para acceder a una tonalidad que le es completamente ajena, pero considera como el único modelo posible de belleza. Es la madre o el padre que quiere casar a alguno de sus hijos morenos con alguien de piel blanca para así «mejorar la raza». O los que, inconscientemente, cuidan como un tesoro a la hija que «salió más güerita» y tienden a descuidar a la otra, la más «morenita» (hablaré de este tema en el capítulo siete).

Racista consigo mismo es, por ejemplo, una joven tuitera con 37 000 seguidores —de un fenotipo no precisamente europeo, que en España seguramente sería identificado como «sudaca»— que el 25 de marzo de 2019, en ocasión de la polémica suscitada por la carta enviada por López Obrador al rey de España (donde se le instaba a ofrecer disculpas a los indígenas por los horrores de la conquista), escribió en la red: «Yo agradezco a España porque gracias a ellos, no soy prieta. Que Dios los bendiga» (@lisz0e). Probablemente ni siquiera se le hubiera ocurrido a Frantz Fanon concebir semejante forma de colonización mental y endorracismo en su famosa obra *Los condenados de la tierra*.

9) El racista versión «no-seas-igualado». Es el que —en clave raci-clasista (véase el capítulo tres)— coloca a determinado grupo social, generalmente excluido, en una condición inamovible de pobreza o marginación. Quien le niega a ese grupo y a quienes pertenecen a él el derecho al placer, a disfrutar el ocio y el confort o a hacerse de un bien de consumo caro. Es el que acepta al indígena, al moreno, al afrodescendiente, siempre que permanezca en «su lugar» de pobreza, exclusión y subordinación, sin osar jamás «igualarse», imitar los hábitos y costumbres de los sectores privilegiados o incluso replicar sus mismos vicios y excesos.

Es el que se inconforma cuando una persona de fisonomía indígena acude a un sitio lujoso, aunque pueda pagarlo, porque en el fondo considera que no tiene el mismo derecho o no merece estar ahí; el que no tiene problema con las personas de tez oscura y rasgos amerindios siempre que no deba compartir con ellos los mismos aeropuertos, las mismas salas de espera, los mismos aviones. El que se indigna porque una mujer indígena como Yalitza Aparicio cobre lo mismo que cualquier otro actor por una aparición pública o por posar para una revista de moda. El exfuncionario que no soporta que el nuevo —de rasgos considerados indígenas o tono de piel más oscura que la suya— ascienda en la escala social, gane lo mismo que él y coma con cubiertos de plata. Es la molestia que genera que quien tiene «el color de la pobreza», como se suele decir despectivamente, de pronto ocupe un espacio que se considera propiedad de las élites de tez clara.

Es también el rechazo a que ciertas personas de origen social pobre y tono de piel morena ocupen espacios de poder que se consideran reservados para las élites blancas. Es el miedo que muestran los privilegiados cuando la «plebe cobriza» pretende estar a «su nivel». Es el temor a que «los jodidos» o «los rotos» irrumpan en la escena pública. Es el rechazo a empoderar —aunque sea de forma meramente simbólica— a los desposeídos que en México son también las primeras y mayores víctimas de racismo (sobre este tema hablo en el capítulo 16 al referirme a la «pejefobia»).

10) El racista pasivo y que deja pasar.[12] Pertenece a este grupo quien, sin necesidad de ejercer directamente el racismo pero encontrándose en la posibilidad de evitarlo, no hace nada por desafiarlo e incluso actúa como cómplice del mismo, al permitir que transcurra ante sus ojos. El racista pasivo no discrimina directamente, pero permite que otros lo hagan resignándose a veces a que «así es México» o «así son las cosas». Esa persona incurre en una forma de racismo porque no opone la más mínima resistencia cuando el acto racista sucede frente a ella. El racista pasivo es quien, aun no simpatizando con ideas o prácticas racistas o sintiendo antipatía hacia las mismas, se resigna a su existencia y las deja pasar.

El racista pasivo no es el que excluye al candidato de origen indígena, al afrodescendiente o al moreno de un proceso de reclutamiento, pero permite que eso ocurra, a pesar de tener algún poder para evitarlo. No es el que cuenta un chiste racista, pero sí es el que se ríe ante él o llega a celebrar a quien lo cuenta (en caso de que el chiste le desagrade, el racista pasivo no expresa incomodidad alguna ni intenta poner un alto). El racista pasivo es aquel que acepta ir a un antro en el que las personas son elegidas por su tono de piel o rasgos físicos en la entrada, el que no opone resistencia alguna ni se indigna porque a alguien se le niegue la entrada enfrente de sus ojos, incluso quien entra a ese mismo club nocturno a pesar de que alguno de sus amigos o conocidos se hayan quedado fuera al momento de ingresar. El racista pasivo y que deja pasar es el que se queda calladito cuando a una mujer indígena o de apariencia indígena se le echa de un centro comercial o cuando atestigua con indiferencia cómo los vigilantes de una tienda departamental siguen muy de cerca a ese hombre de rasgos considerados indígenas que acaba de ingresar colocándolo inmediatamente bajo sospecha.

3

EL RACISMO A LA MEXICANA

Una compañía de danza de la Costa Chica de Oaxaca, integrada en su mayoría por afrodescendientes de piel oscura, viajaba en un autobús a Guelatao, Oaxaca, donde se les esperaba para ofrecer un espectáculo. Al llegar a un retén militar fueron detenidos por soldados que se negaban a creer que fueran mexicanos. Aunque en México no es obligatorio portar una identificación oficial, las autoridades exigieron a los viajeros presentar su credencial de elector y les hicieron perder un buen rato hasta que se convencieron de que sus credenciales no eran falsas. Este no es el único caso de ese tipo. Muchos otros mexicanos afrodescendientes han sido retenidos y obligados a comprobar su nacionalidad mediante preguntas o cuestionarios de «cultura general mexicana».

Así ocurrió con Crisógono Prudente, conocido como *Chogo el Bandeño*, un cantautor afromexicano que se encontraba de visita en la Ciudad de México, a cientos de kilómetros de su hogar en la Costa Chica oaxaqueña, cuando la policía lo detuvo por creer que se trataba de un inmigrante ilegal. Para comprobarlo, lo obligaron a recitar tres veces el himno nacional mexicano y a nombrar cinco líderes políticos nacionales.[1] Otro caso fue el de Frumencio Bustos, un activista defensor del reconocimiento oficial de las comunidades afromexicanas en su estado, quien comentó sobre los agentes del Instituto Nacional de Migración: «No creen que soy mexicano. Fue vergonzoso que me hicieran cantar el Himno. No creían que era de Oaxaca, me paré en pleno autobús y lo entoné. Les mostré mi credencial de elector y aun así me dijeron que era falsa».[2]

Si bien hay casos como el de Chogo y Frumencio, en los que logran pasar las pruebas que se les imponen, otros no corren con la misma suerte, e incluso acaban por ser deportados a países como Haití, Honduras o Panamá. Tal es el caso de Santiago, un mecánico michoacano del poblado de Pastor Ortiz, que cuenta así lo que vivió:

Yo soy muy moreno, aparte de requemado por pasar horas al sol en mi taller. Hace unos años me fui pa'l norte y crucé de indocumentado por los rumbos de Tijuana y San Ysidro. Apenas crucé y me agarró la migra, eso no fue lo peor [...]. Me encerraron como tres días y me preguntaron que de dónde era. Les dije que nací en Abasolo, Guanajuato, pero prácticamente era de Michoacán pues ahí viví toda mi vida. Me pidieron localizar en un mapa de México mi pueblo y que cantara completo el Himno Nacional.

Al final, como no logró hacer bien ni una cosa ni la otra llegaron a la conclusión de que se trataba de un centroamericano. Como las autoridades mexicanas negaron su nacionalidad, Santiago fue a dar a Panamá. Allí permaneció alrededor de dos meses pidiendo limosna hasta que le contó su caso a un policía que lo llevó a la embajada de México en ese país, donde finalmente lo escucharon y logró ser repatriado.[3]

Es tan grande en nuestro país la creencia del mestizaje entre españoles e indios —que como ninguna otra caracteriza el racismo a la mexicana— que no podemos concebir que las personas de piel negra compartan nuestra misma nacionalidad. Esta idea ha sido en gran parte responsable de que les hayamos negado a los afrodescendientes un lugar en nuestra propia historia. Casi desde el primer siglo de vida independiente, los mexicanos nos creímos la muy falsa idea de que en México simplemente no había «negros», algo que muchos hoy siguen pensando. No hizo falta recurrir a matanzas o genocidios para desaparecerlos del mapa, simplemente los ignoramos, los apartamos; actuamos como si no estuvieran. En resumen, recurrimos a esa forma de racismo nivel seis que definí en el capítulo anterior: aquella que invisibiliza; que mira, pero no ve ni observa; que oye pero no escucha.

Pocos mexicanos suelen saber, como bien nos lo recuerda Navarrete, que varios de los líderes de la Guerra de Independencia, como José María Morelos y Vicente Guerrero, eran también afrodescendientes, aunque en nuestra imaginación histórica siempre aparecen como mestizos o criollos.[4] Incluso en varias imágenes hoy se puede ver cómo estos héroes de nuestra Independencia —desde el mural de Morelos en el Centro Regional de Cultura de Ecatepec hasta la representación física de Guerrero y el propio Morelos en el Museo de Cera de la Ciudad de México— ya no se exhiben siquiera con rastro alguno de africanidad, sino que además se dibujan y esculpen como si hubieran sido hombres blancos europeos.

NUESTRO RACISMO

A diferencia de lo que ocurre en otros países, el racismo en México no establece una diferenciación tajante entre dos tipos de «razas», como ha ocurrido históricamente entre blancos y negros en Estados Unidos o en otras naciones en las que existen tonalidades de piel contrastantes y en apariencia más fáciles de identificar. En nuestro país no se alcanzan a distinguir tipos raciales fijos bajo los cuales distintos grupos de la población se identifiquen a sí mismos o sean identificados por los demás. Tal cual han observado estudiosos del tema, como Mónica Moreno, en nuestras tierras no resulta tan común que una persona se considere a sí misma como «negra», «blanca», «morena» o «amarilla».

Lo más común es que las personas simplemente tengan un tono de piel más claro o más oscuro que otras.[5]

El racismo nuestro de cada día es más complejo y difícil de ubicar que el de otras latitudes, en tanto se basa en una «escala cromática» basada en una jerarquía donde el grado de coloración de la piel, con la tonalidad blanca en un extremo y la morena oscura en el otro, determina quién es quién.[6] Antes que establecer diferencias tajantes y claramente perceptibles como las que a menudo se utilizan en otras latitudes, nuestra escala se basa en una larga serie de tonos no siempre perceptibles.[7] El racismo en México es uno en el que el valor de las personas tiene que ver con la cantidad de melanina en su epidermis y con la mayor o menor presencia de rasgos considerados mesoamericanos o amerindios.

A diferencia del racismo estadounidense —donde existió un régimen de segregación que impidió la convivencia entre blancos y afrodescendientes—, el mexicano ha estado históricamente marcado por una tendencia a *asimilar e integrar* las diferencias, y a supuestamente mezclarse. Desde la variedad de pueblos indígenas y comunidades afrodescendientes, pasando por los primeros conquistadores y los diversos grupos de migrantes que llegaron en distintos momentos de nuestra historia, ya fueran europeos, judíos, libaneses, asiáticos, etc., grupos sociales distintos han conformado nuestra nación. Sin embargo, bajo la idea del mestizaje se construyó la creencia de que éramos una nación étnica y racialmente integrada en una sola «raza de bronce». El precio de esa forma de asimilación fue haber silenciado la diversidad de pueblos indígenas, comunidades afrodescendientes y otros grupos, soslayando sus preocupaciones, demandas y problemas específicos.[8]

A diferencia de países como Estados Unidos o Sudáfrica, donde por años existieron regímenes segregacionistas en los que el racismo estaba establecido en las leyes, en México nos hemos preciado siempre de no haber tenido una política explícitamente discriminatoria promovida desde el Estado y establecida en las leyes, e incluso de no haber vivido conflictos raciales violentos como los que han fracturado a otras naciones.

Quizá por eso el discurso oficial siempre quiso creer que el racismo se situaba más allá de nuestras fronteras, mientras que internamente se negó su existencia a pesar de ser parte de nuestra realidad más cotidiana, la realidad de cada día.[9]

EL MITO DEL MESTIZAJE Y SU JUSTIFICACIÓN

Desde tiempos remotos los ideólogos del mestizaje consideraron que, para evitar divisiones raciales entre los distintos grupos sociales que en algún momento pudieran generar conflictos, era necesario promover una forma de homogeneidad basada en la idea de que la sociedad mexicana estaba formada por una mezcla. Con el tiempo, esa idea llegó a venderse como una forma de tolerancia que incluso hacía a nuestro país moralmente superior al vecino del norte, con su régimen de esclavitud, primero, y segregación, después. Los intelectuales que durante los siglos XIX y XX defendieron el mestizaje —representantes de la llamada «mestizofilia»—[10] partían de la idea de que los mestizos —resultado exclusivo de la mezcla «hispano-indígena»— eran los mexicanos de verdad, los «auténticos depositarios de la mexicanidad».[11] Su creencia última —como explica Agustín Basave— era que México no podría convertirse en una nación desarrollada y próspera mientras no culminara ese proceso de integración y se lograra «homogeneizar» a la población mediante la «fusión racial de las minorías de indios y criollos en la masa mestiza».[12]

La idea fantasiosa de una fusión de «razas» ha sido parte sustancial del racismo silencioso que hemos padecido, y uno de los elementos que de forma más clara explican y dan forma al racismo nuestro de cada día. Esto es así porque el proyecto del mestizaje, como escribe también Navarrete, nunca se pensó como una mezcla entre partes iguales. Desde tiempos coloniales solía considerarse que, al juntar a un español con un indio, la genética superior del primero iría finalmente a prevalecer y así mejorar la especie. Así ocurrió con Martín Cortés —hijo de Hernán Cortés y la Malinche e históricamente considerado como el primer mestizo mexicano—, quien jamás dejó de ser visto como un español conquistador ni dejó de comportarse como tal.[13]

Francisco Pimentel, un reconocido escritor, historiador, lingüista y académico, además de uno de los principales promotores del mestizaje durante el siglo XIX, consideraba —como muchos otros intelectuales de su tiempo— que simplemente no había futuro en la ruta de lo indígena. Heredero del pomposo título de conde de Heras y vizconde de Queréndaro, Pimentel pensaba que el indio era un «obstáculo a la homogeneidad del país, al establecimiento de creencias y propósitos comunes» y que, por lo tanto, impediría a México aspirar a ser propiamente una nación. Por ello es que, en su pensamiento, para que el país progresara era necesario «desindianizar» a los indios: que olvidaran su idioma, su religión e incluso su propiedad comunal para formar, junto a los blancos, una masa uniforme que nos permitiera ser lo que para él significaba una «nación verdadera».[14]

De acuerdo con esa visión el único camino posible para los indios era desaparecer detrás del mestizaje, abandonar su esencia para mezclarse en una combinación supuestamente superior. Por ello Pimentel aseguraba que era necesario educar a los indígenas «como a los blancos».[15] Varios pensadores liberales del siglo XIX albergaban ideas semejantes que los llevaron a ver al indígena siempre como un lastre y un obstáculo para el desarrollo del país. José María Luis Mora, por ejemplo, escribió que los indios eran «cortos y envilecidos restos de la antigua población mexicana», lo cual lo llevó a argumentar que era imprescindible poner en marcha un proyecto que condujera a la fisión de blancos e indios y a la propia extinción de la «raza indígena».[16] Así pensaba este escritor, político e historiador que suele ser considerado como el padre del pensamiento liberal mexicano y cuyo nombre lleva puesto uno de nuestros centros públicos de investigación. Quizás ello explique el espíritu reaccionario de clóset que habita entre sus aulas y espanta por las noches.

Es cierto que la Revolución modificó muchos de los planteamientos racistas del siglo XIX, al darles una fuerza social y política sin precedentes a los no criollos.[17] Sin embargo, muchos de los prejuicios racistas de nuestro pensamiento liberal y de la idea de mexicanidad se mantuvieron vivos a pesar del discurso posrevolucionario que hizo del mestizaje un símbolo de la identidad nacional. Pero esa supuesta mezcla racial nunca fue tal. Porque antes incluso de albergar la idea de una mixtura siempre estuvo el deseo de emblanquecer a nuestra sociedad y occidentalizarla.

Los defensores del mestizaje, especialmente a partir de la Revolución, se enorgullecían enormemente del pasado indígena de la nación mexicana; enaltecían —como todavía se enaltecen hoy— las grandes ruinas de Palenque, Chichén Itzá, Teotihuacán o Tulum, pero —como tanto se ha escrito— prefirieron siempre al indio muerto que al indio vivo. En el fondo, la gran paradoja de los defensores del mito del mestizaje es que se trataba de un camino en una sola dirección: a pesar de supuestamente buscar una mezcla o una síntesis de las distintas «razas», lo que perseguían era emblanquecer a los indios y que adoptaran el modo de vida occidental; nunca se planteó llevar elementos de la cultura indígena hacia la criolla.[18] En esa lógica se pensaba que, con el tiempo, los genes europeos, considerados como superiores, acabarían por imponerse a los indígenas, vistos siempre como inferiores. El planteamiento del mestizaje, entonces, antes que buscar la mezcla o la síntesis pretendía conducirnos hacia la europeización y borrar en la mayor medida posible el pasado indígena.

Aquella disciplina llamada eugenesia, a la que hice referencia en el capítulo anterior, pretendía controlar la forma en que las distintas poblaciones se reproducían para eliminar características que se consideraban no deseables y mejorar la «calidad racial» de la población. Con una visión darwinista, la premisa fundamental de la Sociedad Mexicana de Eugenesia —muchos de sus integrantes, médicos activos en círculos científicos y burócratas de gobiernos posrevolucionarios— era que los genes europeos, al ser más fuertes, inteligentes y guapos, según su muy científica visión, predominarían sobre esos genes indígenas percibidos como débiles e inferiores.[19] Alfredo Saavedra, por ejemplo, uno de los fundadores de esta organización y su secretario, estaba convencido de que no todas las «razas» eran compatibles y sostenía que la mixtura entre aquellas que guardan mayor parecido arrojaba resultados más robustos y resistentes para la especie humana que cuando se mezclaban las muy distintas entre sí, cuyos resultados eran indeseables.[20] Mientras hay familias que se degeneran al mezclarse o cruzarse, otras mejoran, pensaba don Alfredo.[21]

A decir verdad —y en esto Navarrete también es enfático—, resulta difícil hablar propiamente de mestizaje en México porque los matrimonios entre blancos e indígenas nunca fueron muy numerosos.[22] Para comprobarlo basta con revisar los censos de finales del siglo XIX y principios del XX. Además, la idea de traer europeos a México para que mezclaran su sangre azul con la de los indígenas —una política ampliamente promovida durante esa época para supuestamente modernizar al país por la vía de ascender en la escala racial— fue un rotundo fracaso. La idea del mestizaje —en tanto mixtura de españoles e indios— tiene mucho de mito si se considera que la clase burguesa de origen europeo no se mezcló demasiado con los indígenas. En todo caso, la mezcla entre estos últimos y los afrodescendientes —de la que rara vez queremos acordarnos— es igual o mayor a la que ha existido entre europeos e indios.[23] Gústele a quien le guste o pésele a quien le pese, lo que a fin de cuentas predomina en la sociedad mexicana es la piel morena y los rasgos considerados indígenas.

En el contexto del pensamiento nacionalista posrevolucionario, algunos intelectuales plantearon la superioridad del mestizo frente al blanco, por no ser extranjero y por representar la quintaesencia de lo mexicano. En su planteamiento sobre la «raza cósmica», por ejemplo, José Vasconcelos, rector de la Universidad Nacional. y primer secretario de Educación Pública, señalaba que el mestizaje representaba el camino para superar a los europeos y a las élites blancas que habían avasallado en el mundo entero.[24] El político e intelectual incluso llegó a criticar a algunos de sus pares mexicanos por haber sido educados bajo la «humillante influencia de una filosofía concebida por nuestros enemigos» y cómo, a partir de eso, habíamos llegado a creer en «la inferioridad del mestizo, en la desesperanza del indio, en la condena del negro y en la decadencia irreparable del oriental».[25] De lo que se trataba ahora, decía Vasconcelos, era de crear una quinta «raza» capaz de trascender a las otras cuatro en una «feliz síntesis».[26] Ese tipo de posturas, sin embargo, nunca pasaron de ser simples planteamientos teóricos. Difícilmente fue algo que convenciera al grueso de los mexicanos, mucho menos a nuestras élites, las cuales siempre pensaron en la europeización como el camino hacia la modernización.

Hay que decir también que el mismo Vasconcelos no tuvo empacho en afirmar —en un fiel reflejo del pensamiento de su época— que Latinoamérica «debe lo que es al europeo blanco», por no decir también que él mismo llegó a mostrarse esperanzado en que la «raza final», la que habría de engendrarse como producto del mestizaje, se caracterizaría por el predominio de los caracteres caucásicos.[27] Hay textos de Vasconcelos, además, donde afirma que los indígenas —junto a judíos y anglosajones— encarnaban una real amenaza para México. En varios pasajes de su obra puede verse una actitud negativa hacia los pueblos originarios.[28] Su utópico planteamiento de una *raza cósmica*, como fusión de españoles e indios, de hecho, partía de una condición de inferioridad de estos pueblos. Incluso llegó a escribir: «Es tiempo de proclamar, sin reservas, que tanto la azteca como las civilizaciones que la precedieron formaban un conjunto de casos abortados de humanidad».[29] Ese tipo de planteamientos, que se magnificaron cuando su obra comenzó a reflejar el humor de un político frustrado, lo llevaron también a afirmar que sin nuestro lado español México sería «una colección de tribus incapaces de gobierno propio» porque el único legado del indio era el «salvajismo».[30] No hay que olvidar, además, que Vasconcelos fue el promotor del lema que hoy todavía conserva la Universidad Nacional Autónoma de México: «Por mi raza hablará el espíritu», en el que llamaba a crear una nueva raza distinta a la indígena, a la cual desdeñaba, y que en recientes fechas el jurista Diego Valadés ha llamado a reemplazar por otro más acorde a los valores de una institución laica y progresista como es la UNAM.

Posturas similares se pueden encontrar entre otros intelectuales mexicanos del siglo XX, como Martín Luis Guzmán, quien en 1915 publicó un libro en el cual, presentándose como un buen revolucionario, excluía al indígena de lo que consideraba el carácter nacional. El pionero de la novela de la Revolución escribió en aquella obra: «La masa indígena es para México un lastre, pero solo hipócritamente puede acusársele de ser un elemento dinámico determinante. En la vida pacífica y normal, lo mismo que en la anormal y turbulenta, el indio no puede tener sino una función única, la de perro fiel que sigue ciegamente los destinos de su amo».[31]

Aún décadas después de aquello, México ha mantenido una intelectualidad defensora del mestizaje y de su presunto carácter incluyente. En 1993, por ejemplo, Enrique Krauze publicó un artículo titulado «Reforma y mestizaje», donde enaltecía la manera en que el pasado azteca y español se fundieron a través de los siglos en un proceso de eso que llamó «mestizaje biológico y cultural» (*whatever that means*), que define, en lenguaje típicamente krauziano, como «el más pleno y exitoso de la América Hispana». Quizá con cierta razón, el empresario argumentaba que, gracias a esa fusión, México también es un país «vacunado contra los conflictos étnicos», para luego asegurar con vehemencia que «[el] mestizaje le dio a la cultura del país un carácter marcadamente inclusivo, cuyas benévolas repercusiones han llegado hasta nuestros días».[32]

Quizá la idea del mestizaje ha resultado política y socialmente atractiva porque, además de haber evitado conflictos étnicos, como señalaba Krauze, representa una promesa de ascenso social para muchas personas en un país donde el tono de piel, como veremos en el siguiente capítulo, está fuertemente asociado al nivel socioeconómico. Según señala Mónica Moreno, el mestizaje promete que cualquier persona pueda ser susceptible de ascender en la escala social, siempre que logre acceder a lo que se considera como una buena mezcolanza, es decir, aquella que resulta de los ingredientes adecuados para la mejora racial y el blanqueamiento.[33]

Más allá de que el discurso oficial y las monografías de la papelería establezcan por decreto que todos somos mestizos, la gran paradoja de eso que los estudiosos llaman «el mito del mestizaje» es que pocas personas quieren ser mestizas o aspiran a ello, en especial si pertenecen a las clases media o alta. Difícilmente alguno de ellos recibiría como un cumplido amistoso que un conocido les diga un día: «Hola, qué mestizo te ves hoy, ¿qué te has hecho?». Referirse a alguien como mestizo puede incluso ser leído como una forma despectiva de recordarle que no ha sido capaz de disimular su origen indígena o popular, incluso que quizá tenga un pasado ñero.[34] Un buen oligarca seguramente preferirá presumir que en su currículum tiene un apellido alemán, una remota herencia española o un pariente piamontés, por pobretón que este haya sido al irse a hacer la América; que su sangre tiene algo que ver con esos «casos abortados de humanidad», como les llamaba José Vasconcelos.

El mito del mestizaje ha sido responsable de transmitir la falsa idea de que somos una sociedad uniforme. En lugar de reconocer y valorar la riqueza de nuestra diversidad social y cultural, ha promovido una imagen de homogeneidad que está lejos de representar lo que en realidad somos como país. En efecto, la equívoca representación de que «todos somos mestizos» es responsable de ese racismo tipo seis, al que me refería en el capítulo dos de este libro, que nos lleva a ignorar la enorme diversidad de pueblos indígenas que hay en nuestro país, la existencia de 70 lenguas y 364 variantes lingüísticas, la aportación que han representado al país los diversos grupos de migrantes que llegaron en distintos momentos de nuestra historia y, en particular —como ya se mencionó—, de que hayamos prácticamente ignorado, relegado e invisibilizado a los afromexicanos, a quienes muchas veces consideramos extranjeros y tratamos como ciudadanos de segunda, tercera o cuarta categoría.

El mito del mestizaje tiene también otras consecuencias: para el grueso de la población mexicana, aún hoy, lo indígena se conjuga sobre todo en tiempo pasado, mientras que lo afro pareciera no existir en tiempo verbal alguno. En los libros de texto de las escuelas primarias podemos encontrar muchas páginas sobre las glorias de las grandes civilizaciones indígenas de México —los mayas, los aztecas, los toltecas, los olmecas o los totonacas—, pero poco o casi nada acerca de la situación actual de los pueblos indígenas y las comunidades afrodescendientes. En los medios de comunicación hegemónicos jamás vemos a algún representante de estos pueblos o comunidades dirigiendo un noticiero, participando en un programa de opinión política o escribiendo una columna de opinión. Mucho menos los encontramos representados de manera proporcional en el Congreso de la Unión y universidades con alguna cuota acorde a su peso demográfico, como ocurre con ciertos grupos étnicos en Estados Unidos, Brasil u otras naciones.

Quizá la peor forma de exclusión que enfrentan los pueblos indígenas es la que tiene que ver con su acceso a los servicios básicos. En Oaxaca, Chiapas, Guerrero y otros estados con alta población indígena existen numerosos testimonios de despotismo, humillación y menosprecio que suelen detonarse a partir de cuestiones como la falta de comprensión del español, el provenir de zonas rurales o aparentar pertenecer a un nivel socioeconómico bajo. Al conversar con un grupo de 12 jóvenes indígenas que llegaron de distintos municipios de Chiapas a un encuentro en la Ciudad de México les pregunté qué tipo de discriminación sufrían más en sus lugares de origen. Tres fueron las más mencionadas: por el simple hecho de ser indígenas, en primerísimo lugar; por su idioma, en segundo, y por su color de piel, en un más distante tercer sitio. Les pregunté también en qué ámbitos sufrían más esa discriminación. Me llamó la atención que el primero de ellos fuera en los hospitales, el segundo en las escuelas y el tercero en sus lugares de trabajo.

Todos esos jóvenes contaron historias muy parecidas sobre los centros de atención médica. Rigoberto Gómez, oriundo de Chenalhó y hablante de tzotzil, comentó: «Desde el momento que te preguntan de dónde vienes y les mencionas que de una comunidad indígena ya te ponen a hacer tiempo. Como eres indígena y vienes desde lejos creen que puedes esperar todo lo que sea». Johnny Hernández, otro joven indígena proveniente de Las Margaritas, añadió que si llevas una vestimenta típica también te toca la fila más larga. Andrea Bautista, hablante de tzeltal, aventuró una explicación para todo este mal trato: «Como todavía no sabes pronunciar ciertas palabras en castellano saben que no vas a exigir como otros, que no te vas a quejar ni vas a hacer nada. Por eso te mandan a la fila».

Otras investigaciones también han llamado la atención sobre la discriminación que viven los indígenas de México en hospitales, centros educativos, etc. En Yucatán, por ejemplo, un entrevistado describió el funcionamiento de una clínica en Mérida que se negaba a recibir personas del interior del estado cuando no había habitaciones lo suficientemente lejos de las reservadas para sus «clientes importantes», que no pacientes, por lo visto. Esa persona narró que, cuando el hospital estaba cerca de saturarse, aunque todavía quedaran camas, le decían a la gente: «Es que ya no tenemos ocupación, pero te puedo referir a otro hospital». Ante los reclamos, la respuesta era que los otros pacientes se sentían «incómodos» con su presencia.[35] Sin lugar a dudas los indígenas y los afrodescendientes, como veremos en el siguiente capítulo y los subsecuentes, constituyen el eslabón más débil del racismo nuestro de cada día.

4

EL RACI-CLASISMO

En octubre de 2012 un internauta de Guadalajara, Germán Álvarez, subió a su muro de Facebook una fotografía de una niña indigente en uno de los semáforos de esa ciudad. Encontrar a un menor de edad pidiendo limosna o vendiendo chicles en las calles debería causar un escándalo, sin importar de qué niño, niña o adolescente se trate. Aún así, nos hemos acostumbrado tanto a que la extrema pobreza sea parte del paisaje urbano que tristemente ha dejado de conmovernos. En esta ocasión, sin embargo, no se trató de una estadística más porque para muchos no era una simple niña. El hecho se viralizó con rapidez y convirtió en noticia porque se trataba de una pequeñita que estaba lejos de mostrar la habitual fisonomía de una persona indigente en México: era rubia, de tez blanca y ojos azules.

«Lo extraño es que sus "papás" son morenos», denunciaba en tono de alarma el muy perspicaz Germancito, quien con su mensaje encendió la alarma de las buenas conciencias tapatías. «Tienen a varios en ese mismo crucero y ninguno se parece», decía para terminar haciendo un llamado así: «Les pido que difundan esta foto para ver si alguien la reconoce, ya le trasquilaron el cabello y quién sabe qué otras cosas le

han hecho o le puedan hacer, así que por favor DIFUNDAMOS ESTA FOTO…».
Vaya país en el que nos tocó vivir. Es obvio que, de no tratarse de una
niña rubia, el mensaje nunca hubiera trascendido. Lo que sorprendió
especialmente fue que los padres que acompañaban a la menor eran
morenos. Claro, el internauta y sus seguidores consideraron de inmediato que la niña había sido raptada o secuestrada de sus presuntos
«verdaderos padres».

La fotografía que aquel ciudadano subió a su cuenta se convirtió
muy rápido en una denuncia pública. Lesly Alondra, como se llamaba
la niña, tenía que volver con sus padres legítimos, que no podían ser
más que personas de tez blanca y en ningún caso resultar ser indigen-
tes, dada la «bonita» fisonomía de la niña. En pocos días, la alarma se
extendió a otros estados de la República, al punto de alcanzar rápidamente los 100 000 posts, creando una auténtica psicosis social. «Si lo
pueden ver con lupa la niña se ve que tiene poco de haber sido raptada,
ya que su vestimenta y su apariencia es de una niña nutrida y de casa»,
sentenciaba uno de los tantos comentarios que pude encontrar en las
redes.[1] Otros simplemente confirmaban que era inusual ver güeros pidiendo dinero en la calle. Uno de ellos escribió, por ejemplo, «es cierto
que [la niña] llamó la atención por su color de piel, lo mismo pasaría si
viéramos a un niño menonita de raza negra vendiendo quesos». Otro
internauta más agregó: «no importa si la niña es rubia o morena, claro
que llama la atención el ver a sus padres morenos y ella rubia, de donde
sabes que es robada».[2]

Ante la andanada de comentarios, la Procuraduría de Justicia de Jalisco actuó con una prontitud sin precedentes: detuvo a la familia y abrió
una investigación de oficio. Poco importó que la madre de Lesly Alondra hubiera mostrado un acta de nacimiento para certificar su identidad. La menor fue puesta bajo custodia de las autoridades y enviada
a un orfanato junto a su hermano de tres años y una prima de once.
Luego se forzó a la niña y a sus padres a practicarse una prueba de ADN
para justificar la unión sanguínea, e incluso se realizaron pruebas a

los tres menores para indagar si habían sido maltratados o abusados sexualmente.

¿Habrían respondido con semejante velocidad las autoridades si la niña hubiera tenido la piel canela y los ojos negros, aun bajo el supuesto de un secuestro? ¿Por qué ante las buenas conciencias la vida de una niña rubia causa una preocupación que no genera una niña morena? Estas son solo algunas de las preguntas que se derivan de aquella historia. Hay, sin embargo, un hecho incómodo pero real: aunque la sorpresa haya causado indignación, es muy poco frecuente encontrar en México una niña con la fisonomía de Lesly Alondra pidiendo limosna. Todos sabemos, como ya se expresó en estas páginas, que la pobreza y la indigencia en México tienen la piel morena y el rostro indígena. Y es que el racismo nuestro de cada día está tan estrechamente emparentado al clasismo que muchas veces funcionan como una misma cosa. Por eso es que al hablar de racismo muchas veces también tenemos que hablar del raci-clasismo.

Ciertamente, racismo y clasismo son cosas distintas. En México siempre nos ha resultado más sencillo reconocer la existencia de este último. Es más probable, e incluso más fácil, que una persona se confiese clasista a que acepte ser racista. ¿Cuántas veces no hemos escuchado decir a alguien: «Más que racismo, el problema de México es el clasismo»? ¿Cuántas no hemos oído a una persona confesarse: «Yo no soy racista, aunque tal vez tantito clasista»? Algunos dicen esto último incluso con cierto orgullo, casi como si se tratara de un signo de distinción. En una encuesta que elaboramos a 316 personas pertenecientes a la clase media y alta en la Ciudad de México y algunas otras ciudades del país (67% de las cuales dijeron tener un tono de piel claro, 28% moreno claro, 4% moreno y 1% oscuro),[3] encontramos, por ejemplo, que mientras 53% de los entrevistados reconocieron haber tenido una actitud «que podría considerarse clasista», en el caso de las actitudes potencialmente racistas esa cifra fue de 37 por ciento.

Esto es así, en gran medida, por los valores capitalistas de nuestra sociedad, donde el discurso meritocrático muy a menudo atribuye el éxito en la vida al esfuerzo individual. En esa lógica podemos reconocernos clasistas porque atribuimos la pobreza al empeño individual y al esfuerzo de las personas. Reconocernos racistas, en cambio, no solo implica superar un tabú y desconocer el discurso que se nos ha hecho creer durante años, también es aceptar la realidad: que somos una sociedad en la que la posibilidad de ascender en la escala social y alcanzar el «éxito» está en gran medida determinado por factores que no elegimos, ajenos a nuestra voluntad y que nada tienen que ver con lo que hagamos o dejemos de hacer.

En realidad, la distinción entre clasismo y racismo en México es mucho más tenue de lo que quisiéramos ver y admitir. Incluso podríamos afirmar que la mayor parte de las veces el clasismo es una forma oculta de racismo. Según Mónica Moreno, lo que tenemos en México es un «sistema de clase racializado». Para entenderlo, dice, basta con ver quiénes son los pobres en el país y cuál es su tono de piel; quiénes van a prisión y de qué color son; quiénes son los más ricos y quiénes están en la cúspide del poder.[4] Como escribió Mario Arriagada, solemos decir muy a menudo que el problema de nuestra sociedad es su carácter clasista y no su racismo, cuando en realidad las ideas que componen nuestras definiciones de clase también están plagadas de planteamientos racistas.[5] Tal cual.

También Moreno asegura que incluso las personas que, sin tener una tez clara, llegan en ciertas circunstancias a tener dinero u ocupar una posición de poder están obligadas a demostrar de manera constante que son genuinamente quienes dicen ser.[6] De esa forma, si eres una persona que ha logrado sortear las dificultades y superar las desventajas de origen y has alcanzado lo que se considera como una buena posición, debes invertir una gran cantidad de energía para demostrar «que sí eres tú, que sí es tu dinero, que sí tienes el grado, que sí estudiaste, que sí te mereces ese lugar».[7]

Otras personas, en cambio, por la simple apariencia tenemos el vergonzoso privilegio de no tener que pasar la vida probándoles a los demás que hemos estudiado, que hemos logrado un patrimonio para vivir de manera cómoda; quizá por el simple hecho de que esto salta inmediatamente a la vista. Al final, en México el dinero no garantiza por sí mismo el acceso a las oportunidades ni tampoco a la «buena sociedad». Importa tanto este como eso que algunos llaman «tu tipo», a saber: los rasgos físicos, el tono de piel, la manera de vestir, hablar y actuar.[8]

Vayamos un poco a la historia. Desde sus orígenes en México y en el mundo, el racismo ha estado emparentado al clasismo porque el primero siempre se utilizó como una forma de justificar las desigualdades, haciéndolas parecer como algo natural.[9] En la medida en que se consideraba que ciertos grupos, por sus características físicas o su pertenencia étnica, eran inferiores a otros, resultaba más fácil justificar y hacer pasar como algo natural el hecho de que la riqueza favoreciera a unos por encima de otros. En Europa, por ejemplo, el «racismo científico» que emergió en el siglo XIX surgió como una doctrina orientada a justificar las diferencias sociales que se hicieron cada vez más marcadas como resultado de la industrialización y la lógica colonial.[10] En nuestra América, antes incluso de que existieran como una doctrina o una supuesta ciencia, las explicaciones racistas también sirvieron como una forma de legitimar la dominación, al hacer pasar como algo natural la supuesta inferioridad del indio y la pretendida superioridad de los colonizadores europeos.[11]

Es sabido que el raci-clasismo mexicano, al igual que el de otros países latinoamericanos, es de raigambre colonial. En el origen histórico de nuestras inmensas desigualdades están las diferencias de clase que se establecieron desde la Conquista a partir de criterios étnico-raciales, cuando las poblaciones indígenas fueron sojuzgadas, la propiedad de la tierra quedó concentrada en las escasas manos de unos cuantos colonizadores, dueños de grandes extensiones, y los negros traídos de África fueron condenados a la esclavitud.[12]

Un rasgo que caracteriza a toda América Latina —que no por casualidad es hoy la región más desigual del mundo— es que, si bien entre sus clases medias y sectores populares podemos encontrar una amplia variedad de grupos étnicos (indígenas, negros, mulatos, mestizos e incluso blancos), al llegar a la cúspide de la pirámide social observamos que casi siempre la élite más privilegiada es mayoritariamente blanca.[13] En nuestra historia como países independientes no hemos tenido disposiciones legales que impidan expresamente acceder a posiciones de élite, pero existe un «techo de cristal» que lo impide en los hechos.

Tanto en México como en la mayor parte de América Latina el nexo existente entre clase, tono de piel y fenotipo es más fuerte que en Estados Unidos. A diferencia de nuestro vecino, una sociedad en la que un número considerable de personas blancas vive en pobreza y es normal que los trabajadores que proveen servicios también sean blancos, aquí difícilmente este sector llega a encontrarse en esa condición. En México los blancos casi nunca son los que sirven, sino los que se sirven. Desde tiempo atrás, ese vínculo estrecho entre la estratificación económica y política de los mexicanos y el color de la piel fue advertido por diversos intelectuales. En el siglo XIX Fernando Pimentel, de quien ya hablé en el capítulo anterior, lo describió con toda claridad. En su pensamiento, sin embargo, hablaba del asunto cual si se tratara de una condición innata, fiel reflejo de su propio pensamiento racista: «El blanco es propietario, el indio proletario. El blanco es rico; el indio pobre, miserable [...]. El blanco viste conforme a los figurines de París y usa las más ricas telas; el indio anda casi desnudo. El blanco vive en ciudades en magníficas casas; el indio está aislado en los campos, y su habitación son miserables chozas. Este es el contraste que presenta México: ¡con razón dijo Humboldt que era el país de la desigualdad!».[14]

Le pregunté a Federico Navarrete en qué se diferencia ese binomio entre clasismo y racismo que se observa en México, que puede llegar a verse en Estados Unidos al analizar la relación entre blancos y comunidades afroamericanas. «Allá, a diferencia de aquí», me contestó, «cuando una persona afroamericana asciende de clase social no deja de ser afroamericana. Hay una burguesía negra, una clase media negra. Si tú vas a Atlanta, por ejemplo, los ricos negros viven en barrios diferentes de los ricos blancos. En ese sentido, la segregación racial se mantiene independientemente de la clase social. En cambio, en México la mayor parte de las personas que ascienden de clase social se blanquean». Explicaré qué quiere decir esto de blanquearse en el siguiente capítulo.

La falta de movilidad social es el rasgo más distintivo de nuestro raci-clasismo. Esto no significa, naturalmente, que los no blancos no puedan ascender en la escala social. Significa probablemente que las personas de tez morena deben hacer un esfuerzo aún mayor para lograrlo. Implica también que, aun cuando lo consiguen, tienen que enfrentar el estigma de su origen y ese desdén que existe entre las clases altas hacia los nuevos ricos de origen popular (por lo regular no blancos) que se expresa claramente en frases terriblemente racistas como aquella de «aunque la mona se vista de seda, mona se queda».[15]

En efecto, la blancura no es un pasaporte a la riqueza, pero actúa como un seguro de vida en donde difícilmente una persona de tez clara caería en la pobreza con la facilidad que puede ocurrirle a una de tez morena. Es probable que por esa razón la minoría blanca en México, como veremos en el siguiente capítulo, ha crecido con una actitud de superioridad derivada de saberse segura de su lugar en el mundo.

En México no todos los morenos son pobres, pero casi todos los pobres son morenos que se han acostumbrado a vivir relegados hacia los márgenes de la sociedad y a ocupar un lugar de subordinación. En contraste, el privilegio es de color blanco. La mayor parte de quienes ocupan posiciones de poder económico y político en el país son de tez clara o acaso moreno clara, mientras que solo en la menor parte de los casos resultan ser morenos o personas de piel oscura. Por ejemplo, en nuestra encuesta elaborada entre representantes de las clases media y alta en varias ciudades del país pedimos al total de los 316 entrevistados completar una oración que decía: «De los jefes que he tenido a lo largo de mi carrera profesional, la mayor parte de ellos tenían un tono de piel…». En un país donde 12% de la población tiene un tono de piel blanca,[16]

53% dijo haber tenido, en mayor medida, jefes que identificaron como de tez clara.[17]

LA EVIDENCIA DURA

No debería ser necesario ofrecer demasiados datos para demostrar empíricamente que el racismo y el raci-clasismo existen. Basta con salir a la calle o recorrer un poco el país para comprobarlo directamente. Sin embargo, como en el debate público todavía es necesario convencer de la existencia de este fenómeno —lo cual resulta realmente increíble—, incluyo aquí una parte de la larga serie de estudios que confirman, con datos duros, cómo los blancos son favorecidos en la distribución de la riqueza, tienen mayores posibilidades de ascender en la escala social a lo largo de su vida y cómo logran acceder a mayores oportunidades en el mundo económico, laboral y educativo. La lista es larga. El lector escéptico o curioso puede leer el resto de este capítulo para comprobarlo, el más convencido o al que le fastidian los números puede simplemente saltar al siguiente capítulo.

Comienzo por recordar que sobran instituciones, organizaciones civiles y estudios académicos que han demostrado una muy fuerte correlación entre estatus socioeconómico y tonos de piel en México.[18] Desde el Centro de Estudios Espinosa Yglesias y El Colegio de México, pasando por Oxfam, el Instituto Nacional de Estadística y Geografía (Inegi), el Consejo Nacional para Prevenir la Discriminación (Conapred), el Centro de Investigación y Docencia Económicas (CIDE) y la Universidad Nacional Autónoma de México (UNAM), hasta académicos de varias universidades extranjeras y organizaciones internacionales como la American Sociological Association, el Barómetro de las Américas, la Comisión Económica para América Latina, la Escuela de Estudios Avanzados en Desigualdades Étnico Raciales, la Universidad de Princeton y la Universidad de Vanderbilt. En los diversos estudios producidos en estas instituciones puede verse cómo la blanquitud está asociada al privilegio y cómo la pobreza tiene tez morena y rostro indígena.

Ser blanco en México implica que la posibilidad de pertenecer al 30% más rico de la población es dos veces mayor que una persona morena y tres veces más que una de piel oscura.[19] Si organizamos en torno a cinco grupos la distribución de la riqueza, donde el primero de ellos es el de menor ingreso y el quinto es el mayor, veremos que las personas de piel blanca se ubican en su mayoría a partir del tercer grupo, mientras que las de tez oscura tienden a situarse entre el primero y el segundo.[20] Si dividimos los distintos tonos de piel utilizando la escala PERLA,[21] la cual contempla 11 tonalidades distintas, encontramos que las personas de tonos de piel más claro de la escala perciben 37% más de ingreso por hora que las de tono de piel moreno claro, 42% más que las de tono moreno medio, 56% más que las de tono moreno y 54% más que las de tono de piel oscuro.[22]

Independientemente de cuál sea tu nivel real de ingresos, el hecho de ser blanco permitirá que la mayor parte de las personas crean que tienes dinero y te vean mejor. Así lo muestra otra encuesta elaborada por Guillermo Trejo y Melina Altamirano, en la que se observa que 83% de la población tiene la percepción de que los blancos son más ricos y tienen mayores oportunidades que, por ejemplo, una persona indígena.[23] Es probable que siendo blanco sufras menos discriminación, aun si se diera el caso de que pertenecieras a un nivel socioeconómico bajo. Si dividimos el nivel de ingreso en México entre 10 grupos, donde 0 es el nivel más bajo y 10 el más alto, una persona con tono de piel oscuro, ubicada en el décimo nivel, tiene entre 0.15 y 0.20 probabilidades de sufrir discriminación racial. En cambio, una de piel blanca ubicada en el primero de los 10 niveles tiene 0.10 de probabilidades de ser discriminada.[24]

Ser blanco en México también implica tener mayores posibilidades de subir los peldaños de la escala social. Los estudios muestran que estas personas experimentan una mayor movilidad social ascendente que las de tono de piel moreno u oscuro. Así, 52% de las personas con tono de piel claro logran mejorar su nivel socioeconómico a lo largo de su vida, mientras que tan solo 43% de las de tono de piel moreno o moreno oscuro lo hacen.[25] Este patrón se repite en todo el país, sin importar la región.[26] Suponiendo que eres una persona de tez clara que vive en el norte o en el centro del país (donde suele vivir el mayor número de personas que se identifican como de tez blanca) y has nacido en la pobreza, la probabilidad de que consigas salir de ella es 3.5 veces mayor que la de alguien que habita en el sur del país, donde hay un mayor número de personas con tono de piel oscuro.[27]

El privilegio de ser blanco también se observa en el ámbito educativo, donde por lo regular este sector tiene la oportunidad de estudiar hasta tres años más que el resto de la población. Además, los blancos en México tienen en promedio 11 años de escolaridad, casi el doble que quienes se ubican en el tono de piel más oscuro de la escala cromática.[28] Por el hecho de ser blanco también es más posible que hayas logrado cursar una educación universitaria, en tanto la probabilidad de alcanzarla es 68.2% mayor que el resto de la población.[29] Aun cuando su nivel socioeconómico sea similar al de las personas con tono de piel oscura, la probabilidad que tiene una persona de tez blanca de contar con una educación universitaria es entre 15 y 20% mayor.[30]

El tono de piel en México también es una ventaja en el mercado laboral. Por el hecho de tener una tez clara, es más probable que seas un empleador antes que un empleado y que logres acceder a mejores trabajos, pudiendo desempeñarte en el sector servicios, comúnmente mejor remunerado, en lugar de hacerlo en actividades de baja cualificación, como puede ser un trabajador manual o doméstico.[31] En México casi un tercio de los profesionistas[32] son blancos (28.4%), mientras que solo 9.4% de quienes se dedican al trabajo manual tienen ese tono de piel.[33] De igual manera, solo por ser blanco, la probabilidad de ser empleador o contar con un trabajo profesional es 25% mayor que la de una persona con tono de piel moreno claro y 35.9% que una persona de piel oscura.[34]

Tener un tono de piel claro también implica contar con el doble de probabilidades de alcanzar posiciones laborales de mayor jerarquía que una persona de tez oscura (26.5% *vs.* 13.9%).[35] Mientras la probabilidad de que una persona blanca se dedique a actividades de baja cualificación es de 21.3%, la probabilidad de las personas de tono más oscuros es de 31.3%.[36] Ser blanco implica también que recibes, en promedio, un ingreso 53% mayor que las personas de piel oscura y que tu salario promedio por hora es seis veces más alto que el salario mínimo (78 pesos la hora).[37]

Y si has llegado hasta aquí, y todo esto no ha sido suficiente para convencerte del privilegio que implica ser blanco, te podemos decir que la tez clara implica también tener un menor riesgo de sufrir discriminación.[38] Y es que siendo una persona blanca, la posibilidad de que seas objeto de ella es 2.5 veces menor que una persona de tono de piel oscuro y tres veces menor que una persona indígena.[39] No importa si esa persona es rica o pobre o cuál sea su nivel socioeconómico: las personas blancas siempre sufren menor discriminación.[40]

El estudio antes mencionado, en el que se divide la escala cromática en una gradación de tonos, muestra que una persona que se ubica entre los tonos de piel moreno claro tiene dos veces mayor posibilidad de sufrir discriminación que una persona que está entre los tonos de piel más claros. Si lo comparamos con una persona que se sitúa entre los tonos más oscuros de la escala, la probabilidad de ser discriminado es tres veces mayor de lo que ocurre con una persona de piel clara.[41]

Las cosas se ven diametralmente opuestas si en lugar de ser una persona de tez clara eres, por ejemplo, una persona indígena. Si estás entre estos «casos abortados de humanidad», como los llamó Vasconcelos incapaz de ocultar su racismo, probablemente serás objeto de discriminación por tu tono de piel y rasgos físicos, tanto como por tu idioma, costumbres y modo de vida. Ser una persona indígena, de entrada, implica tener cuatro veces más probabilidad de vivir en pobreza.[42] Casi ocho de cada diez personas que hablan una lengua indígena (77.6%)

se encuentran en situación de pobreza y más de un tercio (34.8%) vive en condiciones de pobreza extrema, en un claro contraste con 5.8% de personas no hablantes de lengua indígena que vive en esas condiciones.[43]

Ser indígena implica también que, incluso si destinaras todo tu ingreso mensual a la compra de alimentos, es probable que no logres una nutrición adecuada porque así ocurre con casi la mitad de las personas que hablan una lengua indígena en el país (49.3%).[44] Implica también que la probabilidad de que alcances la educación superior es casi seis veces menor que una persona no indígena.[45] Suponiendo además que eres una persona indígena, tienes entre 20 y 24 años y no hablas español, es casi imposible que termines la secundaria porque de los 28 000 jóvenes que están en ese rango de edad prácticamente ninguno ha logrado concluirla.[46]

Tan solo por el hecho de ser indígena vivirás en promedio 1.85 años menos que una persona no indígena, si eres hombre, y 1.45 si eres mujer.[47] Hace dos décadas, en el año 2000, un hombre indígena en Guerrero tenía una vida media cinco años inferior a la de un hombre no indígena en Quintana Roo.[48] El riesgo de que un niño indígena en Guerrero pudiera fallecer en su primer año de vida se asimilaba al nivel total del país en 1982.[49] Mientras cinco de cada diez indígenas adultos mayores son analfabetas, el analfabetismo entre población adulta mayor no indígena afecta a dos de cada diez personas no indígenas.[50]

En el mundo laboral, ser indígena implica pertenecer al grupo que más enfrenta prejuicios y estigmas causantes de discriminación. Significa, por ejemplo, que ocho de cada diez personas están dispuestas a contratarte para un trabajo, siempre que sea en el hogar, si eres mujer, o en el sector de la construcción, si eres hombre. Sin embargo, tan solo dos de cada tres empleadores recurrirían a ti si estuvieran buscando a un dentista o un abogado.[51] Por eso es muy probable que seis de cada diez personas indígenas en México no revelen su pertenencia a un pueblo indígena cuando buscan un empleo.[52]

Las cosas pueden ser incluso más complicadas para ti si eres afro-descendiente porque quienes ganan más de tres salarios mínimos representan 15.2%, mientras que en el resto de la población asciende a 30.4%.[53] Si eres una persona afromexicana, además, tendrás 58% menos de probabilidades de escalar socialmente.[54] En el ámbito educativo y laboral las cosas tampoco serán fáciles. Un estudio elaborado en los 100 municipios del país donde viven más personas afrodescendientes muestra que en esas comunidades el analfabetismo es tres veces más alto que a nivel nacional.[55] Ser afrodescendiente en México es casi sinónimo de vivir en la precariedad laboral y carecer de derechos básicos como el derecho a la salud. En 2011 casi ocho de cada diez (76%) afromexicanos estaban afiliados al Seguro Popular (en lugar de al Instituto Mexicano del Seguro Social —IMSS— o al Instituto de Seguridad y Servicios Sociales de los Trabajadores del Estado —ISSSTE—), cuando a nivel nacional eran cuatro de cada diez (41%).[56]

Las encuestas sobre discriminación en México muestran hasta qué punto tanto los indígenas como los afromexicanos son objeto de estigmas. La Encuesta Nacional de Discriminación elaborada en 2010, por ejemplo, muestra que una de cada diez personas está de acuerdo con que los indígenas son pobres porque no trabajan.[57] Otro estudio encontró que, en tres de los estados de la República en los que hay más población afrodescendiente, 47.8% cree que la pobreza de esas comunidades se debe a que la gente no trabaja.[58]

El racismo que enfrentan los indígenas se puede observar en el tipo de labores en que se desempeñan. Se ejemplifica cuando vemos los datos del Inegi que muestran cómo están prácticamente ausentes en puestos de mando, como profesionistas y técnicos, o incluso en el sector comercial, mientras que están sobrerrepresentados en empleos de tipo doméstico, como choferes en casas particulares, trabajadores de apoyo en actividades ganaderas y trabajadoras del hogar (un empleo en el que la abrumadora mayoría son mujeres), además de sobresalir como cocineros, jardineros, vigilantes, porteros y miembros de las fuerzas armadas terrestres.[59]

A todas luces, el eslabón más débil y la principal víctima del racismo en México son los pueblos indígenas. Según la Encuesta Nacional de Discriminación, 43% de los mexicanos opina que los indígenas tendrán siempre una limitación social por sus características raciales. Uno de cada tres cree que lo único que tienen que hacer para salir de la pobreza es no comportarse como indígenas y cuatro de cada diez están dispuestos a organizarse con otras personas para solicitar que no permitan a un grupo de indígenas establecerse cerca de su comunidad.[60]

5

SEGREGACIÓN Y PRIVILEGIO BLANCO

En su libro *Las élites de la ciudad blanca*, Eugenia Iturriaga describe cómo Mérida, capital de Yucatán, está dividida por el nivel socioeconómico de sus habitantes y de qué manera esa división coincide con ciertos tonos de piel. En el norte viven los blancos y de ingresos altos, mientras que en el sur están los marginados y los de tez oscura, a quienes también se puede distinguir por un fenotipo que consiste en cara redonda, baja estatura y, muy comúnmente, algún apellido maya —los Pech, los Cahuich, los Camal, los Canché, etc.—. Al norte están los colegios fifís. Los hijos de la élite meridana asisten básicamente a siete escuelas, todas ubicadas por esa zona. Al norte se sitúa también la Universidad Anáhuac, donde se educan las élites. Cerca está el club de golf, los centros comerciales más «exclusivos», las agencias donde se pueden comprar los vehículos más caros. Y también en esa zona están los mejores servicios, tanto públicos como privados. Es allí donde se ubica la zona más arbolada de la ciudad, donde los camellones son arreglados con flores y las paradas de autobús son techadas, con asientos limpios y cómodos.

En el norte blanco de «la ciudad blanca» se localizan también los cinco clubes sociales más importantes de la capital yucateca: el Campestre, el Libanés, el Club Bancarios, de golf La Ceiba y el Yucatán Country Club. Los dos últimos, además, son fraccionamientos residenciales cerrados, algo así como ciudades amuralladas donde está lo más «selecto» de Mérida.[1] Para las familias aristocráticas del norte de la ciudad es muy importante conservar su «linaje». El apellido, en ocasiones, es incluso más importante que la posición económica, porque siempre podrán pretender ser y tener más de lo que en realidad tienen y son. Por eso a las madres yucatecas de sociedad les preocupa mucho que sus hijos e hijas asistan a los colegios de alcurnia y socialicen en los lugares «correctos», para de esa forma establecer las amistades y los noviazgos más convenientes. Vivir en el norte de la ciudad es imprescindible para garantizar que eso ocurra.[2]

Ese cuadro que describe Eugenia Iturriaga se repite, en mayor o menor medida, en otras capitales del país. Para una persona de tez blanca en la Ciudad de México, por ejemplo, es fácil saber que si vive en Polanco o en las Lomas podrá, sin necesidad de ir muy lejos, mandar a su descendencia a escuelas donde asisten mayoritariamente niños y niñas de tez blanca, ir a *malls* donde se encontrará con muchas personas parecidas, salir a antros en los que seleccionan a la gente «bonita», gente «como uno», comer en restaurantes *de* gente blanca y mayoritariamente *para* gente blanca, trabajar en corporativos comandados por ejecutivos blancos y, naturalmente, hacerse amigos y permanecer en un círculo social y familiar similar al suyo. Algo parecido podría pasarle a un habitante del municipio de Zapopan o de San Pedro Garza García, donde cualquiera de sus habitantes es capaz de identificar con facilidad cuáles son las zonas «bien» y las «personas bien»; las que automáticamente le generan seguridad y confianza.

En Guadalajara, por ejemplo, la mítica Calzada Independencia —más conocida como «La Calzada»— representa «una división física y metafísica», como la define uno de los cronistas de la ciudad, Juan José Doñán. De La Calzada hacia el poniente está la ciudad de los catrines y fifís, en su mayoría blancos. De La Calzada hacia el este, incluyendo el centro histórico, se sitúa la Guadalajara del Oriente. A la primera se le conoce humorísticamente entre catrines tapatíos, mirreyes, fifís y no tan fifís como la «Guadalajara pudiente», a la segunda como la «Guadalajara oliente». Varios jóvenes en la capital jalisciense reconocen nunca haber ido hacia el lado oriental. «Yo tengo la fortuna de vivir en el lado chingón de Guadalajara», decía con orgullo José Kutty, un modelo e *influencer* al que entrevisté en un antro ubicado en el lujoso complejo comercial Plaza Andares, mientras disfrutaba de la noche con amigos y gente bien. «Yo he ido a otros lados de Guadalajara y pues sí están un poquito más… No me quiero ver grosero, pero… digamos que está diferente a lo que yo estoy acostumbrado». Ante su imprecisión le pregunté: «¿Y a qué estás acostumbrado?». A lo que respondió: «Pues es que vivimos en Zapopan, que es una zona bien… pero mira, ahorita el país está un poco de la chingada, entonces hay que cuidarse, hay que saber adónde ir y con quién ir. Gracias a Dios yo crecí en una familia bien».[3] Tales fueron sus palabras. He de contar que, cuando esta entrevista salió al aire en mi programa de Canal Once, previo consentimiento por escrito, el modelo escribió para reclamar que me había aprovechado de su estado etílico, que esas no eran sus palabras. Creo, sin embargo, en una máxima que pocas veces falla: los niños, al igual que los borrachos, siempre dicen la verdad.

«¿Qué diferencia hay entre un lado de La Calzada y el otro?», le pregunté a una chica en el mismo antro en el que conversé con Kutty. «Pues muchísimo, o sea es como la gente, tipo te vas al lado feo De La Calzada y es como naco y feo, y te vas al otro lado y es como padre, todos los antros están padres, los restaurantes están padres, la gente está padre». Al final, me explicaba, ella se sentía mejor y más a salvo en el lado poniente de la ciudad, ahí vive más cómoda, puede utilizar su celular en la calle y pedir «su didi» a cualquier hora de la noche para volver a casa. En otro antro, ubicado en Punto Sao Paulo, una de las zonas de diversión nocturna más exclusivas en Zapopan, tuve este diálogo con una mujer de unos 40 años:

Ella: Nadie va al otro lado de Guadalajara.

Yo: ¿Nadie va? ¿Por qué?

Ella: ¡Noooo! Vives de este lado y ya.

Yo: ¿Está feíto el otro lado?

Ella: Superfeo, culero. Bueno, yo no he ido.

Yo: ¿Nunca vas?

Ella: Jamás.

Yo: ¿Y qué pasa si vas al otro lado?

Ella: Es que no tienes a qué ir.

Yo: ¿No hay nada a qué ir? ¿No tienes amigos del otro lado?

Ella: Noooo — respondió con cara de guácala.

Yo: ¿No tienes amigos allá?

Ella: ¡Noooo!

Yo: Pero ¿por qué?

Ella: Porque todos mis amigos están aquí.

Yo: Porque no te quieres llevar con los de otra clase social, ¿no? — pregunté sin querer queriendo.

Ella: No —contestó visiblemente molesta con la pregunta—. O sea, tú creciste aquí y fuiste a la escuela aquí y ya. Aquí hiciste tus amigos de toda la vida.

Enlace a entrevista completa.

Las élites blancas en nuestro país viven deliberadamente apartadas del resto de la población. Lo que por años las ha caracterizado es una endogamia que con mucha frecuencia las lleva a casarse con sus pares, reproducirse solo entre sí y relacionarse en círculos cerrados, de preferencia con los de su mismo tono de piel, porque eso significa conservar estatus y privilegios.[4] Estudian en las mismas escuelas, viven en las mismas zonas residenciales, consumen y se divierten en los mismos lugares y hacen todo aquello que, de preferencia, las aleje lo más posible del resto de la población y confine a círculos selectos.[5] Lo cerrado de esos círculos es visto como un indicador de estatus. Vivir en una «zona bien» —como decían los jóvenes con los que platiqué en Guadalajara—, ir a «escuelas bien», atenderse en «buenos hospitales», comer en «restaurantes bien» y hasta divertirse en un «lugar bien» normalmente es parte de una búsqueda de pertenencia a los círculos de las élites blancas (o blanqueadas) y una forma de asegurar y perpetuar el privilegio.

La gente blanca en este país se relaciona poco con personas de piel más oscura y de origen indígena. Cuando lo hacen, en general es con las personas que les brindan algún servicio o con sus compañeros de trabajo, que muchas veces se sitúan en niveles jerárquicos inferiores. Incluso en las escuelas en donde se educan suelen relacionarse con personas de su mismo tono de piel. A través de nuestra encuesta realizada a 316 personas, ubicadas especialmente en la clase media y alta, observamos que 53% de las personas de tez clara reportan haber tenido compañeros de su mismo tono de piel durante su educación primaria. Si bien no se trata de una mayoría arrolladora, ese porcentaje es significativamente más alto que en grupos de personas con tonalidades de piel más oscuras. En el caso de los morenos, por ejemplo, 83.7% asegura que sus compañeritos no eran blancos.[6] Llama la atención también que las personas de tez clara tienen menos contacto con indígenas. Así, por ejemplo, mientras 75% de las personas de piel oscura ha tenido un amigo indígena, entre las de piel blanca esa cantidad tan solo es de 26 por ciento.[7]

El contexto en el que vive una parte importante de nuestras élites blancas las hace crecer con enormes delirios de grandeza: una percepción de ser más poderosos que los demás, más ricos, más atractivos, más sofisticados, más *cool* y hasta más inteligentes que el resto de los mortales. La idea de que una sangre europea corre por sus venas forma parte de su orgullo, de su sentimiento de alcurnia y de su sensación de

superioridad.[8] Uno de los grupos que más claramente exhibe ese sentimiento es el de las familias aristocráticas mexicanas, como puede leerse
en un extraordinario libro del antropólogo italiano Hugo Nutini, donde
se cuenta la historia de las familias de abolengo que llegaron a México
desde la Conquista.[9] Si algo caracteriza a estas familias, dice Nutini, es
la uniformidad cultural, de apariencia y de fenotipo. Según el estudio,
la aristocracia en México le da una enorme importancia al aspecto físico. Para esa autoconsiderada «estirpe selecta» tener «buena facha» no
es otra cosa que parecer europeo. Su orgullo aristocrático está estrechamente asociado a la piel clara, mientras que tienden a ser intolerantes a
todo lo que esté fuera de ese patrón, independientemente de su clase u
origen étnico. Para esas familias todo lo que es distinto a ellos —léase la
gran mayoría de la población mexicana— conforma un solo carácter físico. Tanto lo indígena como lo mestizo suelen ser rechazados por igual,
y a menudo se refieren a la clase media y baja como «la indiada» o «la
naquiza», sentencia Nutini.[10]

EL PRIVILEGIO

Pertenecer a un club de golf es un lujo que pocas personas se pueden dar
si se considera que una membresía anual en la Ciudad de México supera los 50 000 dólares. Para muchos de sus asistentes es todo un signo de
distinción. Los campos donde se practica esta actividad presuntamente
deportiva están en la ciudad, pero al mismo tiempo se esconden de ella.
La ciudad no los ve ni ellos ven a la ciudad. Representan, sin lugar a
duda, una metáfora de la segregación y del privilegio. En un estudio
etnográfico sobre el tema, Hugo Cerón retrató la forma de pensar de
los golfistas y las abismales diferencias de clase que se pueden observar
entre los jugadores y los *caddies*, donde el racismo es omnipresente. Al
autor se le ocurrió preguntar a los golfistas por qué esos señores que pasan su vida en el *green* observándolo todo no podrían ser jugadores para
así «popularizar el golf» y de alguna forma democratizarlo. La colección

de respuestas que obtuvo Cerón fue reveladora: «Desgraciadamente los *caddies* no tienen educación», dijo uno; «no tienen la menor idea de este deporte...», opinó otro. Unos más dijeron: «Los *caddies* son gente sin ambición en la vida», «no hay forma de ayudarlos, irremediablemente se van a la botella...», escupió otro hacia el techo al tiempo que bebía una cerveza junto al etnógrafo. «Tu idea [de popularizar el golf] es inviable, y si no lo fuera, lo único que lograría es inundar los campos con esos zapatistas», contestó un sujeto. Solamente uno de los entrevistados se atrevió a decir lo que en realidad pensaba, pero solo cuando Cerón apagó la grabadora: «Los golfistas no apoyan a sus *caddies* porque se parecen a sus choferes y sus sirvientas».

Para las élites blancas de nuestro país la continuidad de seguir siendo lo que son, y de vivir como viven, pasa por persistir en su aislamiento, relacionarse en círculos selectos e interactuar de preferencia con sus pares. La necesidad que tienen de aislarse del resto de la población y autosegregarse tiene mucho que ver con otra, aún más importante: la de conservar su privilegio. Para nadie es un misterio que ese privilegio es mayoritariamente blanco. Para muestra, mi equipo de investigación se dio a la tarea de calcular el tono de piel de los 300 hombres y mujeres más influyentes del país según la revista *Líderes Mexicanos*, la cual selecciona anualmente una lista de empresarios, líderes de opinión, atletas, académicos, profesionales, políticos, funcionarios, además de algunas personalidades de los ámbitos científico, deportivo, cultural y del espectáculo, gente de los medios y organizaciones civiles.[11] Luego de estudiar uno a uno su tono de piel, comprobamos que más de dos terceras partes del total (67%) tienen un tono de piel claro. Le siguen los de tono de piel moreno claro, con 20%; moreno, con 12%, y solo 1% tiene un tono de piel oscuro: el artista plástico Francisco Benjamín López Toledo y el diputado priista René Juárez Cisneros.[12]

En todos los rubros contemplados por la revista *Líderes Mexicanos* la tez clara es mayoritaria: en la ciencia es 50%, en la cultura 67%, en el deporte 69%, en el mundo del espectáculo 55%, en el periodismo 75%, en las organizaciones civiles 65%, en el Poder Judicial 67%, en el Legislativo 50%, en la política en general 60%, entre los profesionales 62%, y entre los líderes de opinión nada más y nada menos que 85%. De los 100 empresarios que integran la lista, 72 son blancos. No deja de llamar la atención que, en el grupo de empresarios con tono de piel moreno claro (un total de 18), casi cuatro de cada diez son de ascendencia extranjera y algo muy similar ocurre con los empresarios de piel morena (10 en total). Se trata sobre todo de hombres de negocios de origen libanés, como es el caso de Carlos Slim, José Antonio Chapur Zahoul y Daniel Hajj Aboumrad, o bien de origen sirio-judío como Moisés Kalach Mizrahi y Salvador Kabbaz Zaga.

En Estados Unidos el tema del privilegio blanco ha sido largamente enunciado y debatido. De forma recurrente se habla del asunto y se han escrito decenas de libros. En México, en cambio, pocas veces escuchamos reflexiones sobre este privilegio, a pesar de haber sido una constante en nuestra historia y una realidad cotidiana. A diferencia de lo que ocurre con nuestro vecino del norte, donde ese privilegio es detectable y reconocible con más facilidad, en nuestro país ha quedado oculto bajo el mito del mestizaje.[13] Así, es la ambigüedad generada por ese mito, explica Navarrete, lo que ha permitido que el privilegio blanco funcione con tanta eficacia en nuestro país: «Porque no se enuncia como tal».[14] Como no hemos tenido leyes que sostengan ese privilegio a partir de movimientos que reivindiquen abiertamente una «supremacía blanca» como bandera política, ha sido sencillo mantener el privilegio blanco oculto. Precisamente por eso resulta tan importante hablar del asunto, nombrarlo y evidenciarlo, como lo dice Navarrete con frecuencia.

En general, los blancos en México no suelen reconocer ni estar conscientes de su privilegio. Aun así, casi la mitad de las 316 personas que encuestamos (48%), acepta que su tono de piel es una ventaja.[15] Notablemente, el tono de piel también es percibido como un factor que les ayudará a las personas en su futuro profesional.[16] Al preguntarles: «¿Crees que tu tono de piel te va a ayudar a lo largo de tu futuro profesional?», las personas de tez blanca se mostraron cuatro veces más seguras que las de tez moreno claro y 6.7 veces más que las de tez morena.[17] No es un dato menor.

Luego los cuestionamos así: «¿En qué ámbitos crees haber recibido un trato preferencial por tu tono de piel?» El 22.5% dijo que la gente es más amable con ellos, primera cuestión en la que los privilegiados logran detectar su privilegio. En seguida apareció la opción entrar más rápido «al antro», con 17.6%, y recibir un mejor servicio, con 16.6%. También 5.3% respondió que por su tono de piel suele recibir una atención más rápida en varios lugares. Lo que llama la atención —y demuestra cómo muchas veces los privilegiados son incapaces de detectar dónde se aloja el «verdadero privilegio», el que realmente importa por sus consecuencias en pesos y centavos— es que tan solo 6.4% de las personas de tez blanca parece estar consciente de que su tono de piel les permite conseguir un trabajo con más facilidad. Llama aún más la atención que solo 1.1% acepte que por su tono de piel es más probable que se les otorgue un crédito.[18]

Un estudio elaborado por el CIDE sobre acceso al crédito en México comprobó justamente que el tono de piel determina en gran escala la posibilidad de que el propietario de un negocio obtenga un empréstito, reciba un trato adecuado al acudir a una sucursal, se le otorgue la información necesaria, e incluso simplemente para que quien lo atiende en una sucursal siga todo el proceso contemplado por los bancos. Al analizar el comportamiento de los ejecutivos, el estudio alerta cómo a partir de sus rasgos físicos estos señores o señoras que están detrás de un escritorio sacan conclusiones sobre la probabilidad de que una persona pueda calificar como sujeto crediticio. A las personas de piel clara les hicieron muchas más preguntas personales, e incluso acerca de su empresa, que a las morenas, a las que buscaron despachar más rápido. En efecto, a las blancas les hicieron muchas más preguntas que denotaban que en efecto había interés en darles un crédito. A estas les cuestionaron más que a los morenos aspectos tales como su estatus en el buró de crédito, número de socios, clientes y deudas de sus empresas. Notablemente, el estudio encontró que a las personas de tono de piel más oscuro se les negó información con una frecuencia 2.2 veces mayor que a las de tono de piel más claro, y se les dio un trato descortés con una frecuencia 1.5 veces mayor. Todo esto claramente repercute en la satisfacción de los clientes porque mientras 63% de las personas de piel clara dijo sentirse satisfecho con el servicio que se les proporcionó, en el caso de las personas de piel oscura fue tan solo 46%.[19] Sería interesante que a partir de estos datos los bancos mexicanos pudieran reflexionar sobre el costo que tiene, para su propio negocio, eso que el economista estadounidense asertivamente llamó el «gusto por discriminar».

Aunque nuestra encuesta a 316 personas ubicadas entre la clase media y alta muestra que al parecer hay una cierta conciencia del privilegio entre las personas de tez blanca, también es cierto que sobran ejemplos de personas con privilegios que tienen oportunidades inmerecidas que exceden por mucho sus capacidades y talentos. Incluso de personas que creen que los privilegios que gozan son algo natural y parte de un orden que raramente cuestionan. Sin lugar a duda el privilegio blanco es uno de ellos. A eso va dirigida —entre otras— la crítica hacia los *whitexicans*, un término que comenzó con un simple tuit que alcanzó la escala viral y busca satirizar el raci-clasismo de nuestras las élites blancas o blanqueadas, además de ser un recordatorio de que en México la correlación entre esfuerzo y oportunidad no es directamente proporcional y que el estatus, la apariencia física y el tono de piel son variables que ejercen una gran influencia en la ecuación.[20]

Gozar de un privilegio —como es el privilegio blanco— no implica que todo lo que las personas de tez clara hayan logrado a lo largo de su vida, tanto en el sentido material como profesional, esté asociado a su tono de piel y rasgos físicos. Tampoco que las personas no puedan haber obtenido logros por sí mismas a través del talento, el mérito y el esfuerzo propios. Identificar un privilegio tampoco implica, como suelen creer los *whitexicans*, negar que uno puede haber trabajado con tenacidad para alcanzar un objetivo. Tampoco que quienes lo gozan tengan siempre una vida fácil o incluso que en algún momento puedan caer en desgracia. Lo que implica, en el caso del privilegio blanco, es que las posibilidades de que una persona caiga en pobreza, de que se limiten sus derechos o de que sea víctima de exclusión y marginación son mucho más bajas que las del resto de la población. Implica también que su tono de piel casi seguramente ha tenido un impacto positivo a lo largo de su vida, aun cuando no se tenga la menor conciencia de ello.[21]

BLANQUEARSE PARA «SUPERARSE»

Una vieja canción de Cri-Cri que escuchábamos en nuestra infancia —y sobre cuyo contenido obviamente nunca reflexionamos— cuenta la historia de una niña, la famosa «negrita cucurumbé», que soñaba con ser blanca. Un día la negrita, dice la canción, se iba a bañar al mar «para ver si en las blancas olas su carita podía blanquear». Así versa la letra de Francisco Gabilondo Soler que expresa el sueño de una niña que se sentía menos por su color de piel. Que hasta «envidiaba a las conchitas / por su pálido color» y quería «ser blanca / como la Luna, como la espuma / que tiene el mar». La canción, por fortuna, no tiene un final tan infeliz porque de pronto a la niña se le aparece un pescado con bombín, que luego de mover la colita le dice: «¿Pues qué no ves / qué bonita es tu carita, / Negrita Cucurumbé?».

El sueño de la «Negrita Cucurumbé» no era otro que el de acceder al privilegio de la blanquitud, con lo que eso implica y ha implicado durante años en una sociedad como la nuestra. Una característica física que va más allá de un simple tono de piel o rasgos físicos, que tiene que ver con toda una construcción cultural. Ser blanco en nuestro país, como dice Navarrete, se asocia a ser agradable a la vista, a tener capacidad económica y de consumo, a establecer ciertos vínculos sociales, e incluso a ser «moderno y cosmopolita».[22]

La tez blanca clara, como cualquier otra, es relativa y depende siempre de un punto de comparación. Es probable que una persona que en la Ciudad de México sería indiscutiblemente vista como «blanca», en Suecia o en Finlandia podría percibirse como un latino moreno-claro. Algo similar ocurre dentro de nuestro propio país porque la blancura tiene mucho que ver con la percepción que tenemos de nosotros mismos y la manera en que nos comparamos con los demás. Es sabido que esa percepción no tiene que ver únicamente con el tono de piel. Interfiere en ella el dinero, el poder y el privilegio del que gozan determinadas personas, factores que en nuestra cultura raci-clasista son sinónimos de blanquitud.

Más allá de todo lo que podemos intuir acerca de una persona a partir de su epidermis y rasgos físicos, lo cierto es que verla vestida o arreglada de cierta manera hace que muchas veces la percibamos como si fuera blanca, aunque no lo sea. Entrar de inmediato en la categoría de la «güeréz» en México es también un distintivo económico y social (como cualquier lector puede comprobar en una rápida visita al mercado). En México, por ejemplo, Porfirio Díaz es descrito por muchos como «blanco», cuando varios historiadores se refieren a él prácticamente como un mixteco «puro».[23] La razón de esas percepciones tiene mucho que ver con la idea de que el dinero y el poder nos emblanquecen, y que con mucha frecuencia las personas de mayor estatus social son identificadas como blancas, aun cuando no lo sean.

La blanquitud no es necesariamente un color de piel o una característica física. Es, sobre todo, una posición de privilegio y poder —como explica Mónica Moreno—[24] y una construcción imaginaria que implica riqueza, capacidad de consumo e influencia.[25] Aunque el acceso a la blanquitud normalmente sea una prerrogativa de los de tez clara, los que no tienen ese tono de piel también pueden alcanzar esa «distinción» por la muy democrática vía de hacer dinero. Blancura y blanquitud no son la misma cosa.[26] Mientras la primera tiene que ver con el color de la epidermis y los rasgos fenotípicos de la persona, la segunda es una forma de ser y actuar, algo que no se puede ver ni tocar porque va más allá de lo físico: es una demostración de poder, estatus social y privilegio, un comportamiento, una gestualidad, un conjunto de hábitos. Mientras a la blancura se llega por nacimiento, y no hay mucho que hacer o discutir frente a ello, a la blanquitud se puede acceder al adoptar un modo de vida similar al de la mayor parte de los blancos; a eso se le denomina «blanquearse».

Pero ¿qué significa exactamente eso de «blanquearse»? Significa asimilarse a la cultura que se asocia a las personas de tez blanca, arreglarse y vestirse lo más parecido a ellas, adoptar en la medida de lo posible su aspecto físico, su *habitus*, su manera de hablar y sus valores, incluso integrarse a los círculos sociales de las élites, las cuales son mayoritariamente blancas.[27] Todo eso es lo que ocurre con el blanqueamiento, ese proceso a través del cual muchas veces una persona termina por dejar de ser quien es. Esto no necesariamente ocurre con los afrodescendientes en Estados Unidos, que al ascender en sociedad adoptan ciertos hábitos de clase, pero no dejan de pertenecer a la cultura afroamericana ni identificarse con ella.

No es fácil entender el racismo nuestro de cada día. En nuestro complejo país, los no blancos pueden acceder a la blancura. La principal condición es tener cada vez más dinero, el agente primordial del blanqueamiento. Una manera más clara de entenderlo es observar la ambigüedad en el uso del término *güero* en México.[28] En cierto contexto el güero es el blanco y rubio, en otro es una clase social. Evidentemente, el güero más privilegiado de todos es el que reúne las dos condiciones, quien a la vez es parte de la blancura y de la blanquitud. Ejemplo de ello son los *whitexicans*, los catrines, los fresas, la gente *nice*, los fifís y, todo parece indicar, también su servilleta.

Hay, sin embargo, algunos güeros que no acceden a la blanquitud porque no necesariamente son parte de los estratos sociales de clase media y alta. Un buen ejemplo de ese sector, tal vez minoritario, son los llamados de manera coloquial «güeros de rancho», término equivalente a lo que en Estados Unidos se conoce como *white trash* (basura blanca), aunque quizá con una connotación menos despectiva. Los «güeros de rancho», como explica Alice Krozer, existen en muchos pueblos de México a los que en algún momento llegaron franceses, ingleses, españoles, italianos o alemanes y se quedaron a vivir allí, muchas veces integrándose a las propias comunidades.[29] El término es una distinción de inspiración raci-clasista entre lo que se considera el güero *fake* y el güero «de verdad». Mientras el güero «de verdad» es el que tiene dinero, poder, asiste a universidades privadas, puede viajar y habla algún idioma extranjero (normalmente se limitan a cierto nivel de inglés), el güero *fake* o «de rancho» es uno que, pese a sus ojos claros y piel blanca, no brilla porque no tiene las mismas posibilidades económicas ni los mismos privilegios que suele tener la mayoría de los güeros en México; no por otra cosa suelen ser demeritados como simples «rancheros». El término exhibe la paradoja de una persona que, a pesar de tener el color de piel más asociado a la riqueza, no disfruta del mismo privilegio social.[30]

Entre mexicanos con tono de piel moreno, y ajenos al fenotipo occidental, se logra acceder a la blanquitud cuando se alcanza a borrar de manera satisfactoria eso que suele percibirse como «rasgos autóctonos», los cuales pueden ser tanto físicos como culturales.[31] Sin embargo, para quien exhibe de forma más evidente un aspecto que lo identifica como indígena o afrodescendiente, para quien habla el idioma de alguno de los pueblos originarios o mantiene un fuerte apego a sus tradiciones resulta mucho más complicado acceder al privilegio étnico y racial. México incluso ha recibido a otros grupos no necesariamente «blancos» y occidentales que llegaron al país en sucesivas migraciones, como es el caso de los libaneses, sirios, judíos (a pesar de haber sido rechazados en ciertos momentos, como referiré en el capítulo 13), entre otros que han logrado formar parte de la blanquitud sin necesidad de tener un tono de piel claro. Como se mencionó antes, incluso algunos de ellos forman parte de los círculos empresariales más poderosos el país. A fin de cuentas, pareciera que el verdadero pecado —el mayor de todos— es parecerse a todo aquello que recuerda a los pueblos originarios de Mesoamérica.

6

EL LENGUAJE DEL RACISMO

¿Qué dijeron? ¿Es Óscar de León sin bigote? Para nada. Soy el Pirrurris tropicoso. Hola, nacos. ¿Cómo están todos? ¿Qué onda, mis nopaleros? Los saluda el Pirrurris, o sea yo, en esta picudísima sección que mi papi me compró y que el día de hoy estará dedicada a hacer un repaso elemental de la apasionante materia en la cual soy licenciado, o sea, la nacología; proviene, la palabra *nacología*, de la raíz griega *logos* —tratado— y de la palabra inglesa Broadway, de Broad —brother— y way, —camino—, o sea, camino de naco, ¿me entiendes? Advierto que este repaso lo estoy dedicando a todos aquellos nacos del auditorio que todavía no agarran bien la onda de lo que se trata esta ciencia. La nacología, como me he cansado de repetir aquí, es la ciencia que trata todo lo relativo a los nacos, absolutamente todo. Para ello, se apoya en otras ciencias auxiliares como la nacatomía. ¿Que qué es la nacatomía? Como su nombre lo indica, es una ciencia que estudia la anatomía de los nacos, ¿captan? Como ya lo he dicho, el cuerpo del naco se divide en tres partes: cabeza, tronco y extremidades. O sea que un naco es como cualquiera de nosotros, ¿me entiendes? Pero aparentemente. El naco se distingue de nosotros en que nosotros tenemos cabeza, tronco y extremidades superiores e inferiores. Y las de los nacos, todas sus extremidades son inferiores. La primera pregunta que se hace un estudioso de la nacatomía es esta: o sea, ¿todos los nacos son iguales? Sí, todos los nacos son iguales, pero hay unos que son más iguales que otros. Otra característica de los nacos es que a ellos no los trae la cigüeña, no. Los trae el zopilote. También, alguien me preguntaba si los nacos tienen cara; pues no, los nacos no tienen cara, tienen barata. Y también descubrí una cosa picudísima. Los nacos tienen dos bocas: la boca con la que hablan y la del estómago. Bueno, ahí muere. Puedo hacer más, esto sí lo puedo hacer más. Que los nacos tienen hígado, porque si no tuvieran hígado no podrían tratar a los demás nacos, ¿me entienden? Lo malo es que, o sea, por lo regular ese hígado al que me estoy refiriendo lo tienen irritadísimo. Cuando noto los corajes, por el alcohol o por las dos cosas, lo que suceda primero. Otra característica anatómica del naquerío es su desproporcionada víscera cardiaca. O sea, los nacos tienen el corazón muy grande, tan grande que hasta dicen: «A mí me sobra mucho corazón, carnal. Yo soy puro corazón, hijo». Esto da origen a que el naco sea un ser propenso absolutamente a guiarse por corazonadas: «Me late que no va a ir el gerente, así que no voy a ir a trabajar, vieja» o «Me late que esa chava es buena onda» o como al naco ese inconsciente al que le estaba dando un infarto y todavía decía: «Es una corazonada, hijo». La otra característica cardiaca de los nacos es su situación que les hace aparecerse ante la sociedad cuando van a una fiesta picuda o cuando no están en su medio, de fascicular. Fasciculan, o sea, temblar, ¿me entiendes? Llegan y no saben ni qué onda, ya con media caguama, entonces ya se nivelan, pero al principio no saben ni qué onda. Ahora continúo con lo que estaba diciendo. O sea, quiero explicarles que hay una cosa que es el «naco galán», que ese, hablando de corazones, también es el clásico que dice: «Mi corazón es condominio y hay lugar pa' todas». Y lo peor del caso es que hay nacas que caen y andan compartiendo al galán este, apestoso, lo andan compartiendo con dos o tres nacas más. Bueno, pero todo en la vida tiene un principio y un fin. Por hoy, mi picudísima sección termina como siempre con un refrán: «Nacos que no ven, corazón que no siente».[1]

Hasta aquí una de las tantas participaciones de ese personaje que irrumpió en la televisión durante los años ochenta al retratar de forma humorística la «naquez», como lo han hecho tantos otros en el cine y la televisión. Por años, Luis de Alba interpretó en Televisa a este personaje cómico que hacía uso permanente del clasismo y el racismo. El Pirrurris, una de sus interpretaciones, hacía un segmento llamado el «Naco-very Channel», en el que criticaba las prácticas cotidianas, comunes y ordinarias de los llamados «nacos» que casi siempre tenía entre los sujetos de su mofa a pobres, clase trabajadora y nuevos ricos incapaces de disimular su verdadero origen social. Los mexicanos reían rabiosamente al ver cómo De Alba satanizaba a estos grupos por su indumentaria, su manera de hablar y comer, sus gustos musicales y su apariencia física que contrastaba siempre con la imagen de la «gente bien» y «educada», con los «fresas» y los «pirrurris».[2]

Cortesía del mismo personaje surgió también un estudio llamado «La nacología», en el que el Pirrurris aparecía detrás de un escritorio explicando su «ciencia». Quizás este carácter contribuyó a ampliar el uso del término «naco» porque comenzó a utilizarlo para todo aquel que no fuera rico o «hijo de papi».[3] Al disertar sobre cómo se distingue a un naco —una de sus grandes preocupaciones—, este personaje explicaba en una de sus emisiones: «Al naco lo puedes oler a kilómetros de distancia por su fuerte olor a pozole, a patas y a chilitos curados… Comen tortas de tamal, dicen *corn fleis*, alquilan sus *esmoquins*… pero lo naco no se los quita nadie».[4]

Las expresiones con las que este legendario personaje de Televisa se refería a los nacos en los años ochenta eran de un nivel de violencia verbal y discriminación que hoy generaría escándalo: «naquiza», «nacada», «naquerío», les decía, además de emplear una larga lista de adjetivos y sustantivos para referirse a ellos como «najayotada hedionda», «nacos en su jugo», «come tortas de a cinco pesos», «nopaleros», «apestosos», «frijoleros», «hijos de Nezahualcóyotl», «picapiedras», «tribu de nacos», «jodidos», «apaches», «verduleros». Con las mujeres, el personaje que interpretaba Luis de Alba no era menos generoso: «residuo de *table dance* de Iztapalapa», dijo alguna vez para referirse a una sexoservidora; «princesa zapoteca», le dijo a otra que, a pesar de encontrar bella, también consideraba una naca.

El término *naco* es solo una de nuestras muchas expresiones racistas. Quizá la primera y peor de todas es el uso de la palabra *indio* como un insulto para descalificar a alguien por sus rasgos físicos, su tono de piel, su origen socioeconómico, por provenir de alguna comunidad rural, por su manera de hablar el español o incluso para juzgarlo «inferior» o «atrasado», insuficientemente «civilizado» o poco refinado. Varias frases que utilizamos para referirnos a los indígenas son escandalosamente racistas. Como cuando decimos que alguien trae «el nopal en la cara» para describir rasgos que se consideran mesoamericanos o amerindios, cuando se expresa con sorna que «los inditos y los burritos, de chiquitos son bonitos», que además de recurrir a la comparación entre indios y animales, una de las peores manifestaciones del racismo deshumanizante, asocia la condición indígena a la fealdad; cuando se le dice a alguien que es un «indio bajado del cerro a tamborazos»; cuando en medio de una reflexión recurrimos a la expresión: «No tiene la culpa el indio, sino el que lo hace compadre»; incluso aquella vieja frase que versa: «La india quiere al arriero cuando es más lépero y feo», en la que de forma infame se sugiere que a las mujeres indígenas les gusta ser maltratadas por hombres groseros y de mala apariencia.

Racista y raci-clasista es toda esa colección de frases que se utilizan para hablar de las trabajadoras del hogar: cuando se insulta a una mujer por parecer «una gata». Cuando se dice que alguien renunció a un trabajo y «se fue como las chachas» para hacer referencia a las trabajadoras del hogar que, seguramente cansadas de tantos malos tratos, un día deciden emanciparse (véase el capítulo 14); cuando, para descalificar a una mujer que está mal vestida, se llega a aseverar que «se viste como las gatas». Igualmente racista puede ser esa concepción generalizada de que a «las muchachas» del servicio doméstico hay que tratarlas con la punta del pie porque si las tratas bien se vuelven «igualadas». Mucho peor aún, cuando algún raci-clasista, macho y patán que padece un nivel de estupidez en grado extremo llega a exclamar «carne buena y barata, la de las gatas». Por si necesita explicación, la frase hace referencia a la práctica de algunos varones que se sirven de las trabajadoras domésticas —muchas veces de modo violento y bajo el influjo del alcohol— para satisfacer sus antojos sexuales con o sin su consentimiento.

Racista es muchas veces el uso despectivo del apelativo «la flor más bella del ejido», a menudo empleado para descalificar el atractivo de las mujeres morenas o de aspecto indígena, y seguramente racista es referirnos a alguna de ellas como una «florecita de pantano». También cuando, en relación con una mujer, decimos: «Aunque la mona se vista de seda, mona se queda», que, como ya se señaló, muestra el desdén que existe hacia los nuevos ricos de origen popular (normalmente no blancos). Igualmente racista es cuando decimos que nos engañaron «como a un chino», implicando que se trata de personas menos inteligentes a las que resulta fácil embaucar. Y ni hablar de cuando alguien repite esa vieja frase de que «hay que trabajar como negros para vivir como blancos» o cuando señalamos que una niña «es morenita, pero está bonita», como si fuera una imposibilidad del destino o una contradicción de términos. Racista y clasista es cuando insultamos a alguien por ser un «naco con cargo», castigando así al que logró ascender socialmente a pesar de sus orígenes.

Racistas son también algunas frases que utilizamos de modo «espontáneo y naturalizado»[5] para enaltecer, chulear o ensalzar a alguien. Como felicitar a los padres del recién nacido porque su hija les «salió güerita» y, en consecuencia, es agradable a la vista en un país donde se considera que «la blancura es la mitad de la hermosura». Igualmente, racista es decirle a los padres que su hijo o hija, tan solo por tener una piel clara, «ya tiene ganada la mitad de su existencia», como racista es emplear el término *güero* para adular a cualquier potencial cliente (independientemente de su color de piel, cabello o fenotipo) haciendo gala —como ya lo expliqué en el capítulo anterior— de toda esa idiosincrasia raci-clasista que nos caracteriza a los mexicanos. Como puede verse, no hace falta ofender a alguien para mostrar nuestro racismo.

Otro tipo frases evocan racismo, aunque no lo expresen directamente. Como cuando decimos: «El prietito en el arroz», recurriendo así a una metáfora en la cual eso que nos causa molestia, incomodidad o estorbo es de tono oscuro, o cuando pronunciamos el conocido refrán popular «a falta de pan, tortilla», en una lógica que, como asegura Hugo Cerón, remite a la superioridad de un alimento de origen europeo, sobre uno típicamente indígena. De forma análoga, cuando alguien te dice: «Tienes cara de gente decente», o afirma: «esa persona es gente bien» o «gente como uno» (que algunos incluso escriben en mayúsculas: «GCU»), no es casual que el rostro de los aludidos muestre una tendencia a la claridad, mientras que el pigmento de los indecentes, de quienes no son «gente bien» ni «como uno» sea de tonalidades oscuras o más oscuras a las de uno. Cuando en un puesto de trabajo se solicita «buena presentación», difícilmente lo que se espera es que postule una persona con rasgos identificados como indígenas o un afrodescendiente; todo mundo sabe que de preferencia lo que se busca es que, además de bien vestido y con «buenos modales», el aspirante sea de tez clara o de perdida morena clara. Racista podría ser también una frase en apariencia inocente como: «Vas de Guatemala a Guatepeor», en tanto evoca una imagen de atraso, asociada a un país de numerosa población indígena y rasgos físicos similares a aquello que Guillermo Bonfil Batalla, uno de los grandes etnólogos mexicanos del siglo XX, llamó el «México profundo».

Todas esas frases revelan ese racismo que nos negamos a reconocer de manera abierta y que el discurso oficial ha ocultado históricamente.

Reparar en ellas es importante porque es a través del «sentido común popular» expresado en nuestras palabras y dichos cotidianos, como señala Hugo Cerón, que puede verse con claridad el racismo nuestro de cada día. En muchos casos la discriminación racial en México —que casi nunca es explícita— se deja ver a través de los chistes que nos contamos. ¿Será mera casualidad que nunca contemos chistes sobre blancos y güeros, pero nuestro repertorio incluya en cambio montones de chistes sobre negros, indígenas o trabajadoras del hogar? Entre los que circulan en internet pueden encontrarse algunos como estos:

- Si tengo 10 manzanas y Pedrito me roba cuatro, ¿de qué color es Pedrito?
- ¿Por qué los negros no hacen tarea? Porque la tarea se hace después de comer.
- ¿Qué es lo más blanco que tiene un negro? Su amo.
- ¿Por qué los negros se asustan cuando tienen diarrea? Porque piensan que se están derritiendo.
- ¿Por qué nadie entiende a los negros? Porque no hablan claro.
- ¿Con cuántos negros pintas una pared? Depende de con qué fuerza los tires.
- ¿Qué cae antes, un negro o un judío? El negro porque la mierda pesa más que la ceniza.
- ¿Sabes cómo pavimentan las calles en Sudáfrica? Ponen a varios negros acostados uno al lado del otro y les pasan una aplanadora por encima.
- —Mamá, en la escuela me dicen racista.
  —¿Quiénes, hijo?
  —Unos negros de mierda, que creen que por tener boca tienen derecho a opinar.

En marzo de 2012 se creó un hashtag en Twitter llamado #Noches-DelMirrey que alcanzó el primer lugar en México, donde se incluían esencialmente chistes racistas, misóginos, clasistas y hasta pedófilos. Chistes malísimos, por cierto. Aquí algunos ejemplos:

- «No es violación si era negra y estaba oscuro. #NochesDelMirrey» (_@MeLaPelas_).
- «Las mujeres tienen los mismos derechos que un pinche negro… ¡EXACTO! #NochesDelMirrrey».
- «No, disculpa que no te salude, pero es que, a mí la gente NACA me da ASCO. #NochesDelMirrrey».
- «Cada Mirrey tiene a su gato y a su gata… #NochesDelMirrrey».
- «Yo me pongo el uniforme cuando viene mi muchacha para recordarle que yo voy en escuela de paga no como sus hijos #NochesDelMirrrey» (@RodrigoHMtz).
- «No soy racista simplemente no me gusta la gente con un color de piel más oscuro que el mío… #NochesDelMirrrey» (@Karla_Osorio).

EL «NACO»

Detengámonos en el término *naco*, el más paradigmático de nuestro raci-clasismo. Para remitirnos a la historia, *naco* es un término de origen chilango que comenzó a utilizarse a inicios del siglo XIX para designar despectivamente a los totonacos, habitantes de la provincia de Totonacapan, quienes durante el México prehispánico fueron despreciados por otras culturas mesoamericanas, y que en 1519 se aliaron al medio millar de hombres que acompañaban a Hernán Cortés para enfrentar a los mexicas. «Indio vestido de cotón azul, calzoncillos y huaraches», dice textualmente la definición del término en el *Diccionario de mexicanismos* de Félix Ramos y Duarte de 1895, uno de los más viejos.

Dentro de las definiciones más recientes está la del *Diccionario del español usual en México*, donde *naco* es un adjetivo coloquial y ofensivo que tiene dos acepciones: «1. Indio o indígena de México; 2. Ignorante, torpe, que carece de educación».[6] En el *Diccionario de mexicanismos* de

Santamaría de 1959, la palabra también tiene dos acepciones: «1. Del Otomí 'cuñado'. En Tlaxcala, indio de calzones blancos. 2. En Guerrero llaman así a los indígenas nativos del Estado, y por extensión, al torpe, ignorante, iletrado. 3. Que es de mal gusto o sin clase». El aún más reciente glosario de voces y frases populares mexicanas, de Jesús Flores y Escalante de 2004, dice así: «Naco es un término despectivo usado por el mexicano. Ser naco es no estar *in*, en la onda [...] // En otro sentido ser naco es ser indio. // Persona que viste de mal gusto».[7]

Aunque no falte quien niegue, minimice el carácter discriminatorio del término o lo justifique, la palabra *naco* captura desde sus orígenes en el siglo XIX el raci-clasismo nuestro de cada día. En un espléndido ensayo sobre el tema el escritor Enrique Serna cuenta cómo el término se generalizó a partir de mediados de los años cincuenta —cuando vino a sustituir el término *pelado*—, al iniciar un periodo de movilidad social en el país, momento en el cual la clase trabajadora vivió una fase de relativa prosperidad. Al lograr acceder a un mejor nivel de vida y permitirse mayor consumo, esos sectores —por lo general con un origen rural e indígena que habían llegado a la ciudad—, los «nacos», irrumpieron en la escena pública y se aprestaron a adaptarse al estilo de vida y al comportamiento de las élites urbanas tanto blancas como no indígenas.[8] En ese contexto comienza a generarse una oleada de racismo y animosidad hacia estos sectores que, a pesar de su origen, lograban abrirse paso en un contexto de clase media. Como apunta Serna, insultar a alguien por ser «naco» es una manera de criticar su intento por igualarse a pesar de su pasado indígena.[9] Resulta interesante observar, en especial, cómo la sola amenaza de los morenos de clase baja con integrarse a las clases medias y altas fue lo que en gran medida alimentó el odio racial, cargando así de una connotación sumamente negativa a un término que existía desde el siglo XIX; similar a lo ocurrido con el término *gata*, sobre el cual hablaré en el capítulo 14.

A los catrines la llegada de los «nacos» a la escena no gustó nada porque estos últimos eran vistos como unos advenedizos. Gente que, a pesar de su presunta inferioridad, trataba de imitarlos en su aspecto y estilo de vida. Y aunque en ese esfuerzo por imitarlos difícilmente lograran parecerse, su «insolencia» entrañaba una inaceptable ambición por ser iguales.[10] Por ello es que para Bonfil Batalla «naco» es «cualquier rasgo que recuerde la estirpe original de la sociedad y la cultura mexicana» y «cualquier dato que ponga en evidencia el mundo indio presente en las ciudades».[11] El vocablo, en ese sentido, se aplica en especial a esas personas de origen indígena que habitan nuestras ciudades, y a quienes se desprecia por tener una serie de actitudes que buscan imitar, de una manera que se considera de mal gusto, el modo de vida al que aspiran las élites.[12]

En varios de sus textos, Carlos Monsiváis reflexionó sobre el término *naco*. En *Días de guardar* enfatizó el lado clasista, al escribir: «Dentro de este lenguaje de discriminación a la mexicana, [naco] equivale al proletario, lumpenproletariado, pobre, sudoroso, pelo grasiento y el copete alto, el perfil de cabeza de Palenque, vestido a la moda de hace seis meses, vestido fuera de moda. Naco es los anteojos a la media noche, el acento golpeado, la herencia del peladito y el lépero, el diente de oro».[13] Más adelante, *Monsi* aporta la que quizá sea una de las más claras definiciones del término: «Naco es el insulto que una clase dirige a la otra y que —historia de los años de fuego— los mismos ofendidos aceptan y esgrimen como insulto».[14] En otro de sus ensayos, "Léperos, catrines, nacos y yupis", el gran cronista escribió: «El racismo se solaza con el descubrimiento: el "naco" es referencia inmejorable, y no hay palabra más apta para describir a las masas cobrizas que nunca más invisibles pueblan las ciudades. El "naco", genuina mancha urbana, según la élite, engendra la gran certeza ante el afán reproductivo de las clases populares [...], el "naco" es un filón de las conversaciones: el término es insulto, y es referencia humorística, es descripción de fauna citadina y síntesis social y vocal de los peligros de la calle».[15]

Probablemente no hay mejor ejemplo de eso que en el capítulo dos llamé «los racistas consigo mismos» que el empleo generalizado en nuestro país del término *naco*. A través de su utilización no solo discriminamos al otro: lo hacemos hacia nosotros mismos. Así lo entendió el propio Carlos Monsiváis cuando, al referirse a la mofa que hacía el Pirrurris sobre los nacos, escribió: «En el humor sobre el color de la tez y las apariencias faciales se perpetúa y se vierte el odio de una colectividad hacia sí misma».[16]

Es cierto que el término *naco* no solo se utiliza de forma racista, también se ha recurrido a él para retratar a personas torpes o para hacer mofa de una estética de mal gusto. En el filme *Dos nacos en París*, producido en 1988, el naco es presentado como una persona torpe e inculta que viste colores chillones y utiliza palabras como *pos* y *pus* o recurre a términos coloquiales como *carnal* o *hermano* y dice palabras como *rayarse* para dar a entender que alguien sale beneficiado en determinada situación.[17] En *Dos nacos en el cine* — un cortometraje de 1998 con Diego Luna y Gael García que se transmitía antes de las películas para que el público no encendiera sus teléfonos en el cine— se recurría a este término para retratar a gente maleducada, vulgar y desconsiderada que molesta a los demás con su conducta. Si se analiza el corto con cuidado, sin embargo, los elementos raci-clasistas están presentes en los personajes: se ve en la forma estereotipada en que imitan el acento de los sectores populares o incluso en el peinado con mechones rubios que utiliza Gael, quien seguramente negaría, junto con Diego, que se prestó a hacer un anuncio discriminatorio y haber cobrado por ello.[18]

Se han hecho encuestas que muestran cómo la mayoría de las personas ya no asocian la figura del naco a criterios raciales ni étnicos, sino a sus estilos y formas de vida. Hoy para muchos jóvenes, por ejemplo, naco es lo contrario a lo que consideran *cool*. Tal es el caso de un estudio de Yvette Bürki, quien llevó a cabo un sondeo donde encontró que la mayor parte de las personas asocia lo naco a cuestiones como el mal gusto al vestir (65%), la falta de «educación» y «cultura» (95%) o el ser «una persona irrespetuosa» (95%), mientras que tan solo 16.5% identifica el término con cuestiones étnicas o raciales. Otro estudio elaborado por Sandra Strikovsky muestra cómo el uso del término varía mucho de una generación a otra. Mientras entre los jóvenes de 26 a 35 años ese concepto se asocia más a ser inculto e ignorante y a tener un estilo de vida estridente y exagerado, entre quienes tienen entre 45 y 54 años lo naco se continúa asociando sobre todo a cuestiones como el origen indígena o la piel morena.[19]

Muchas personas que hoy usan el término *naco* dicen en su defensa que no lo emplean en una lógica clasista ni racista, y algunos están convencidos de no utilizar un término discriminatorio. «Yo no uso el término *naco* de forma racista o clasista», dicen unos; «alguien con mucho dinero puede ser un naco», señalan otros. Quienes piensan de esta forma olvidan que, por lo general, aunque el naco puede ser rico, casi nunca es un rico de cuna y abolengo. Y es que el naco muchas veces es el hombre rico que lo es o quiere serlo a pesar de su origen popular, o incluso la mujer morena que quiere ser güera, a pesar de su «color de llanta».

En agosto de 2016 el escritor Nicolás Alvarado, quien entonces fungía como director de TV UNAM, escribió un polémico artículo titulado «No me gusta "Juanga" (lo que le viene guango)». En él, Alvarado utilizó la palabra *naco* para criticar a Juan Gabriel unos cuantos días después de su muerte. En una frase que generó escándalo en las redes sociales y terminó por forzar su renuncia al puesto que tenía en la Universidad Nacional, exclamaba: «Mi rechazo al trabajo de Juan Gabriel es, pues, clasista: me irritan sus lentejuelas no por jotas sino por nacas, su histeria no por melodramática sino por elemental, su sintaxis no por poco literaria sino por iletrada».[20]

Alvarado se había expresado de una manera abiertamente discriminatoria, aunque reconociendo su propio clasismo y cómo sus gustos personales están influidos por este. En una entrevista con Carlos Puig, el autor de aquel polémico artículo señalaba: «Yo elijo algo que me gusta y que no le gusta a los que considero inferiores a mí, para distinguirme de ellos, y así reproduzco una estructura de clase que es un mecanismo pernicioso».[21] En otras entrevistas explicó también la forma en que entendía el término *naco*, emparentándolo con aquello que busca «agredir estéticamente», desde su propia concepción clasista.[22] Según su definición, naco es, por ejemplo, «ponerse un saco de lentejuelas lila con pendientes de diamante», por tratarse de algo agresivo que busca «visibilizar la identidad de las clases populares».[23] En efecto, ese tipo de reconocimiento del clasismo propio es poco frecuente en México. No sorprende, sin embargo, que la misma sinceridad con la que Nicolás Alvarado reconoció su clasismo no se hiciera explícita en el caso del racismo.

No todo el mundo emplea el término *naco* para degradar a los de abajo o insultar a las clases subalternas. Muchos lo utilizan para referirse a gente adinerada, pero «sin clase». Quienes recurren al vocablo de esa manera presumen incluso no estar siendo clasistas, justamente por utilizarlo para disparar en contra de quienes tal vez se sitúen por encima de ellos en la escala social. En realidad, solo están dándole otra connotación raci-clasista al término. Una en la cual se condena el origen de una persona que ascendió socialmente pero que, en el fondo, no puede negar «la cruz de su parroquia», lo que en México no es otra cosa que la herencia de una «mala raza». Para comprobar hoy el profundo raci-clasismo que todavía se refleja en este término, nos sugiere Navarrete, basta con teclear la palabra *naco* en Google y observar el tipo de imágenes que aparecen: todas ellas tienen que ver con la burla y el desprecio hacia los sujetos con la piel más oscura y la clase social más baja.[24]

En cualquier caso, no se puede disfrazar el carácter discriminatorio de un término que, aunque algunos ya no lo utilicen en ámbitos en los que no se sienten en confianza, todavía recurren a él con sus conocidos. El vocablo ha alcanzado tal generalidad en nuestro lenguaje cotidiano que resulta normal que la gente se niegue a aceptar que, en mayor o menor medida, lo utiliza de forma discriminatoria. Al final, el «naco» que casi todo el mundo tiene en su mente guarda un parecido. De hecho, el estudio de Bürki, antes mencionado, encontró que la mayor parte de los entrevistados asocia esta palabra a una determinada entonación —inconfundiblemente popular y asociada a las mayorías morenas— que la mayoría de las veces caracterizan como «cantada» o «de tono cantinflesco».

Pareciera que en los distintos usos que suelen darse al término *naco* —siempre derogatorios— hay, cuando menos, un fuerte elemento clasista. Probablemente ese elemento esté más presente que el carácter racista, porque el clasismo —como ya se ha señalado— ha tenido en México una carta de presentación más transitable. En todo caso, habría que preguntarse: cuando se piensa en la imagen de una persona «sin educación ni cultura», con un «mal gusto al vestir», que tiene «un estilo de vida estridente y exagerado», que utiliza muchos accesorios y peinados estrambóticos, o en alguien al que le falta «educación y cultura», ¿cuántos tienen en su mente a una persona de tez blanca y perteneciente al estrato más alto de la sociedad y cuántos están pensando —como es más probable— en una persona de tez morena de origen social más bien pobre?

Combatir el racismo implica revisar la manera en que empleamos el lenguaje. Ese revisionismo debe empezar por muchas de las frases que utilizamos y que, como se ha señalado aquí, son abiertamente racistas o tienen una connotación de ese tipo. El lenguaje es más que un simple conjunto de palabras. Es algo que crea realidades, y cuando el lenguaje es discriminatorio contribuye a reproducir patrones de exclusión e incluso de odio, que en ocasiones pueden ser una invitación a la violencia. Por eso vale la pena cuestionar el uso de ciertos términos que hoy usamos con total normalidad, a pesar de su carga discriminatoria. De lo que se trata no es de caer en el purismo del lenguaje políticamente correcto ni mucho menos de hacer más grande nuestra tendencia al uso de los eufemismos. De nada sirve llamarle a una persona «morenita» suponiendo que es incorrecto decir «moreno», decirle «negrito» en lugar de «negro» o «humilde» en vez de «pobre», como tampoco llamarle «llenito» a quien es gordo o tiene sobrepeso.

Proceder de esa manera es aceptar de forma tácita que las cosas llamadas por su nombre resultan insultantes o «duras», lo que equivale a afirmar que hay algo malo intrínsecamente en ellas. Lo más recomendable, en todo caso, es atender a lo que expresan los grupos que sufren una condición de discriminación. Si el afrodescendiente no tiene empacho en que de forma afectuosa se le llame «el negro» o «la negra», no tendríamos por qué pensar que está mal denominarlo de esa manera. Lo importante, en todo caso, es la intención con la que decimos las cosas. Más agresivo puede ser hablar de manera condescendiente o en tono de burla de una persona afrodescendiente que decirle «negro» de una manera calurosa.

Respetar la forma en que una persona o un colectivo que han sido víctima de discriminación prefieren ser denominados es lo más conveniente. Si un grupo social que se dedica al trabajo doméstico y se ha organizado para hacer valer sus derechos nos está diciendo que prefiere que les llamemos «trabajadoras del hogar», en lugar de «trabajadoras domésticas», porque así sienten que la labor que llevan a cabo se coloca en su justa dimensión, pienso que es bueno hacerlo así. Si dentro de una colectividad llamarse «afromexicanos» sirve para comunicarle al resto de la sociedad que su identidad tiene que ver con recordarnos sus orígenes, y al mismo tiempo que son mexicanos y existen, ¿por qué negárselos? Pero si a los negros les gusta ser llamados así o no les molesta que les digan así, tampoco creo que debamos hacer de ello un tema contencioso.

No hay que olvidar que el lenguaje es solo un paso de los muchos que hay que dar para acabar con el racismo. Un sector «progre» de la sociedad tiende a ser cada vez más cuidadoso con las palabras, incluso obsesivo en lo que considera su correcta utilización, aunque el lenguaje que emplea no siempre se compadezca con sus acciones. De nada sirve emplear las palabras «correctas» si al final nuestra forma de pensar no cambia y nuestras prácticas racistas se mantienen intactas. Estaríamos llamándonos al engaño si en lugar de decir «muchacha» usamos el término «trabajadora del hogar», pero seguimos empleándolas en un régimen de servidumbre; si en vez de decir «indios» los llamamos «pueblos indígenas», pero seguimos pensando que su problema es que no se integran a la «modernidad»; o si antes que llamarlos «negros» nos referimos a los «afrodescendientes», pero continuamos invisibilizándolos.

7

APRENDIENDO A DISCRIMINAR: LA FAMILIA Y LA ESCUELA

Verónica y Patricia le contaron a la socióloga Mónica Moreno dos historias reveladoras de sus familias.[1] La de Verónica es la de dos hermanas separadas por cuatro o cinco años de diferencia. Cuando ella cursaba primero de primaria, su hermanita *Blanca* asistía al kínder. El nombre de esta última no era casual. Así le pusieron sus padres cuando nació y observaron que, a diferencia de Vero, la segunda "sí salió güerita", como se suele afirmar.

Uno pensaría que algo tan nimio como el tono de piel o el fenotipo no tendría la menor incidencia en el amor que los padres profesan a sus hijos e hijas; que a unos y otros los quieren por igual. Verónica, sin embargo, no lo sintió así. Toda su vida tuvo la sensación de que en su familia había una preferencia por Blanca, la blanquita. Cuando observa las fotografías de su infancia le vuelve ese recuerdo inquietante de sentirse una niña poco cuidada, incluso por momentos despreciada. Más que asociarlo directamente al cariño de sus padres, la reflexión que Verónica hace hoy es que los adultos, en general, no suelen cuidar y procurar por igual a las niñas morenas que a las de tez clara. Historias similares, donde las hijas de tez blanca son más y mejor cuidadas que sus hermanas con otra tonalidad de piel, resultan más comunes de lo que pareciera. En muchas familias mexicanas, las niñas blancas son procuradas como un tesoro, un objeto delicado y codiciado que requiere tratos especiales.

La de Patricia, por su parte, es la historia de una familia de migrantes. Javier, su padre, nació en España y llegó a México junto a su familia en 1939 huyendo de la Guerra Civil. Durante años, sus familiares se casaron exclusivamente entre integrantes de la comunidad española en el exilio. La única excepción fue la del padre de Patricia, quien optó por emparentarse con una mujer «mestiza» de origen mexicano. Patricia nunca tuvo mayor relación con sus primos, los españoles «puros» de la familia. Jamás logró siquiera establecer una cercanía con los de su misma edad. La principal barrera —así lo cree ella— era la apariencia física de sus hermanos. Patricia está convencida de que su tono de piel le impidió relacionarse con su propia familia, en la que algunos de sus primos son «completamente güeros» y de ojos azules. Frente a aquellos parientes, Patricia siempre se sintió muy incómoda, incluso «muy inferior», para usar sus propias palabras.[2] Martha, la madre de Patricia, nunca se sintió cómoda con la familia de Javier, en la que sus hermanos solían hacer comentarios degradantes hacia las personas de piel oscura. Martha se quejaba mucho por el trato que le daban, y en ocasiones rompía en llanto. Por ello, para evitarle sufrimientos, Javier casi nunca llevaba a su esposa cuando acudía a convivir con sus parientes.

Estas dos historias son una demostración de la forma en que el racismo se vive dentro de nuestros propios hogares y demuestra cómo este fenómeno empieza en el seno de una de las instituciones fundamentales de nuestra sociedad: la familia. Aunque ingenuamente esta suele considerarse como depositaria de todas las virtudes —al presidente López Obrador le encanta decirlo—, en realidad nuestras familias están lejos de vivir en un mundo de armonía. Por el contrario, allí se manifiesta un microcosmos de lo que ocurre en el conjunto de la sociedad y se encuentra un espacio en el que la discriminación racial —junto a otras como el machismo— es considerada algo natural. En nuestras familias aprendemos a discriminar a los demás y a nosotros mismos. A tal grado es así que una investigación realizada por académicos de El Colegio de México en cuatro ciudades de la República demostró que el segundo ámbito donde más incidentes de racismo se reportan es precisamente en el seno familiar —rebasado solo por el laboral—,[3] lo que implica que en México, antes incluso de que te discrimine el Estado, las leyes o las instituciones, tu familia ya lo está haciendo.

En nuestro país es muy común que cuando llega al mundo un recién nacido, amigos y conocidos pregunten: «¿Cómo salió?». La pregunta, como recuerda Moreno, pocas veces tiene que ver con la salud del niño o la niña, con el estado que guarda la madre que acaba de parir o siquiera con un interés por saber cómo se desarrolló el parto. El uso del verbo *salir*, explica la socióloga, tiene fundamentalmente que ver con el color de la piel del bebé, con la siempre presente expectativa de «mejorar la raza». El hecho de que se formule esta pregunta no es casual: se vincula a un elemento de incertidumbre e imprevisibilidad, común y aceptado en nuestra cultura, relacionado con la imperiosa necesidad de saber cuál es el tipo de mezcla —ya más clara, ya más oscura— que habrá de obtenerse a partir de cada tipo de lazo familiar.[4] ¿Quién decide eso? El azar, la suerte, Dios… En ocasiones, escribe Moreno, «es como si el color de la piel de la niña o el niño no fuera a estar necesariamente relacionado con el de los padres, como si alguna combinación "mágica", herencia genética o sangre blanca europea pudieran aparecer y conferir a los padres la "buena suerte" de una güerita o güerito, y por lo tanto de un bebé "bonito". Y es que aún existe, en el imaginario colectivo, un implícito presupuesto o lógica de mestizaje y de sus posibles resultados como un proceso tanto biológico como deseable».[5]

Para alcanzar la blancura, desde hace siglos tanto nuestras élites de origen criollo como las «mestizas» han buscado emparentar a sus hijos e hijas con hombres y mujeres de tez clara, como forma de mantener y defender su privilegio o acceder a él.[6] Los criterios racistas en la selección de parejas son mucho más comunes en México de lo que algunos piensan, tanto en los estratos bajos como entre los más altos. «¿Quieres mejorar la raza? Cásate con un blanco», es el consejo que varios abuelos o abuelas dan a sus nietos, e incluso algunos padres a sus hijos. Pensándolo incluso en términos fríos, muchas personas consideran que mezclarse con una persona de tez más clara tendrá ventajas concretas. Al explicar los motivos detrás de esta preferencia, como parte del estudio de El Colegio de México ya mencionado, un profesionista de tez morena en la Ciudad de México reflexionaba: «Quiera o no, casarse con una persona de tonalidad blanca sí abre muchas puertas, sí llama más la atención. Por lo menos ya no van a salir tan feítos [los hijos]. Por lo menos van a salir más bonitos. [...] Porque llegan y piden algo en una dependencia o para hacer un trámite y hasta los atienden bien».[7] En Yucatán, según revelan los testimonios de esa misma investigación, el simple hecho de casarte con una persona de apellido maya es visto como un pasaporte a descender en la escala social. Para las élites yucatecas, emparentarse con una persona indígena puede ser algo tan indeseable como vivir en «casitas de paja» o «no tener piso firme».[8]

Un interesante reportaje de *Vice* muestra cómo en México las familias «muy blancas», o que se consideran así, normalmente no se acercan a los procesos de adopción. El racismo interiorizado hace que muchas de estas familias no se planteen siquiera adoptar niños porque en general saben que no van a encontrar allí al tipo de chiquillo o chiquilla que desean ver llegar a su buena familia. Ciertamente no se equivocan en sus cálculos porque al menos nueve de cada diez niños ofrecidos en adopción en México son morenos. En consecuencia, los niños de tez blanca disponibles son muy cotizados. Si bien en México no hay datos que lo demuestren, en Estados Unidos —donde el racismo tiene una naturaleza distinta a la nuestra— la Radio Nacional Pública encontró que en la década pasada el costo de adoptar a un niño blanco en las agencias de adopción rondaba los 30 000 dólares, mientras que el mismo servicio para un niño negro era de unos 20 000. Una cruda lógica de mercado lo explicaba: a mayor demanda de los padres, mayor era el precio asignado por las agencias de adopción.[9]

Tal vez por lo anterior, antes que tomar la decisión de adoptar niños o niñas, cuando en México una pareja de tez blanca tiene problemas para tener hijos recurre a una clínica de medicina reproductiva. El reportaje de *Vice* antes citado relata cómo hay padres de tez blanca que acuden a estas clínicas para hacer hijos *à la carte*, mostrándose dispuestos a pagar lo que sea necesario para conseguir niños blanquitos y güeritos de cualquier procedencia. En las clínicas de medicina reproductiva, como lo confirmó el reportero de esa publicación, es posible solicitar catálogos de donantes internacionales de esperma. Para hacerse de genes caucásicos, los futuros padres pueden encontrar allí muestras de semen «seleccionadas y estudiadas en el extranjero», según se anuncian en sus páginas, y encontrar así la mezcla óptima que cada uno busca. Una opción muy deseada por algunas parejas podría ser el blanco esperma del blanco Nathan, quien en uno de los catálogos era descrito así: «8509 Nathan. Raza: Cau [Caucásico]. Tipo de sangre: B pos. Estatura: 1.70. Peso: 68 kg. Estructura ósea: Mediana. Tez: Blanca. Color y tipo de cabello: Rubio lacio. Color de ojos: Azul. Religión: Cristiano. Origen étnico: Alemán-estadounidense. Ocupación: Ingeniero aeroespacial». Sin duda un perfil codiciado.

Nuestra necesidad de pertenencia, explica la socióloga Moreno, encuentra en las familias su principal y más importante referente. Esa necesidad de ser reconocidos dentro del propio clan afectivo comienza por el parecido físico con nuestros parientes. Por eso en las familias mexicanas la similitud física es un elemento clave.[10] Detrás de ese parecido reside muchas veces entre las élites una idea del honor frecuentemente asociado a la «limpieza sanguínea». En ningún lugar se vive tanto la presión por «mejorar la raza», propia de la ideología del mestizaje y su ideal oculto de blanquitud. Desde la elección de una pareja hasta el nacimiento de los hijos o hijas, la preocupación por lograr la mezcla «correcta» que nos permita ascender socialmente está muy, pero muy presente.

Esa narrativa se puede observar en distintos grupos sociales. Entre los *whitexicans* la encontramos en redes sociales, tanto en sus mensajes bromistas como entre los más serios. «Cásate conmigo, te prometo hijos blancos», escribió en su muro de Facebook Luis Morales, un internauta de tez clara que quiso ser gracioso. Con sublime humor involuntario una internauta tapatía contó una anécdota que captura como ninguna la forma en que esa presión por el mejoramiento racial está presente desde el día mismo en que una pareja contrae nupcias: «Ladies!!! Mi hermana se va a casar ya en dos semanas 🔫🙋peeeeeeero... el fin de semana fuimos a un yate en Vallarta ⛵🍺🍺. Saben algún TIP para que se le quite pronto? O acelerar el descarapelado? URGE AYUDA para que mi hermana no se case prieta 🌑».

LOS COLEGIOS PRIVADOS

Después de la familia, la escuela es el segundo ámbito en el que aprendemos a discriminar. En el caso de los colegios privados, esa discriminación comienza desde que se utilizan criterios para admitir exclusivamente a cierto tipo de alumnos, e incluso en la manera en que estos son tratados cuando ya ingresaron a ellos. Un caso ilustrativo es el de la maestra Beatriz, quien enseñaba en uno de los colegios más caros de la Ciudad de México y cuya historia también fue documentada por *Vice*. Un día la maestra se encontró con que había llegado a la escuela una solicitud de inscripción de un alumno de primaria. Nada parecía extraño en el expediente de Manuel. El niño en cuestión era delgado, de cabello lacio, ojos negros, nariz ancha y sonriente. El nivel socioeconómico de los padres —exitosos comerciantes del Centro Histórico, avecindados en la colonia Santo Domingo, en Coyoacán— tampoco parecía ser un impedimento, al menos no en primera instancia... El único problema era que sus fotografías revelaban un fenotipo que suele ser percibido como indígena y una tez morena que contrastaba con el perfil fenotípico asociado al «código postal correcto» de las familias que comúnmente asisten a esa escuela.

Cuando el comité de admisión se reunió, cuenta el reportaje de *Vice*, se plantearon dudas sobre si el colegio debía o no otorgarle admisión a ese alumno que Dios no había bendecido con la gracia de la blancura. Fue entonces cuando la encargada de la institución hizo un chiste aparentemente gracioso: «Si le digo que sí, me van a terminar pagando la colegiatura con cacao». No era la primera vez que Beatriz escuchaba comentarios de ese tipo, pero en esa ocasión decidió que no estaba dispuesta a ser una de esas racistas pasivas que dejan pasar, perfiladas en el segundo capítulo de este libro. Enfrentó entonces a su colega: «¿Te parece que están mintiendo sobre su ingreso?», le preguntó. Nadie se atrevió a afirmar que ese era el caso. Sin embargo, como a la mayoría del comité le parecía que la familia del niño parecía «como de una etnia» (de acuerdo con las palabras, que según Beatriz, utilizaron), y como la cartera vencida del colegio estaba en los cielos, no resultaba conveniente arriesgarse a que en algún momento los admitidos fueran incapaces de pagar la cuota con otra cosa que no fueran «cuentas de cacao».

Por la indignación de Beatriz la reunión no pudo desahogarse en ese momento. Unos días después, sin embargo, las autoridades del colegio decidieron rechazar a Manuel porque supuestamente no cumplía con la solvencia económica necesaria. Cuando Beatriz se enteró se sintió demasiado frustrada. «Tengan la decencia de decirles que es porque son indígenas», les dijo a los integrantes del comité, incapaz de ocultar su indignación. «No sé de qué me hablas, Bety», le contestó su colega, «hicimos un estudio socioeconómico y ya no tenemos becas para ofrecer».[11]

Las prácticas de racismo para ingresar a escuelas privadas son muy comunes en México, en especial en las escuelas privadas, y también una vez que se ha ingresado a ellas. En algunos casos el valor de la colegiatura es un filtro casi automático de blanquitud. Según la ya referida investigación de *Vice*, las escuelas privadas de la Ciudad de México cobran colegiaturas que pueden ir desde los 25 000 pesos anuales hasta cantidades estratosféricas como los 133 000 pesos del Colegio Internacional de México; 146 500 del Colegio Británico o 200 000 pesos en el caso de The American School Foundation.[12] Evidentemente, en un país tan desigual y raci-clasista como el que habitamos, resulta poco probable encontrar una nutrida representación de niños y niñas morenos, de piel oscura o con rasgos considerados indígenas.

Lo que llama la atención es que a partir de la apariencia física de quienes aspiran a ingresar a esas instituciones, así como el fenotipo de sus propios padres que a veces suele ser escrutado aún con mayor atención, las autoridades de estas escuelas sacan conclusiones sobre lo que se puede esperar de esas familias y especulan que estas no podrán pagar. Por eso en algunos casos llegan a exigir a los padres —casi siempre como estrategia disuasiva— cubrir todo el año por adelantado antes de permitirles la inscripción. El hecho de establecer modalidades de pago a las personas en virtud de su apariencia física, clase social o tono de piel constituye una práctica claramente discriminatoria, aunque no falte algún racista pasivo tipo 10 que exclame algo así como: «Así es México, qué se le va a hacer».

También llama poderosamente la atención —y dice mucho del racismo a la mexicana— que el propio monto de la colegiatura de las escuelas privadas más selectas del país no sea suficiente para garantizar la selectividad económica deseada. Como ocurre en los antros —aunque seguramente de manera más sutil y vergonzante—, en ciertas escuelas privadas de nuestro país existe una práctica similar a la de esos cadeneros, de los que hablaré en el capítulo 12, que tiene la consigna de seleccionar a quienes tienen los rasgos físicos que van con el perfil del lugar. Así, con pretextos de todo tipo, las escuelas privadas se aseguran de que no entren «personas indeseables», para lo cual recurren a argumentos que no tienen otro objetivo que garantizar el «estatus social» al que aspiran los padres, quienes evidentemente buscan que sus hijos se relacionen desde pequeños con la gente adecuada y se mantengan circunscritos a los ambientes sociales frecuentados por gente de nivel socioeconómico alto.

En general, la decisión de aceptar o rechazar a los alumnos en estas instituciones es absolutamente arbitraria, a pesar de que existen por lo menos tres fallos de la Suprema Corte de Justicia de la Nación que cuestionan la noción de que las escuelas privadas pueden tomar este tipo de decisiones a su antojo.[13] La manera en que lo hacen refleja mejor que nada eso que el Nobel de economía Gary Becker llamaba «el gusto por discriminar». Según él, las personas que ostentan una posición privilegiada están dispuestas tanto a pagar un sobreprecio por obtener una serie de bienes y servicios como a perder dinero con tal de poder asociarse a ciertos grupos o personas y, sobre todo, mantenerse separadas de otras que consideran indeseables.[14] Este gusto por discriminar se ve en las escuelas privadas, en las que los padres de familia están dispuestos a pagar una colegiatura altísima con tal de que sus hijos sean parte de un círculo selecto de niños de élite, donde nadie diferente a ellos pueda ingresar.[15] Pero el mismo gusto por discriminar se observa cuando las propias autoridades del colegio se dan el lujo de rechazar a potenciales alumnos que sí son capaces de pagar las colegiaturas, aunque prefieren excluirlos del estudiantado. No vaya a ser que la presencia de morenos le reste «nivel» a la institución o que los demás padres se sientan incómodos y eventualmente saquen a sus hijos del antro. Perdón, quise decir del colegio.

LAS ESCUELAS PÚBLICAS

No solo las escuelas privadas son espacios de discriminación racial, también lo son las públicas. Para un niño que habla una lengua indígena, por ejemplo, no siempre es fácil ser admitido en un colegio público de una zona urbana, incluso en zonas de nivel socioeconómico bajo.[16] Aun cuando logra ingresar, es muy probable que ese niño o niña sufra todo tipo de acoso por parte de sus compañeros. Tanto por tener un tono de piel más oscuro que el resto de sus compañeritos, como por hablar una lengua indígena en varios centros educativos la vida puede ser una pesadilla. A menudo los maestros prohíben a los alumnos hablar en su idioma, se les aísla o incluso se les hace objeto de escarnio. En

Mérida, por ejemplo, una madre de dos niñas, una de piel clara y una de piel oscura, contó: «Yo tengo todos los contrastes en casa: tengo una que es blanca leche y una que es casi mulata. Y la que es casi mulata todos los días llega llorando porque le hicieron *bullying*. No la dejan jugar porque [...] Y precisamente hoy me decía: "Espero que hoy que sea Día del Niño me dejen jugar". [...] Aunque físicamente son dos gotas de agua, el color la ha marcado mucho y no la dejan jugar. "Es que tú eres la negra". Así es, desgraciadamente».[17]

En un estudio sobre la educación y el racismo que sufren los pueblos afromexicanos, Cristina Masferrer cuenta la historia de un estudiante que diario era golpeado severamente por sus pares, quienes le llamaban «mole negro». Cuando la madre fue a hablar con la maestra —una perfecta exponente de ese racismo pasivo que deja pasar—, esta última se lavó las manos con el argumento de que aquello ocurría durante el recreo, cuando ella no estaba presente. Al final, como las agresiones continuaron, la madre tuvo que cambiar al niño de escuela. Tristemente, las agresiones continuaron en el nuevo plantel, siempre por la misma razón.[18] Masferrer cuenta también que en una ocasión otro niño afromexicano se acercó a su maestra, Angustia Torres, y le preguntó si Dios no los quería a todos por igual. «¿Por qué a unos les da cuero blanco y por qué a mí me hizo todo quemado para que mis compañeros se rían de mí y no quieran jugar conmigo?». De acuerdo con el testimonio de la maestra, el niño «era objeto de burla, porque ni siquiera lo llamaban por su nombre», sus compañeros lo insultaban diciéndole «Sorullo»[19] o decían: «Ahí viene el negro choco [sucio], no se junten con él».[20]

Hace algunos años se conoció también la historia de un niño oaxaqueño de origen mazateco que asistía al colegio La Salle Seglares, en la Ciudad de México. Todo iba bien con «Paquito» —como se dio a conocer más tarde en los medios—, hasta que un día su madre lo fue a buscar a la escuela y el personal se percató de que se trataba de una trabajadora del hogar, una persona distinta de quien había acudido a inscribirlo. Comenzó entonces un acoso reiterado en contra del niño, tanto por parte de sus compañeros de aula como de sus profesores. Sus compañeros le decían que se fuera a una escuela «de pobres» y le infligían toda suerte de malos tratos, incluso en una ocasión las bestias acabaron por fracturarle un dedo. Las maestras no eran mucho más generosas: regañaban al niño de manera injustificada y lo sacaban reiteradamente del salón. Cuando los efectos psicológicos de ese maltrato se hicieron evidentes y comenzaron a afectar su desempeño escolar, el caso llegó a la psicóloga de la escuela, Patricia García Godínez, quien no tuvo mejor idea que solicitarle al niño varios estudios para determinar si este podía permanecer en la institución, para sugerirle finalmente a la tutora inscribir al niño en una escuela de gobierno: «Mire su realidad», le aseguró, «no pertenece a esta escuela». El diagnóstico fue compartido por las autoridades del colegio, quienes llegaron a la conclusión de que el niño debía marcharse. Con el argumento de que Paquito no era «apto» para esa institución, por no hablar bien español e inglés — lo cual era falso—, la dirección se empecinó en forzar su salida del plantel.[21]

Otro polémico caso que cobró notoriedad pública fue el de Angelina, una adolescente mixteca de la Secundaria Técnica 42 ubicada en Tepito, quien sufrió *bullying* durante dos largos años y medio por ser indígena, hasta afectar seriamente su desempeño escolar y su autoestima. Aunque los malos tratos habían sido denunciados de forma reiterada, tanto los padres de los agresores como las autoridades educativas fueron omisos. La gota que derramó el vaso llegó cuando en una ocasión, durante el recreo, Angelina recibió una tremenda golpiza por parte de tres varones que le taparon la cara con una chamarra y la tiraron al piso, la agarraron a patadas entre varios más, e incluso la grabaron para exhibirla en las redes sociales. Angelina aseguró más tarde que sus compañeros también la encerraron en el baño y le orinaron encima. Las autoridades, a pesar de haber tenido conocimiento de los hechos, no tomaron ninguna acción hasta que el asunto escaló y la familia decidió recurrir a la Fiscalía para Niñas, Niños y Adolescentes y al Consejo para

Prevenir la Discriminación en la Ciudad de México, instituciones que afortunadamente tomaron cartas en el asunto.[22]

Más allá de estas anécdotas, la peor forma de discriminación que tiene lugar hacia los indígenas en el sistema educativo es generada por el propio Estado, el cual los discrimina porque la educación pública en México no está diseñada para incluirlos. El mismo grupo de 12 jóvenes indígenas de Chiapas, al que me referí en páginas previas, me habló de la dificultad que para ellos representó el paso de la primaria a la secundaria. Supuestamente, las escuelas en las que habían cursado la educación básica debían ser bilingües. Y aunque los libros de texto estaban en español, casi todo el tiempo les hablaban en su lengua. Entonces, me explicaba un joven del municipio San Juan Cancuc, «leías el libro en castellano, pero todo lo empírico y lo cotidiano era en tzeltal, porque todo nuestro modo de vida en la casa y con la familia, al igual que lo que hacíamos en la cotidianidad, era interpretado en nuestra lengua». La educación no fue sencilla para estos jóvenes —como no lo es para millones de jóvenes indígenas— porque en los libros de texto se les habla de un contexto social y cultural completamente ajeno a su realidad. Juan Vásquez, originario de la comunidad tzeltal El Pozo, cuenta cómo a él, cuando le hablaban del metro o del pesero, no tenía la menor idea de qué se trataba; no lo supo hasta que conoció la Ciudad de México.

Un buen ejemplo de la discriminación que se ejerce desde el Estado en contra de los pueblos y las comunidades indígenas fue la Evaluación Nacional de Logros Académicos en Centros Escolares (mejor conocida como prueba Enlace),[23] a través de la cual se evaluaba, hasta hace unos años, el desempeño de los estudiantes de nivel básico y medio superior en español, matemáticas, ciencias naturales, historia y formación cívica y ética. Esta prueba ignoraba la diversidad cultural del país y las distintas lenguas, al formular una serie de preguntas que estaban planteadas desde la lógica de quien vive en la ciudad, sin tomar en cuenta la realidad de los pueblos indígenas y el tipo de experiencias con las que están más familiarizados los niños y niñas que crecen en ese entorno. Gracias

APRENDIENDO A DISCRIMINAR: LA FAMILIA Y LA ESCUELA

a la acción del Conapred, la Secretaría de Educación Pública (sep) se vio obligada en 2011 a modificar los contenidos de la prueba que afectaba la evaluación de los indígenas, para que su contenido reflejara mejor su contexto y su entorno cultural, e incluso a elaborarlas en sus propias lenguas. Este cambio fue trascendental porque a las escuelas mejores evaluadas se les asignaban más recursos y, en las condiciones en que se realizaban estas pruebas, los estudiantes indígenas siempre estaban en desventaja. En la actualidad, la Comisión Nacional de Libros de Texto Gratuitos (Conaliteg) produjo 2 900 000 libros de texto gratuitos en 64 lenguas indígenas, con lo que prácticamente abarcó la totalidad de las que se hablan en el país.[24]

El sistema educativo nacional ha discriminado por años a los pueblos indígenas de México. Un joven de 23 años de la comunidad tzeltal de Chiloljá, también en Chiapas, me contó su experiencia como estudiante de secundaria, en un contexto en el cual la educación primaria no le brindó las herramientas necesarias para superar las barreras lingüísticas y culturales. «El problema es que los inteligentes te excluyen», me dijo. Después agregó: «Los inteligentes dejan afuera a los que no saben y solo se juntan entre ellos». Le pregunté entonces a quiénes consideraba «los inteligentes». «Los *caxlan*», contestó (*caxlan* es la palabra tsotsil para nombrar a las personas mestizas o blancas).

—¿Y por qué para ti ellos son los inteligentes? —le pregunté.

—Porque tienen más facilidad para hablar o expresarse —contestó—. Porque los *caxlan* hablan español. Un libro está en español; cuando lo leen eso hace que tengan más conocimientos. En cambio, un indígena que habla el tzeltal, y que no habla el español o se le dificulta ese idioma, no entiende lo que dice el libro. Por ejemplo, te dejan de tarea «lee este libro», pero lo lees y no lo entiendes.

8

NUESTRO IDEAL DE BELLEZA

En 1921, *El Universal,* periódico fundado en 1916, convocó a un emblemático concurso de belleza orientado a celebrar el centenario de la consumación de la Independencia y a enaltecer a las mujeres indígenas de México. Se llamó «La India Bonita». En pleno auge del nacionalismo revolucionario, el certamen pretendía glorificar la tradición prehispánica, en un contexto en el que el discurso oficial buscaba como nunca antes incorporarla al proyecto nacional.

En una convocatoria abierta, el diario pidió a sus lectores enviar fotografías de posibles candidatas y presumió en sus páginas que «ningún periódico o revista había pensado antes en engalanar sus columnas con los rostros fuertes y hermosos de infinidad de indias que pertenecen a la clase baja del pueblo».[1] Contrario a la forma en que las indígenas eran normalmente retratadas en la prensa —despeinadas, sucias, desaliñadas y encorvadas—, el diario buscaba destacar los «rasgos positivos» de lo indígena, donde se incluía, entre otras, el rostro ovalado, la piel oscura, unas «bellas trenzas», «dientes perfectos» y su «expresión serena».[2]

El concurso no tuvo la respuesta que sus organizadores esperaban, en gran medida porque buena parte del público parecía incapaz de entender que se estuvieran buscando «indias» que también fueran «bonitas». Los que de plano no se burlaban del certamen hacían llegar especialmente retratos de mujeres de tez blanca con vestidos folclóricos o perfiles que no satisfacían los criterios de los patrocinadores. Por lo visto, ellos mismos —hombres todos, evidentemente— tenían sus propias dudas acerca de la posibilidad de una «belleza indígena». La lógica del concurso y su propio título sugería que la ganadora debía ser una mujer bella *a pesar de ser india* y, en segundo lugar, porque a los ojos del jurado no era la belleza lo que habría de destacar sino las características emblemáticas de su «raza indígena», como destacó Apen Ruiz al recapitular esta historia.[3] A tal punto ocurrió así que al anunciarse a las diez finalistas el diario aseguró: «Los jueces tomaron en cuenta únicamente los rasgos indígenas de las concursantes y en ningún momento se guiaron por ideas de belleza o personalidad».[4] Extraño. ¿Un concurso de belleza que no se guía por ideas de belleza? Al final, parecía como si el concurso no premiara otra cosa que el estereotipo que buscaba enaltecer.

La ganadora del certamen fue María Bibiana Uribe,[5] una mujer de 16 años nacida en Huauchinango, Puebla, a quien Manuel Gamio, un reconocido antropólogo y arqueólogo que integraba el jurado, describió como una «india pura de raza mexicana».[6] La apoteosis de La india bonita, cuenta una crónica del propio diario, fue un desfile por las calles de la Ciudad de México donde Bibiana se paseó en un carro alegórico tirado por seis bueyes guiados por «seis robustos indios». En la reseña de la premiación podían leerse frases como esta: «Descendiendo de sus montañas, dejando atrás el jacal en que ella vivía tan apartada del mundo y de sus lisonjas, la India Bonita ha venido, sonriente, tímida, sin sospechar que aquí la aguardaba el trocarse en heroína de un día, en personaje de actualidad palpitante, en princesa de ensueño cuyos ojos de obsidiana serán interrogados por todo un pueblo, ansioso de hallar en ella el halago de ancestral hermosura que brindó mágico hechizo a los ferrados paladines que pasaron con Cortés a tierras de Anáhuac».[7]

La India Bonita se convirtió en una imagen utilizada en anuncios publicitarios, incluso llegó a derivar en una marca registrada —guaraches La India Bonita— y apareció en la primera plana de la revista *El Universal Ilustrado* que anunciaba el jabón Flores de Mayo. En las imágenes que hoy podemos rescatar, María Bibiana aparece siempre con esa mirada cabizbaja y triste; nunca observa directamente a la cámara y parece ausente.[8] Antes que una persona con carácter y personalidad, La India Bonita parecía un fetiche, un símbolo estereotipado, si acaso un espécimen, una rara flor. En una de las notas publicadas por aquellos días sobre este concurso, un reportero de *El Universal* representó a María Bibiana como una persona ignorante y no tuvo reparos en burlarse de su forma de hablar el español. «¿Eres feliz, Bibiana?», le preguntaba en su nota. «Pos... quen sabe, señor, quen sabe», contestaba ella. «¿Sabes lo que es ser feliz?», inquirió nuevamente el periodista como si no estuviera hablando con un ser humano. «No, señor, ¿qué's eso?», fue la respuesta que le habría ofrecido y con la que el reportero decidió representarla.[9]

Al final, la búsqueda de belleza entre las mujeres indígenas parecía un esfuerzo contrario al sentido común y el concurso buscaba reafirmar esa visión. No solo se trataba de encontrar a una indígena que, a pesar de serlo, fuera bonita, sino que los propios organizadores implícitamente enviaban el mensaje de que las indias no podían competir en las grandes ligas de la hermosura femenina. Qué mejor prueba de ello, reflexiona Rick López, que el hecho de que, en julio de 1921, unos cuantos meses después de aquel certamen, cuando se organizó el Concurso Universal de Belleza en París y el mismo diario se hizo cargo de planificar la búsqueda de Miss México, los coordinadores no solo evitaron ofrecer especificaciones sobre el tipo de rasgos físicos que se buscaban, como habían hecho con La India Bonita. Tanto organizadores como participantes simplemente se basaron en su idea de «belleza universal» y nadie se sintió en la obligación de explicar por qué entre las finalistas únicamente aparecieron mujeres blancas.[10] Por lo visto eso era lo normal.

¿Qué tan diferentes son las cosas en México un siglo después? En marzo de 2020, por ejemplo, 99 años después de lanzarse el concurso de La India Bonita, aparecieron en las calles de la capital unos carteles publicitarios de Sears en los cuales un hombre y una mujer modelan sus ropas con rostros altivos junto a mujeres indígenas.[11] En una fotografía el joven mira a la mujer indígena por encima del hombro, mientras en la otra la modelo simplemente voltea hacia otro lado como si ella ni siquiera estuviera ahí, completamente indiferente ante su presencia. En ambos anuncios las mujeres indígenas son retratadas como si fueran un adorno o un objeto de utilería. Mientras las indígenas son retratadas como personas pobres, su presencia en la misma fotografía con modelos luciendo ropas caras parece una burla a su situación de marginación. Las indígenas no están ahí para lucir o modelar absolutamente nada. La campaña, supuestamente pensada para ser «incluyente», no podía de ninguna manera serlo, porque las dos indígenas que aparecían en las imágenes no tienen ningún tipo de interacción entre sí: viven en mundos completamente ajenos. Como La India Bonita en su momento, estas dos imágenes no buscaban en modo alguno normalizar la condición indígena, sino usurpar sus imágenes de forma meramente decorativa, como un estereotipo. Por fortuna, la empresa tomó la decisión de retirar la campaña el mismo día en que se viralizaron las críticas en su contra.

Enlace a galería del certamen de belleza.

Las cosas no son muy distintas hoy que durante los años de La India Bonita porque los parámetros de belleza en el México actual todavía pasan en gran medida por mantener una lejanía frente a la apariencia indígena y acercarse lo más posible al ideal de la blanquitud. Ese ideal blanco de belleza se puede observar al revisar el tono de piel de las diez ganadoras de los tres certámenes de belleza más importantes del país en la última década: Mexicana Universal (antes llamado Nuestra Belleza México), Miss México (creado en 2016) y Miss Earth México.[12] Según nuestros cálculos, 60% de las 25 mujeres ganadoras finalistas de estos tres certámenes tenían un tono de piel claro, mientras que 32% tenía uno moreno claro, tan solo 8% un tono de piel moreno y ni una sola tono oscuro.[13]

Para millones de personas en México ser bonito o bonita, lindo o lin-da, guapo o guapa, atractivo o atractiva, es sinónimo de ser caucásico, alto, de tez clara, rasgos finos, cabello rubio y ojos claros. En cambio, ser feo, no apetecible o desagradable a la vista es equivalente a tener un tono de piel que tiende a la oscuridad, con rasgos que se consideran in-dígenas o afrodescendientes, baja estatura, ojos y cabello negros. Desde luego que las cosas nunca son tan esquemáticas y en medio de esos dos extremos hay una escala de matices, pero el ideal de belleza tiene que ver en muchos casos con los niveles de blanquitud y los rasgos físicos europeos. Cuántas veces no hemos escuchado frases como: «Aunque el niño es morenito, está bonito». Cuántas no hemos oído a alguien bromear con que «la blancura es la mitad de la hermosura».

Y es que una estrecha asociación entre la belleza, el tono de piel y los rasgos físicos ha estado presente en nuestra sociedad por mucho tiempo y es parte consustancial del racismo nuestro de cada día. Mientras para algunos lo blanco es sinónimo de belleza y prístina pureza, lo moreno es asociado a la suciedad y la fealdad, a lo despreciable, a lo descarta-ble. Nos hemos acostumbrado a la *rubia superior* como el espécimen más codiciado de la fiesta y esa rubia, naturalmente, se ha creído la historia por completo: se siente y se sabe superior. Y es que una de las formas más claras por medio de las cuales se manifiesta el racismo en México es precisamente a través de nuestros estereotipos de belleza, en gran medida promovidos por la misma cultura racista que inspira las estrategias publicitarias y que —como veremos en los siguientes capítulos— está presente en la televisión, el cine y las redes sociales.

La asociación automática entre ser blanco y ser bello, tan común y tan frecuente en nuestra sociedad, está en muchos de nosotros sin que seamos siquiera conscientes. Como señala Navarrete, es «parte de nuestra formación estética y nuestra educación sentimental». Al final, todo el conjunto de paradigmas de belleza bajo los que vivimos minimizan, inferiorizan e incluso «denigran» a la mayor parte de la población mexicana.[14]

Sobre las mujeres mexicanas —las principales víctimas del modelo de inspiración racista— pesa siempre un enorme juicio estético. Parte de la opresión hacia las mujeres en nuestro país tiene que ver con ser presas de una cultura en la cual el camino hacia la belleza que se ha impuesto sobre nuestra sociedad —y su permanente lucha por «verse bien»— las obliga a transformarse por completo, incluso a desfigurarse para ocultar sus rasgos y modificarlo todo, comenzando por el color de su pelo, pasando por la forma y el color de sus ojos, y a veces hasta su tono de piel. Como lo explica Mónica Moreno, las mujeres mexicanas deben dar una lucha constante para salir del «estigma de la mexicanidad» que se considera algo despreciable que las hace parecer «insignificantes».[15]

Ese estigma termina siendo alimentado por los hombres y esa lógica de mercado de la que nada se salva en nuestra sociedad. Un buen ejemplo es el mercado femenino de *escorts* que se anuncia en internet para el goce de los hombres. Un estudio de Raymundo Campos comprueba, por ejemplo, que incluso el valor de este «servicio», a través del cual se explota el cuerpo de las mujeres, aumenta entre las de tono de piel más claro, las cuales, dicho sea de paso, son las mayores víctimas de esta forma de explotación sexual. Después de obtener información de más de 3 000 mujeres que se dedican a los «servicios de compañía», el investigador encontró que una *escort* con un tono de piel claro puede cobrar en promedio 15% más que una con un tono de piel medio claro, y a su vez, una «acompañante» de tono de piel medio claro cobra 35% más que una de piel muy morena.[16]

Víctimas de un sistema machista que fuerza a las mujeres a acercarse al modelo de belleza que promueven los medios de comunicación masiva, muchas han terminado por creer que sus propios cuerpos son deficientes, como lo explica Mónica Moreno, y nuestra sociedad ha acabado por inculcarles un sentimiento de vergüenza por ser quienes son. En ese tenor, las mujeres mexicanas viven una permanente «ansiedad por alejarse de lo moreno» y acercarse a la blanquitud cual si esa receta pudiera mágicamente llevarlas a una mejor vida. Después de conversar con varios grupos de ellas sobre sus ideales de belleza, la propia Moreno observó cómo entre las mujeres de tez más clara existe un mayor sentido de seguridad y autoaceptación que entre las de tez oscura y con rasgos considerados indígenas; es más probable que estas últimas se sientan a disgusto con su propia apariencia física, e incluso son más proclives a experimentar sentimientos de inferioridad.[17]

Ahora, si el lector cree que esta ansiedad por perseguir la blancura se limita a las mujeres morenas, se equivoca. En realidad, esa búsqueda incansable por la «güerez» no se detiene siquiera entre las mujeres que ya gozan del privilegio de la piel blanca. Y eso porque, en nuestra sociedad, pareciera como si los primeros lugares de belleza siempre se los llevaran las más rubias. De ahí que el camino a la hermosura consista, también para las más supuestamente agraciadas, en ser más blancas, más güeras y más europeas. Aquí se dice fácil, pero requiere de un gran esfuerzo. Uno que implica desde el uso de tintes de pelo y cremas blanqueadoras, hasta cirugías estéticas para tener rasgos más afilados y de tipo occidental. Un buen ejemplo de ese ideal de belleza, como recuerda Navarrete, fue el estilo aspiracional y glamuroso de nuestra ex primera dama, Angélica Rivera, quien en su desmedido uso de cosméticos y tintes decolorantes nunca intentó siquiera ocultar su desesperación por ocupar los niveles más altos de la «escalera cromática».[18]

Aunque los prototipos de belleza asociados a la blanquitud pesan de manera más opresiva sobre las mujeres que sobre los hombres, no dejan de influir en el caso de estos últimos. El «tipo mexicano» chaparro y moreno —como explica también la socióloga Moreno— forma parte de los criterios que por lo general se asocian a una idea de insignificancia física vinculada a lo mexicano y están asociados a lo irrelevante, lo trivial, lo inefectivo, lo ineficaz, lo despreciable y lo vil.[19] El «típico mexicano», como solemos decir con cierta carga de desprecio, no suele ser representado como un prototipo que imponga autoridad, llame la atención o resulte sexualmente deseable, sino en todo caso como algo con lo que hay que conformarse ante la falta de una mejor opción.[20]

Nuestros prototipos de belleza están a tal punto asociados a la blanquitud que cuando una persona nos resulta atractiva, a pesar de no encajar en ese patrón, nos sentimos obligados a ofrecer una serie de explicaciones, algo que justifique el gusto a pesar de su aparente imposibilidad. En el caso de las mujeres, cuando en una comunidad rural o en una colonia popular aparece una chava guapa, algunos le dicen que es «la flor más bella del ejido» o, peor aún, que se trata de una «florecita de pantano», una expresión profundamente racista a la que recurren los machos de cierto nivel socioeconómico cuando les atrae una mujer en una comunidad rural o una colonia popular, como si se tratara de una salvedad en medio de la podredumbre representada por esos cuerpos morenos y rostros indígenas que tienden a despreciar.

En una lógica semejante opera el término *chacal* que se les endilga a algunos hombres como parte de una suerte de gusto culposo que exhibe un patrón raci-clasista de belleza. El chacal es un hombre que les atrae a las personas de cierto estrato social, pero con quien no quisieran ser vistas, ya sea por haber crecido en un barrio pobre o por parecer «demasiado mexicano». En un *stand up* de Mónica Escobedo en el que cuenta cómo terminó andando con un chacal, se describía al personaje así: «El chacal es este hombre correosito, correosito, correosito, de genes prehispánicos, con aliento a totopo, como aliento a

128

garnacha, aliento a abonos chiquitos»; es un hombre que produce una sensación de «guácala, qué rico». Pero el chacal, dice Mónica, «a pesar de su secundaria trunca, te hace sentir la mujer más guapa, más buena, más fértil». Nada de esto implica, sin embargo, que el chacal —a quien también se refiere en su show como «el pinche chacalito»— pueda ser presentado en sociedad o que lo vayas a presentar a tu madre, tus tías o tu abuelita porque «al chacal no se le presenta, no se le presume y no se le pasea».[21]

Enlace a video
de Mónica Escobedo.

Al disertar sobre el término *chacal*, muy utilizado entre la también discriminadora cultura gay, Carlos Monsiváis escribió:

En la jerga de los entendidos, el chacal es el joven proletario de aspecto indígena o recién mestizo. […] El chacal es la sensualidad proletaria, el gusto que los expertos en complacencias racistas descifran ampliamente, el cuerpo que proviene del gimnasio de la vida, del trabajo duro, de las polvaredas del futbol amateur (o «llanero »), de las caminatas exhaustivas, del correr durante horas entonando gritos bélicos, del permanecer horas enteras de pie para adquirir condiciones de estatura. […] Llevó tiempo admitir la deseabilidad de los chacales, demanda en un principio de los aristocratizantes en pos del Buen Salvaje, del contraste de clases y el erotismo del *slumming*, del descender socialmente para ascender sexualmente, según las mediciones del racismo.[22]

EL TORTUOSO CAMINO HACIA LA BLANQUITUD

El camino hacia lo que para muchas personas representa la «verdadera belleza» obliga a un proceso doloroso de «blanqueamiento». Para las mujeres, sobre quienes suele pesar una mayor exigencia estética, ese proceso casi siempre comienza por hacerse de una cabellera rubia, sin importar muchas veces su verosimilitud. No es casual que México sea uno de los principales consumidores de tintes para cabello en el mundo. Según un estudio de Kantar Worldpanel, 58% de los hogares mexicanos consume tintes para el cabello y lo compran en promedio 3.5 veces al año.[23] Tampoco es casual que en México se ubique la mayor planta de producción mundial de este tipo de tintes desde que L'Oréal —empresa líder en ventas de tinte para cabello— abrió en 2012 una inmensa planta en San Luis Potosí que hoy produce unos 350 millones de unidades de coloración capilar.[24] Naturalmente, hay de tintes a tintes, porque hasta en eso hay clases sociales. Hay quienes los compran en el supermercado, quienes desesperadamente recurren al peróxido de benzoilo de farmacia, y quienes, como las llamadas «rubias sampetrinas», pueden pagar hasta 15 000 pesos por un entintado de buena calidad que probablemente deberán renovar cada seis meses para no ser descubiertas.

Las cirugías plásticas son otro camino frecuente para alcanzar la blanquitud, muy practicado entre las clases media alta y alta. Los cirujanos mexicanos especializados en ese ámbito reciben a diario pacientes que sueñan con un rostro caucásico y piden ayuda al médico para dejar de ser quienes son. Que si su nariz es muy ancha y parece «de negrito», como refiere uno de estos cirujanos a los que entrevisté; que si su rostro se ve «demasiado redondo»; que si su frente tiene demasiado cabello, «como la frente de las indígenas». Las rinoplastias para hacerse una nariz más afilada son unas de las operaciones más comunes, aunque también son frecuentes las de mandíbula, en las que se busca que el tercio inferior de la cara no sea más pequeño que el tercio medio y superior, como un sector social suele percibir a las personas indígenas.

Según la Asociación Internacional de Cirugía Plástica Estética, México es el octavo país donde más se practican cirugías plásticas en el mundo.[25] En 2018 se efectuaron más de medio millón: 186 000 de las cuales fueron exclusivamente faciales. De ellas, más de 86 000 fueron intervenciones típicamente utilizadas para occidentalizar los rasgos físicos.[26]

Según el doctor José Cortez, un cirujano plástico que practica unas 200 operaciones por año, por una nariz o una mandíbula nueva, mujeres y hombres llegan a pagar entre 50 y 150 mil pesos. Quienes pueden sufragar esas cantidades evidentemente pertenecen a los sectores más acomodados de la sociedad, aunque es común que algunas personas se endeuden uno o dos años para cubrir los gastos, engañen a sus compañías de seguros, finjan accidentes o hasta le saquen un dinerito a su cónyuge, según cuenta el doctor. En la búsqueda de una apariencia más europea, algunas mujeres también se amplían la frente para eliminar el exceso de cabello a través de la depilación con láser; otras se practican cirugías de ojos para modificar el tipo almendrado y algunas más incluso se ponen lentes intraoculares para portar de forma permanente ojos verdes o azules.

El uso de Instagram y otras redes sociales, señala también Cortez, ha incrementado de forma alarmante el número de personas que buscan practicarse cirugías para parecerse a determinado artista, personaje público o *influencer*, a pesar de que las fotografías en que se inspiran muchas veces llevan algún tipo de manipulación digital. En los últimos años el número de personas que buscan cambiar sus características físicas en México —particularmente las asociadas con eso que algunas personas equivocadamente llaman «raza»— ha crecido significativamente tanto en mujeres como en hombres. Todos los meses los cirujanos reciben en sus consultorios a pacientes que buscan «un *look* que no parezca mexicano», según cuentan cirujanos con los que conversé para este libro. Algunas mujeres piden un rostro como Kim Kardashian, como Penélope Cruz o incluso como Belinda, cuando piensan en un referente pretendidamente más «nacional».

La aspiración a ser una persona distinta, con rasgos caucásicos, no es fácil de satisfacer. Cortez cuenta que a pesar de que Instagram le ha traído muchos nuevos clientes dispuestos a recurrir al bisturí para hacer realidad sus sueños más guajiros, también le ha generado muchos dolores de cabeza porque sus pacientes suelen ser muy exigentes y no siempre quedan conformes con el resultado final. Como la naturaleza muchas veces no permite alcanzar el tipo físico al que se aspira, este cirujano cuenta que ha debido desarrollar habilidades psicológicas para trabajar con el elevado nivel de expectativas de quienes lo visitan para operarse, muchos de los cuales no alcanzan a distinguir que los modelos que ven en las redes sociales no son sencillos de replicar.

EMBLANQUECER LA PIEL

Otra fantasía estética tiene que ver con el blanqueamiento de piel. Miles de personas utilizan frecuentemente productos para blanquearse, a pesar del riesgo que implica para la salud, en especial cuando se utilizan sustancias con mercurio u otras partículas nocivas. Si en este momento el lector busca en Google «blanqueamiento de piel», se encontrará con algunas sorpresas. El buscador arroja más de 300 000 resultados: desde ofertas de lociones, cremas y tónicos para blanqueamiento, hasta toda clase de remedios caseros como frotarse la cara con una rodajita de limón o licuar una cebolla morada para untarla en el rostro. Al parecer, con esas simples recetas se puede tener una piel más bonita y un rostro de porcelana.[27] En uno de los tantos videos que circulan en YouTube se puede encontrar el de Emma Macías, una mexicana de unos 20 años que muestra a sus seguidores cómo aclararse la piel en casa: «En un recipiente de plástico», explica, «mezclas tres cucharaditas soperas de polvo decolorante para vello, dos de crema hidratante y otras dos de peróxido». La *youtuber* agrega: «Quizá este método es más agresivo que el de las cremas que te puedes comprar en la farmacia, en el dermatólogo, y que te tienes que aplicar poco a poco y se te agota. Pero es más rápido y mucho más asequible».[28] Se recomienda a los lectores no intentar esto en casa.

Enlace a video de Emma Macías.

Hoy en día, blanquearse la piel es una tendencia cada vez más marcada, no solo en México sino a nivel mundial.[29] Por si esos métodos no funcionaran, en los últimos años han proliferado en México clínicas dermatológicas que ofrecen tratamientos para hacerlo, aunque en la mayor parte de los casos no hacen más que devolverle a la piel su tono original. Así lo pudo constatar un reportero de la revista *Chilango* que visitó una de estas clínicas, al fingir estar interesado en blanquearse de cuerpo entero. Según este trabajo periodístico, la mayoría de las personas que llegan a las clínicas buscando aclarar su piel «cargan a cuestas un complejo enorme». En general sus expectativas están demasiado elevadas: buscan un tono al cual no están genéticamente predeterminadas. Si son morenas aspiran a ser blancas, y eso no es posible sin poner en riesgo su salud. Por eso a los dermatólogos, al igual que a los cirujanos, también les toca lidiar con las extravagantes expectativas —estilo Michael Jackson— que a menudo tienen sus pacientes.[30]

En un mundo largamente dominado por el paradigma occidental de belleza, el blanqueamiento de piel ha sido una práctica de larga data. Desde tiempos coloniales, la tez blanca se asoció al color de la «civilización». Un interesante estudio de Anne McClintock reconstruye cómo en Europa el jabón se convirtió, a raíz de la colonización, en un elemento de distinción para reforzar la idea de limpieza asociada a la blancura.

La costumbre del baño, de hecho, no existía antes del siglo XVIII. En el siglo XVII —y en claro contraste con los nativos mesoamericanos para los cuales el baño era casi una obsesión— los europeos se metían a la tina de forma muy irregular, y cuando lo hacían era para tratar enfermedades como el reumatismo o la gota. Incluso la era isabelina en Inglaterra estuvo marcada por una clara aversión al baño, al punto que la Reina Isabel I (1558-1603) se distinguía por bañarse «por lo general una vez al mes independientemente de si lo necesitaba o no».[31]

Con el advenimiento del colonialismo imperialista, sin embargo, la cultura europea se obsesionó con la limpieza, en gran medida como una manera de diferenciarse de los africanos negros, a quienes consideraban inherentemente sucios y malolientes, como puede verse en la obra de innumerables escritores europeos. En ese sentido, mantener una piel limpia, además de ser una medida de higiene para evitar enfermedades, se convirtió en una forma de proyectar la superioridad blanca, mientras que el jabón, en particular, se volvió un bien altamente apreciado, cuyo valor en el mercado para finales del siglo XIX se había incrementado de manera considerable. A la par del uso del jabón se desarrolló toda una cosmetología orientada a reforzar la blancura, como el uso de polvos, cremas y lociones para emblanquecer el rostro.

Durante el siglo XIX y la primera mitad del XX, los blanqueadores de piel fueron los cosméticos más populares en el mercado, aunque más tarde algunas de las fórmulas aplicadas se mostraron altamente nocivas para la piel. En Europa y Estados Unidos la fórmula más «exitosa» para el emblanquecimiento contenía *cereuse* o plomo blanco que no solo generaba manchas blancas en la piel, sino que también tenía un efecto tóxico que llegaba a generar mareos, ceguera, dificultades para respirar y hasta parálisis. Además de usar las sustancias ya mencionadas, las mujeres también llegaban a comer obleas de arsénico, las cuales producían el tan deseado blanqueamiento. Sin embargo, cuando se demostró que este tipo de agentes eran altamente tóxicos y podían amenazar la vida, comenzaron a prohibirse.

Toda esta historia, a pesar de provenir de otras latitudes, muestra los absurdos derroteros hasta los que se ha llegado —no solo en México— para perseguir la blancura. Cuando nada de lo aquí descrito funciona —ni los tinte ni los blanqueadores ni las operaciones— la tecnología puede hacer lo suyo, aunque sea en el terreno de la ficción. Un ejemplo, además del ya conocido Photoshop, es el filtro *Beauty*, de la popular aplicación Snapchat, o incluso Instagram. Además de la diversión que ofrece esta aplicación al introducir objetos animados al rostro del usuario, también se incluye una serie de implementos para editar fotografías y retocar rostros que permiten ocultar imperfecciones del cutis… Imperfecciones tales como un tono de piel demasiado moreno. Casi todos los filtros de aplicaciones de celular blanquean la piel y «perfeccionan» la cara haciendo los rasgos más occidentales y caucásicos. A través de una función disponible en cualquiera de los 27 filtros que contiene la aplicación, el filtro *Beauty* blanquea la piel de los usuarios para que puedan mostrar un rostro más claro, unos ojos azulados o unos rasgos más finos.

Snapchat e Instagram han sido objeto de numerosas críticas por el blanqueamiento de piel que realizan en la mayoría de sus filtros. Sin embargo, estas no son las únicas aplicaciones que lo hacen. También los filtros de «embellecimiento» de FaceApp aclaran la piel y afinan los rasgos físicos. Incluso hace un año, luego del lanzamiento del iPhone Xs, algunos analistas señalaron que la cámara de Apple ya integraba de manera predeterminada un filtro «embellecedor» en su cámara normal, acontecimiento al que se le apodó el *Beautygate*. En el reino de las *selfies* —no solo en México sino en varios países del mundo— la obsesión por la estética se ha vuelto inseparable de la necesidad de aparentar rasgos físicos occidentales. Si recurres a estos filtros para embellecerte, y en ese camino crees que la vía es el cloroformo, te hacemos una amable advertencia: cuida los botones que tocas.

No vaya a ser que te suceda como a Bárbara Regil, esa actriz que por andar jugando terminó convirtiéndose en una «prieta». ¡Qué feo!

Enlace a video de Bárbara Regil.

9

EL RACISMO EN LA PUBLICIDAD

L e pregunté a un modista de Monterrey las razones por las cuales la industria para la que trabaja no utiliza modelos más parecidos a la mayoría de los mexicanos. «¿Por qué no puede aparecer en un comercial alguien con rasgos similares al señor o a la señora de la esquina?», fue la frase que elegí para cuestionarlo. Creo que a mi interlocutor la pregunta le pareció una estupidez porque, como pendejeándome un poco, respondió: «Porque nadie quiere parecerse al señor o a la señora de la esquina». Ante mi insatisfacción, prosiguió con ese tono al que se recurre cuando una explicación no necesita de mayores argumentos: «Porque no son personas atractivas en el mundo de la moda. Porque la publicidad es aspiracional y por eso se eligen prototipos que representen la manera en que un hombre o una mujer quiere verse».

La respuesta de este hombre, que organiza desfiles de moda en Nuevo León, es la misma que suele emplear la gran mayoría de publicistas en México para explicar la baja representación que hay de personas morenas en sus comerciales. En el gremio se entiende por publicidad «aspiracional» aquella que intenta asociar la compra de un producto a la obtención de una situación ideal. Esa situación no necesariamente tiene que ver con el dinero o con la pertenencia a cierto estatus; puede relacionarse también con la fama, la belleza física o algún lugar idílico. Esta publicidad presupone que al consumidor le gustaría pertenecer a cierta posición o círculo social y para ello adquiere determinado producto que le permitirá ser reconocido como una persona poderosa, rica o importante. La historia de la publicidad está llena de ejemplos así, desde la famosa Rubia Superior, con la que se promocionaba la cerveza, hasta su archirrival, la Chiquitibum, de Carta Blanca.

La publicidad en México no muestra a personas morenas porque en el medio se considera que únicamente los blancos de rasgos occidentales pueden asociarse a la fama, al estatus social o a la belleza.[1] Como en México es más probable que las masas de consumidores sueñen convertirse en güeros antes que pretender ser morenos, afirma Navarrete, cualquier publicista entiende que lo «aspiracional» significa en primer lugar ser blanco y no tener un tono cobrizo.[2] En la práctica, la idea de la publicidad aspiracional es la excusa de muchos anunciantes y publicistas para buscar fundamentalmente a güeritos guapitos o güerotas guapotas —o simples güeros y güeras que por esa sola condición lo parezcan a los ojos de muchos— que sean capaces de transmitir aquello a lo que el mercado supuestamente aspira. Según David Arafat, vicepresidente creativo de la agencia de publicidad Curiosity, «la idea es que piensen: "Yo quiero ser así, tener ese color de piel y ojos verdes... por eso voy a comprar el producto"».[3]

Por ello, cada vez que se muestra una familia feliz, un cuerpo perfecto, un cutis de muñeca, un cabello luminoso y radiante o una vida perfecta —para quienes crean que puede existir tal cosa—, se recurre a modelos blancos y en muchos casos también rubios. En contraste, cuando se busca promover una causa social, mejorar la situación de alguna población en desventaja o promover las actividades de una fundación que hace trabajo filantrópico —casi siempre como parte de su propia estrategia de posicionamiento de marca—, se buscan de manera oportunista personas morenas.[4] Como lo expresó, con refinada ironía, el actor

Tenoch Huerta de forma diáfana: «Cuando se trata de Un Kilo de Ayuda, salvemos a nuestros hermanos en desgracia, cualquier campaña contra el hambre o todo lo malo del mundo, entonces sí [se convocan] morenos. Porque obviamente los morenos encarnan la desgracia nacional».[5]

Quizá no exista mayor muestra de privilegio blanco en México que los comerciales de televisión. A lo largo de 2018 encontramos una evidencia más que contundente de ello. Según nuestros propios cálculos, 70% de quienes aparecieron durante ese año tenía un tono de piel claro y tan solo 30% alguna tonalidad morena.[6] En poco más de la mitad de los casos en que se vieron morenos en papeles protagónicos, en efecto se trató de campañas de organizaciones no gubernamentales, asociaciones civiles o incluso otras orientadas a exaltar la identidad nacional, como fue el caso de «Yo quiero, yo puedo» o la campaña «México Unido», de cerveza Indio.[7] Si no consideramos este tipo de comerciales y nos abocamos únicamente a aquellos que anuncian marcas con objetivos de lucro, el porcentaje de blancura en comerciales de televisión ascendió a 82% durante ese mismo año.

Nuestro modista regiomontano confiesa que la mayor parte de los elementos que utiliza para sus pasarelas son extranjeros y que sus clientes le piden expresamente no mandarle «mexicanos», en clara referencia a sus rasgos físicos y tono de piel. Para él, sin embargo, eso no es racismo sino «malinchismo». Como forma de justificarlo cita la presencia cada vez mayor de «negros» en el mundo de la moda y asegura que a nivel internacional cada vez se recurre más a modelos de este tipo, especialmente en Francia e Inglaterra, e incluso en México. Lo explica así: «Hoy en México alguien de tez oscura tipo Belice puede conseguir muy buenos trabajos, aunque lo saques de la calle». Tras formular esa afirmación se detiene un momento. Reflexiona y luego agrega: «Bueno, aunque probablemente no sería igual si fuera alguien de tez oscura tipo Chiapas».

Ciertamente, los comerciales de televisión en México no siempre muestran a rubios o rubias. En los últimos años en particular, en el mundo de la moda ha emergido una tendencia a utilizar modelos supuestamente más «reales». Cuando se buscan figuras similares al mexicano promedio, sin embargo, se continúa excluyendo de manera deliberada los tonos de piel morena y por sobre todas las cosas los rasgos considerados indígenas. Para dejar eso en claro, y evitar confusiones en el reclutamiento, las castineras, agencias de modelos, marcas y empresas publicitarias adoptaron hace tiempo el término «latino internacional», por medio del cual dejan en claro lo que buscan: un perfil de cabello negro o castaño, pero tez blanca y rasgos afilados. Recientemente algunas agencias han rebautizado el término con el ridículo nombre de «*look* Condesa» o «tipo Polanco». Con ello dejan muy en claro que el *look* «tipo Iztapalapa», capaz de exhibir rastros de auténtica mexicanidad, está claramente proscrito.[8]

Como tenía algunas dudas, le pregunté a una conocida que se dedica a la industria desde hace muchos años qué es exactamente un «latino internacional». Reproduzco textual el diálogo que tuvimos a través del Whats:

Yo: ¿Te parece que es un término racista?

Ella: Para nada.

Yo: Pero cuando pides eso [un latino internacional], ¿qué quieres decir exactamente?

Ella: Se refiere a un tipo de persona que puede ser argentino/francés/mexicano/italiano/español... que no es de una raza en particular, que es una persona de tez clara o morena y que no tiene rasgos que lo identifiquen con alguna nacionalidad en particular.

Yo: Pero, por ejemplo, si yo fuera un indígena de la huasteca o de la tarahumara, ¿calificaría?

Ella: No.

Yo: ¿Por?

Ella: Porque ya tienen otros rasgos más definidos a su raza, si eres un mulato brasileño tampoco calificas... Pero eso no debe ofender a nadie... Si eres oriental tampoco... Si eres de raza negra o nórdico tampoco.

Yo: ¿Pero entonces qué chingados es un latino internacional? ¿Alguien de pelo negro, moreno, pero que no parezca indígena?

Ella: Pues es lo que yo entiendo, que no parezca de una raza en particular, si es indígena, o nórdico o mulato tampoco aplica. Neta no sé.

El diálogo que sostuve con mi amiga muestra claramente que el haber tenido educación formal e ideales igualitarios no implica una capacidad para ver dónde se esconde nuestro propio racismo. Llama la atención que al principio de la conversación mi amiga parecía estar muy segura del significado del término, e incluso convencida de que su muy frecuente uso entre los castineros no tenía una connotación racista. Más adelante, sin embargo, al cuestionarle sobre casos específicos, ella misma se enredó hasta terminar por reconocer que no sabía realmente a qué se refiere ese término que en su industria se emplea cotidianamente para discriminar sin confesarse. Es obvio: un latino internacional es alguien que no tiene rasgos indígenas ni afrodescendientes , sin tampoco ser un rubio o una rubia. Eso que, para evitar decirlo, mi amiga llamó «tener rasgos definidos a su raza». Suponiendo que las «razas» existen, algo que en este libro está plenamente descartado, llama la atención que su existencia se observe solamente para cierto tipo de personas; que unos grupos sociales sean racializados, mientras se piense en otros como si no pertenecieran a «raza» alguna.

Cuenta una leyenda en el mundo de la publicidad que alguna vez una agencia buscaba a un actor capaz de interpretar a Juan Diego —el indio al que según la religión católica se le apareció un día la Virgen de Guadalupe—, y había solicitado actores con «*look* mexicano», aunque extrañamente pedían no enviar gente de tez morena. Gerardo, uno de los que acudieron, aparentemente no cumplía con ese perfil, por lo que al llegar al *casting* de inmediato fue rechazado por una secretaria que, frente a todos los presentes, le dijo con sarcasmo: «Los pedimos mexicanos, pero no tanto, no nos funcionas».[9] Lo que la agencia buscaba era, precisamente, un «latino internacional». Solo que no había utilizado el tecnicismo discriminatorio al que normalmente se recurre para nombrar al único tipo de «*look* mexicano» que el mundo de la publicidad puede tolerar: cabello oscuro, pero con tez blanca y sin rasgos considerados indígenas. Por lo visto, ningún otro perfil podría ser «aspiracional». Un castinero que dio una entrevista anónima lo explicó así: «Los consumidores mexicanos quieren comprar un jabón que lo anuncie una mujer de pelo oscuro y piel blanca con un cuarto de lavado y no una morena tendiendo en una jaula de azotea».[10]

Algo similar ocurrió en la audición para un comercial de Club Premier de Aeroméxico, convocado por la productora Catatonia, el cual derivó en un escándalo público. Para evitar confusiones, la agencia optó esta vez por ser lo más explícita posible al anunciar el perfil que necesitaba y los requisitos para audicionar: «Nadie moreno», decía el mensaje. Luego de una intensa polémica en redes sociales, la aerolínea se deslindó de ese acto explícitamente racista de esta manera: «Lamentamos la postura discriminatoria de la empresa Catatonia que circuló en redes sociales. Ofrecemos una sentida disculpa y reiteramos nuestro respeto por todas las personas sin importar sexo, idioma, religión ni color de piel».[11]

Probablemente en ningún ámbito se observe mejor el racismo nuestro de cada día que en la publicidad. En todos los países el tipo de modelos que se ven en la televisión o las revistas es distinto al de la gente que uno ve caminar por la calle. Sin embargo, en pocos la distancia entre el mundo de la publicidad y el del país real parece ser tan grande, al punto de pensar que se trata de universos completamente distintos: el que uno ve en la televisión y el que encuentra al caminar por la calle. En varios países asiáticos, por ejemplo, los modelos que uno observa en revistas, comerciales de televisión y anuncios panorámicos reflejan el fenotipo de las mayorías sociales, aunque ciertamente los modelos también son objeto de cierto tipo de retoques. Al mismo tiempo, en países como Brasil, India, Sudáfrica o Estados Unidos es común (si no es que a veces una obligación) encontrar publicidad dirigida a grupos específicos.[12]

Difícilmente lograremos cambiar la naturaleza «aspiracional» de la publicidad. Sin embargo, los publicistas podrían al menos resignificar lo aspiracional para darle otro carácter. En Estados Unidos, como advierte Navarrete, se han desarrollado imágenes «aspiracionales» dirigidas hacia grupos sociales específicos. Al público afrodescendiente se le busca vender modelos negros, a los hispanos se les trata de llegar a través de formas de vida más cercanas a su forma de ser; lo mismo a los asiáticos.[13] Algo similar ocurre en Sudáfrica, donde la publicidad que se dirige hacia la mayoría negra de la población utiliza también modelos negros. En México, en cambio, como en otros países latinoamericanos, el único modelo de belleza posible, la única «aspiración», parece ser la blanquitud.

LAS CAMPAÑAS SUPUESTAMENTE INCLUSIVAS

En los últimos años algunas marcas han logrado apartarse de los modelos de belleza típicamente blancos reflejados en los medios. En 2005 Dove comenzó una campaña en todo el mundo para incluir en su publicidad a mujeres que no encajaban en el ideal típico de belleza, en el que estas deben ser siempre delgadas y blancas. Parece risible que, a pesar de que esta iniciativa global de la marca llevaba por nombre «la campaña de la mujer real», en la versión mexicana no se presentaban mujeres morenas ni con rasgos considerados indígenas. Aunque efectivamente los cuerpos que se mostraban salían del patrón anoréxico/bulímico/talla cero convencional, las modelos en todos los casos eran blancas. Como ya refirió Navarrete en su libro, cuando un reportero de la revista *Expansión* cuestionó al responsable de la agencia encargada de la campaña la razón por la cual no habían incluido a mujeres morenas de aspecto indígena, el responsable contestó: «Queríamos ser realmente representativos, pero eso no tiene que ver con irse a los límites».[14] La historia muestra con toda claridad cómo, en el medio de la publicidad mexicana, algo que en otras latitudes ya podría considerarse *cool*, como es presentar a mujeres que tengan el fenotipo de la mayor parte de la población, aquí todavía resulta una suerte de osadía reservada para los valientes. Cualquier esfuerzo por convertir la publicidad en algo más incluyente se topa con los límites marcados por el ideal aspiracional de la blancura que recorre como un cáncer al mundo de la publicidad mexicana.[15]

Resulta interesante observar cómo Unilever, la misma compañía dueña de Dove que promovió la supuesta campaña de la «mujer real», no tuvo el menor empacho en lanzar otra campaña en la que se mofaba del estereotipo indígena, a través de una acción publicitaria desplegada en las estaciones del metro de la Ciudad de México con un eslogan que decía: «Para que el metro no huela a Indios Verdes, ponte Rexona» (para los no chilangos, Indios Verdes es el nombre de una estación en la Ciudad de México). Navarrete alertó también contra esta campaña que combinaba un humor raci-clasista utilizado por una marca que se ha hecho famosa también por sus anuncios machistas y misóginos. Por fortuna, el Conapred alertó sobre ello y obligó a la compañía a retirar sus anuncios publicitarios.[16]

Este no es el único caso abierto de racismo en la publicidad. Un capítulo vergonzoso se escribió a finales de 2017, aunque esta vez fue responsabilidad de una entidad del sector público: Caminos y Puentes Federales. El promocional que lanzó el gobierno de Enrique Peña Nieto mostraba cómo un individuo de piel morena, con ropa desgastada y suciedad en el rostro, llegaba a la casa de una mujer que lo invitaba a pasar, lo bañaba, lo alimentaba e incluso lo vestía para luego llevarlo de vacaciones en un automóvil descapotable. Una vez a bordo del vehículo, la mujer tomaba el teléfono para hacerse una *selfie* con aquel hombre, quien sorpresivamente aparecía más tarde en la imagen como un perro de pelaje café y gafas de sol, dando así a entender que todo el tiempo se había tratado de un perro callejero al que la mujer había adoptado.[17] Sobra decir que el viejo recurso de reducir un grupo social en particular a una condición de animalidad —como indirectamente hizo este anuncio — es una característica típica de la discriminación racial a la cual se ha recurrido en innumerables ocasiones a lo largo de la historia. Frente a las quejas de varios usuarios de redes sociales que mal que bien lo entendieron así, el anuncio finalmente fue retirado sin ofrecer mayor explicación. El gobierno jamás emitió una disculpa.

Enlace a video de Caminos
y Puentes Federales.

Algunos publicistas creen que aumentar la diversidad de tonos de piel y fenotipos beneficiaría a la industria. David Arafat opina, por ejemplo, que «mientras más diversidad exista, más se amplía el están-dar de belleza y, al hacer esta inclusión, se genera orgullo por nuestra identidad». Arafat también considera que, aunque este será un «cami-no largo», la audiencia ya está pidiendo cambios, rechaza los anuncios racistas en redes y dice: «Ya estoy hasta la madre de esto».[18] El mundo de la publicidad en los últimos años ha promovido algunos esfuerzos para supuestamente hacer campañas inclusivas. Sus resultados, sin embargo, han sido contraproducentes en muchos casos, quizá porque se ignoran elementos básicos del racismo o porque el tema se asume con ligereza y frivolidad.

Tal es el caso de «#OrgullosamenteIndio», una campaña publicitaria de la cerveza Indio lanzada en octubre de 2018, en la que se publicaban *selfies* de varios aspirantes a *influencers* que lucían una playera con un insulto racista y una palabra tachada: en vez de leerse «pinche indio» se observa la frase «orgullosamente indio». La acción publicitaria fue un absoluto despropósito. De entrada, porque quienes aparecían en el anuncio no tenían ningún rasgo que los hiciera parecer indígenas, eran en su mayoría de tez blanca; como era de esperarse, se trataba de «latinos internacionales» o, para utilizar una jerga más refinada, «*look* Polanco». Una vez más se reproducía la idea de que los modelos chidos son los rubios o los de tez blanca, invisibilizando como siempre a los indígenas y hablando de ellos sin ser capaces siquiera de mostrarlos en una manifestación de ese racismo del sexto tipo que se definió en el capítulo dos. Una vez más, pareciera que incluir al México real habría sido «irse a los límites», como decía el autor de la campaña de Dove. De una forma torpe, además, se daba por sentado que resulta natural, incluso aceptable, insultar a los indígenas al unir en la misma oración la palabra *pinche* con la palabra *indio*. Como bien explicó Navarrete: «En un país tan racista, repetir un insulto, aunque sea de manera crítica, confirma el prejuicio».[19]

Otro esfuerzo publicitario infructuoso fue el lanzado por Coca-Cola en diciembre de 2015, el cual también terminó por recibir acusaciones de racismo a pesar de que el propio anuncio arranca destacando la discriminación que sufren algunas comunidades indígenas mexicanas. El comercial muestra a un grupo de jóvenes de tez blanca, aparentemente acomodados, que visitan un pueblo de la sierra de Oaxaca, donde construyen un árbol de Navidad y comparten con los habitantes una hielera llena de refrescos, bajo el lema «Permanezcamos unidos». El anuncio mostraba una evidente condescendencia hacia ese pueblo indígena y su trasfondo colonialista era más que evidente al tratarse de unos jóvenes acomodados que acuden a visitar las comunidades cual si sus habitantes fueran un objeto exótico, incluso como si en realidad los pueblos indígenas necesitaran que un par de *whitexicans* salvadores fueran a traerles la diversión, el entretenimiento y la felicidad.

Resulta muy frecuente que esfuerzos motivados por crear conciencia en torno al problema del racismo terminen por reforzar prejuicios racistas, tanto de manera involuntaria como por ignorancia frente al tema. Eso no solo acontece en el ámbito de la publicidad. Hace unos años, por ejemplo, se presentó una obra escrita por un dramaturgo regiomontano llamado Mario Cantú Toscano, la cual precisamente caía en este vicio. *La pinche india*, se llamaba la obra, cuyo título de entrada normaliza un insulto racista.[20] La pieza estaba teóricamente orientada a crear conciencia sobre el problema del racismo; contaba la historia tragicómica de la señorita Zambrano, una joven de abolengo que un buen día, al despertar, se topa con la sorpresa de haberse convertido en una «india».

Al verse al espejo siente un inconmensurable asco de sí misma. Quiere arrancarse los cabellos, se le va la respiración, se convulsiona. Inmediatamente *miss* Zambrano le llama a su mejor amiga para contarle lo que le ha ocurrido: «Soy una pinche india, una puta india, *fucking* india, como la pendeja que trabaja en casa de tu mamá». Y así continúa un diálogo en el que inmediatamente la blanquitud se asocia a la idea de belleza: «Tengo la pinche Selva Lacandona entre las piernas y los pezones cafés y puntiagudos como mamila de Evenflo», le cuenta a su amiga, esperando que el público ría. «Soy un asco. Yo tenía mis pezones chiquitos y rosas, bien bonitos, y las nalgas redonditas de hacer pilates. ¿Dónde están mis nalgas? ¡Quiero mis nalgas! No quiero estos pinches nopales debajo de la espalda, planos y con pelos puntiagudos... ¡Quiero vomitar! ¡No!».

Por ser una india, Zambrano cae en desgracia. La corren del trabajo, sus padres le retiran el habla y hasta su prometido termina con ella, luego de decirle: «Estás de acuerdo en que no me puedo casar con una india, ¿verdad? [...] Eres una chacha. A nadie le importa lo que digan las chachas, son mentirosas. Son putas y nomás están viendo la forma de cogerse al patrón. [...] Son como animales que no se sacian...». Así continúa este diálogo supuestamente orientado a llamar la atención sobre el problema del racismo; un diálogo en el que, por momentos, se hace imposible distinguir si se está tratando de criticar la forma en que piensa una persona racista o si el escritor simplemente exhibe su propio racismo. Eso último parece haber ocurrido cuando, al hacer hablar a su personaje, el escritor recurre a los típicos estereotipos con los que se suele caracterizar a las indígenas. «Soy una pinche india ladina y mentirosa», exclama recurriendo a uno de los clichés con los que se caracteriza a las personas indígenas.

Pero el momento más claro en que el escritor revela sus propios prejuicios, seguramente sin darse cuenta, es cuando le hace brotar a su personaje un espontáneo deseo de agarrar una escoba y ponerse a barrer al son de una cumbia. El pensamiento racista del escritor se proyecta en su metalenguaje: como si en toda mujer indígena existiera una innata condición de ocuparse del trabajo doméstico, como si las mujeres pertenecientes a los pueblos originarios de México estuvieran genéticamente determinadas a esa función social. Ese deseo compulsivo de ejercer el trabajo doméstico aparece en la obra unas páginas más adelante, cuando de nuevo se le atribuye al personaje una manera de ser y una psicología propia, a partir de sus características y rasgos físicos: «Se nota que nunca han trapeado por aquí. ¡Chingado! Tengo ganas de trapear», exclama.

¿Por qué el autor no pensó, por ejemplo, en que la mujer indígena podía sentir un deseo irrefrenable de escribir poesía náhuatl, hacer numerología maya o improvisar un rap en mixteco en lugar de caer en el lugar común, poco imaginativo y típicamente racista de hacer ese trabajo feudal que nos parece tan normal en las personas indígenas? Así, la fallida obra que concibió el tal Cantú para presuntamente «generar conciencia sobre el problema del racismo en México» terminó por reafirmar —al igual que otras campañas publicitarias antes referidas— prejuicios y estereotipos racistas.

10

EL CINE Y LA TELEVISIÓN

Quién no recordará a ese personaje llamado Memín Pinguín, un niño afrodescendiente dibujado de forma caricaturesca como un simio, que apareció por primera vez en un cómic lanzado en 1947 y que, a partir de los años setenta, llegó a vender hasta 25 millones de copias mensuales para más tarde convertirse en un programa de televisión. La historia de ese cómic contaba las aventuras de Memín y sus tres mejores amigos: Ricardo, Ernestillo y Carlangas. Ricardo era el niño rico del grupo, rubio, delicado y privilegiado. Ernestillo era el niño pobre, hijo de un carpintero, y el más aplicado de la clase. Carlangas era un chico impulsivo y rudo, hijo de un padre ausente y siempre metido en problemas. Memín, por su parte, era descrito como un niño flojo, ignorante, sucio e ingenuo que no piensa en las consecuencias de sus acciones. Aunque bueno con sus amigos, era imprudente y decía casi siempre lo primero que le venía a la mente.

Memín era acosado por sus mejores amigos, quienes constantemente le hacían bromas relacionadas con su tono de piel, sus rasgos físicos, su cuerpo y sus capacidades intelectuales. La forma en que este cómic, utilizado para propósitos educativos, muestra a un niño negro y la manera en que se le interpreta como un personaje «bueno, pero tonto» refuerza un patrón típicamente racista, en el que el tono de piel del personaje se asocia a la fealdad y la suciedad. En las páginas de la propia historia, Memín es caracterizado de forma condescendiente como el «simpático negrito». En un capítulo se puede ver, por ejemplo, cómo uno de sus amigos dice: «Más que chistoso es terriblemente feo». Poco más adelante, tras acudir por primera vez a la escuela, le cuenta a su madre cómo sus compañeritos hasta le preguntaron dónde compró «el betún» que le untan en su «carita». En otro pasaje se puede ver cómo después de darse un golpe Memín sentencia: «Como soy tan negro no se me verá el moretón».[1] Incluso en otro momento más de la historieta se puede leer que, tras haber cometido una gran travesura uno de los personaje afirma que la vergüenza que siente no se puede ver porque esta se oculta detrás de su color de su piel...

Enlace a video de Memín Pinguín.

Nunca se había discutido el carácter racista de este cómic, ni del programa de televisión que surgió de él, hasta que en 2005 se le ocurrió al Servicio Postal Mexicano imprimir cinco estampillas conmemorativas sobre Memín, las cuales ofendieron a la comunidad afroamericana de Estados Unidos por considerar que alimentaban estereotipos racistas. El caso rápidamente escaló hasta los niveles más altos de la política estadounidense. Luego de que la Casa Blanca emitiera una declaración sobre el asunto, el secretario de Relaciones Exteriores del gobierno foxista, Luis Ernesto Derbez, salió a defender al personaje con el argumento de que se trataba de «un carácter de nuestra cultura», y llegó a asegurar que quienes no lo entendían era porque no tenían ningún respeto por nuestras tradiciones.[2]

Tan solo unos meses atrás, cuando el entonces presidente Vicente Fox afirmó que los mexicanos en Estados Unidos llevaban a cabo trabajos que «ni los negros quieren hacer», se generó una airada reacción en un amplio sector de la intelectualidad, la política y la sociedad civil. En esta ocasión las cosas fueron distintas. En contraste con la enérgica respuesta que en esa ocasión suscitaron las declaraciones de Fox, esta vez la intelectualidad —de izquierda y derecha— salió a defender enérgicamente la caricatura de Memín Pinguín, y más de uno desestimó o trató de restarle gravedad a las imputaciones de racismo; incluso se escucharon acusaciones de intervencionismo estadounidense.[3] Muchos abogaron por la figura de Memín, por considerarla de carácter «popular» y «muy mexicana», cual si esas características impidieran la promoción de un estereotipo racista denigrante hacia las personas afrodescendientes.

Entre las voces complacientes que dejaron pasar el racismo estuvo la de Enrique Krauze, quien se refirió a las estampillas como «imágenes muy agradables enraizadas en la cultura popular mexicana».[4] También la escritora Elena Poniatowska señaló: «Durante los años de existencia de esa historieta, en México nadie se ha sentido ofendido, incluso es un personaje muy querido. No entiendo por qué ahora se desata esto. [...] En nuestro país, la imagen de los negros despierta una simpatía enorme. [...] En México, a diferencia de lo que sucede en Estados Unidos, nuestro trato hacia los negros ha sido más cariñoso».[5] Nótese por favor el uso de la palabra *cariñoso* que puede encuadrarse en ese racismo del séptimo tipo al que hice referencia en el segundo capítulo de este libro, el cual inferioriza a un grupo social por la vía del paternalismo y la infantilización. Incluso Carlos Monsiváis, quien siempre fue un crítico agudo de nuestra vida social y política, y hasta denunció distintas manifestaciones del racismo en México, rechazó las acusaciones de racismo provenientes de Estados Unidos y aseguró: «El tema central del cómic no es la epidermis "quemada" sino la clase social».[6] Para el cronista, las acusaciones de los gringos no eran otra cosa que «las ganas de transferir el racismo propio a la sociedad ajena».[7]

EL CINE MEXICANO

Más allá de que las posturas referidas anteriormente reflejan hasta dónde nos cuesta identificar el racismo y reconocerlo, lo cierto es que Memín Pinguín es solo un caso de los tantos productos culturales mexicanos que por años hemos consumido en el cine y la televisión, y exportado al mundo, en los que abundan personajes estereotipados con una carga racista. Hay que ver la forma por demás desfavorable y condescendiente con la que los indígenas fueron retratados en el cine mexicano desde la Época de Oro. En un artículo sobre el racismo en la cinematografía publicado por Ernesto Diezmartínez en *Letras Libres* se señala la condescendencia con la que desde los años treinta, en cintas como *Janitzio* y *María Candelaria*, la religiosidad indígena es mostrada como algo primitivo y su comportamiento de manera pueril. Para bien o para mal, ya fuera en papeles de héroes o de villanos, los indios no eran enseñados sino como «grandotes infantilizados».[8]

Tizoc, el protagonista de la célebre película homónima dirigida por Ismael Rodríguez en 1956, representó a los indígenas inocentes, sumisos, miserables, ignorantes y sobre todo inferiores a los criollos. La cinta, protagonizada por María Félix y Pedro Infante, cuenta la historia de un indio cuyos rasgos están típicamente estereotipados en la devoción, el sufrimiento y la sumisión. «Todos los lugares comunes de los indígenas se encuentran en esta película»,[9] en la que la idea extendida de que hay que desconfiar de los indios, presente también en muchas otras películas mexicanas, es muy frecuente.[10] Una óptica igualmente racista está presente en cintas humorísticas como *La India María*, «pobre, tonta y fea, pero honrada», en la que se parodia a una mujer mazahua en una interpretación que caricaturiza al extremo el imaginario colectivo mexicano sobre lo indígena. Este tipo de personajes interpretan a los indígenas en tono cómico o de farsa, con un humor típicamente discriminatorio, donde la risa fácil —bastante estúpida, dicho sea de paso— deriva de imitar la manera en que hablan los indios en México.[11] Todos ellos, al final —como dice César Carrillo—, mandan el mismo mensaje: «Los indígenas son inferiores y hay que desconfiar de ellos».[12]

En el caso de los afrodescendientes, su lugar en el cine ha sido marginal, como en muchos otros ámbitos de la vida nacional. En la etapa clásica del cine mexicano, cuando llegan a aparecer en la pantalla, por lo general son figuras vinculadas a la industria del entretenimiento y el espectáculo, a través de personajes como Toña la Negra, cantante de boleros; la artista cubana Rita Montaner; el compositor, músico, actor y bailarín cubano-venezolano Kiko Mendive, uno de los introductores del mambo en México, o el cantante y compositor cubano Beny Moré. Llama la atención que casi siempre los afrodescendientes en el cine suelen ser extranjeros: cubanos, puertorriqueños o de otras nacionalidades. En un reflejo de esa percepción compartida por muchos otros en nuestro país, los negros que vemos rara vez son mexicanos.

LA PANTALLA CHICA

La televisión no ha sido muy distinta del cine al reproducir estereotipos racistas. A finales de los ochenta, por ejemplo, apareció una telenovela llamada *Carrusel de niños* que mostraba la vida cotidiana de un grupo de estudiantes de primaria, alumnos de la famosa maestra Ximena. Cada uno de los chicos que aparecía representaba un estereotipo: el bromista, la traviesa, la romántica, el niño bueno, la sensible, el estudioso, el desordenado, la presumida, etc. En una clara reproducción de estereotipos raci-clasistas, el del personaje pobre —Cirilo— era negro, mientras que el de la niña rica —María Joaquina— era rubio y de ojos claros. En tanto él vivía siempre enamorado de ella, permanentemente se le podía ver en una posición de subordinación e inferioridad, buscando llamar la atención de la niña blanca y bella que no hacía sino despreciarlo.

Como en el caso de Memín —y casi igual que siempre—, el niño negro es bueno e inocente, aunque también ingenuo y medio tonto, lo que hace que sea víctima reiterada del *bullying* de sus compañeritos. María Joaquina, en cambio, es hermosa, aunque arrogante y soberbia. En la novela el personaje de Cirilo está construido para inspirar ternura —y por momentos lástima— y el de María Joaquina proyecta altivez y seguridad en sí misma.[13]

En el humor que se proyecta en el cine y la televisión varios comediantes mexicanos también han repetido hasta la saciedad un patrón que hace mofa de la piel oscura y el origen indígena, presentando siempre a unos y otros como pobres, feos, ignorantes, flojos y sucios, aunque siempre —eso sí— «nobles y de buen corazón».[14] Ahí están, por ejemplo, los casos de Adrián Uribe con El Vítor, un patético personaje que hace parodias discriminatorias sobre la manera de hablar de los sectores populares de la Ciudad de México y otros grupos sociales como las personas LGBT; de Eduardo España con Germán; de Eugenio Derbez haciendo a Aarón Abasolo; de Héctor Suárez al actuar de El Negrito Tomás o de Consuelo Duval interpretando a Nacasia y Nacaranda, quienes llegaron a protagonizar una «nacanción» en la que, al ritmo de cumbia, se bajaban del metro, bailaban por las calles y coreaban: «Dicen que soy renaca, que siempre meto la pata / dicen que soy renaca... y naca seguiré / quise ser como Chakira, pero naqueaba con el tira / quise ser como Thalía, pero lo naco se me salía / quise ser como Lucero, pero se me salía lo ñero».

Enlace a video de Adrían
Uribe como El Vítor.

Enlace a video de Eugenio Derbez
como Aarón Abasolo.

Enlace a video de Héctor Suárez
como El Negrito Tomás.

Enlace a ideo de Lorena de la Garza y
Consuelo Duval como Nacasia y Nacaranda.

La canción de Nacasia y Nacaranda revela cómo los oligopolios mediáticos por un lado ofrecen productos aspiracionales —cantantes rubias con las que su audiencia debe identificarse—, al mismo tiempo que insultan a esa misma audiencia por osar parecerse a esos personajes. Por años la televisión mexicana ha estado plagada de personajes como estos, que divierten a los televidentes con chistes racistas y clasistas, y muy a menudo infantilizan a los personajes de forma indulgente y en tono perdonavidas, especialmente cuando se trata de estereotipos indígenas. Un buen ejemplo es el Indio Maclovio, interpretado por Luis de Alba, que se identificaba como «un indio ladino, pero muy listo» (como si se tratara de un oxímoron); se parodiaba el hambre y la pobreza de los indígenas, su forma de hablar español y de pronunciar palabras en inglés y sus costumbres, entre otras…Podríamos sumar también a esa lista a Chano y Chon, de *El Show de los Polivoces*, protagonizados por Enrique Cuenca y Eduardo Manzano; a Régulo y Madaleno, con Manuel Tamés y Francisco Fuentes; incluso los *sketches* que en algún momento protagonizó Jorge Zamora (conocido como Zamorita) en el programa *Chispas de chocolate*.

Enlace a video de Enrique Cuenca y
Eduardo Manzano como Chano y Chon.

Enlace a video de Manuel Tamés y Francisco
Fuentes como Regulo y Madaleno.

A fuerza de observar una y otra vez estereotipos en el cine y la televisión —e incluso de contar determinado tipo de chistes— hemos terminado por creer que los indígenas son de determinada manera. En la televisión yucateca, por ejemplo, los mayas casi siempre son representados como sujetos holgazanes y ociosos. Un caso conocido es el de *Los Pech*, un programa realizado para consumo de las masas populares en el que se ridiculiza a los mayas y a otros grupos —nunca a las élites tradicionales, de las que rara vez hacen mofa nuestros medios— y se muestra un claro desprecio hacia la piel oscura. Dos de los personajes más morenos de la serie, por ejemplo, son constantemente señalados por su color de piel: «Chapopota mal pintada», le llaman a una de ellas; «a ti está canijo aclararte algo», le dicen a otra. No faltan comparaciones con animales: «Como están escaseando los monitos, los de la Semarnat te van a llevar de regreso a la selva», se podía escuchar que le decían a una de ellas en alguno de los episodios.[15]

Además de recurrir al uso de estereotipos, otra estrategia a través de la cual la televisión mexicana ha «racisteado» a los indígenas es haciéndolos invisibles, ese sexto tipo de racismo que perfilé en el segundo capítulo de este libro, a través del cual al ignorar a ciertos grupos simplemente hacemos de cuenta que no existen.

La televisión, por ejemplo, pocas veces muestra a «verdaderos indígenas», por llamarlos de algún modo. En general, quienes hacen papeles donde se les representa —ya sea en telenovelas, series o películas— rara vez lo son. Tres investigadores de Nuevo León monitorearon durante 10 meses los programas de televisión abierta para revisar qué tanta presencia indígena había en ellos y de qué manera se les caracterizaba cuando aparecen en la pantalla.[16] Luego de revisar 874 programas televisivos presentados a lo largo de 2009 pudieron comprobar que tan solo en 64 de ellos se veía a alguna persona indígena.

Solo en uno de esos programas se encontró a un indígena llevando a cabo un papel protagónico. En casi todos los casos, los personajes que aparecían representando a este sector eran secundarios (66%) o de reparto (33%). Cuando efectuaban los primeros, por lo general interpretaban a campesinos (57%) y pescadores (40%). Lo increíble es que la aplastante mayoría de personajes eran mujeres que actuaban como parte de la «servidumbre». De hecho, 85% de todos los personajes de reparto eran empleadas domésticas. Los personajes que aparecen interpretando a indígenas en la televisión, como este trabajo dio cuenta, casi nunca son retratados como personas dotadas de inteligencia. Muy frecuentemente son mostrados como gente que fácilmente se altera ante acontecimientos o hechos vividos y sufridos, aunque también se les suele presentar como amistosos, agradecidos, buenos, abiertos, leales y confiados.

La discriminación al distribuir los roles no podría ser más evidente. Incluso quienes interpretan papeles de indígenas nunca lo son «realmente». El 97.6% de ellos resultó ser de piel blanca y ni uno solo de tez oscura, mientras que todos los que fungían en posiciones de reparto (un abrumador y contundente 100%) eran de tonalidad oscura. Siempre que un personaje aparecía en series o telenovelas haciendo de indígena era a través de una imitación de la vestimenta tradicional, a través de adornos o accesorios externos. Sobra decir que en ninguno de los programas se diferencia a los distintos pueblos indígenas. Nunca se hablaba de mixtecos, mayas, matlatzincas o yaquis, sino simplemente de indígenas... como si no hubiera ninguna diferencia entre ellos, como si todos fueran iguales entre sí.

LOS ROLES EN LA TELEVISIÓN MEXICANA

La televisión en México se ha encargado de imponer a sucesivas generaciones de mexicanos modelos de éxito, belleza y reconocimiento social ligados a la minoría blanca que, por lo general, no guardan el menor parecido con la gran mayoría de la población mexicana.[16] Mientras que los actores de piel blanca o cabello rubio protagonizan siempre los papeles principales o secundarios más relevantes, las posibilidades de los actores de piel morena para interpretar papeles protagónicos son muy limitadas. Normalmente, a un actor moreno no le queda otra alternativa que efectuar el papel de jardinero, policía, ladrón o pandillero, mientras que a las actrices de piel morena se les suele buscar para desempeñar el estereotipo de trabajadoras domésticas en papeles secundarios; cuando el papel protagónico es de una mujer pobre, sin embargo, se contrata a actrices blancas tipo Thalía interpretando casi la misma historia en *María Mercedes*, *Marimar* y *María la del Barrio*.

Tenoch Huerta, uno de los talentos que han emergido en los últimos años en el cine mexicano y en las series de Netflix, cuenta cómo cuando empezó a trabajar, en la primera década de este siglo, prácticamente no había oportunidades para gente de piel morena y rasgos que suelen atribuirse a las personas indígenas, salvo para protagonizar «historias de jodidos, sufridores y rateros». «Pareciera como si creyeran que los morenos tenemos una falta de talento y capacidad», dijo en una entrevista.[17] El actor mexicano cuenta cómo alguna vez le reclamó a un amigo suyo, que trabajaba para una castinera, porque siempre lo llamaba para desempeñar el mismo tipo de personajes, cuando él tiene una carrera universitaria terminada, además de su propia carrera como actor. «¿Por qué me sigues llamando siempre para lo mismo?», le reclamó. Su amigo le respondió con franqueza: «Porque eres moreno, güey». Tenoch no podía creer la respuesta que le había dado, se sintió ofendido y le contestó: «No me puedes decir esto, tú eres mi amigo». A lo que su amigo agregó: «Como soy tu amigo te lo estoy diciendo, ¿sabes a cuántos *castings* te he propuesto para que hagas de chavito fresa o para que seas el *junior*? ¡Miles! ¿Y sabes cuántas veces me los han rechazado? ¿Sabes a cuántos güeyes de piel blanca he propuesto para el *machín de barrio* y no se los dan por blanquitos?».[18]

Tenoch Huerta, quien en varias ocasiones ha denunciado el clasismo y racismo que impera en el cine y la televisión en México, logró finalmente abrirse paso en el mundo del cine en parte, según relata, porque entendió que debía esforzarse más del doble que los demás.

También porque la narrativa cinematográfica cambió como producto de la violencia y la irrupción del crimen organizado en el país. Cuando empezaron a producirse series de narcos y rufianes, el prototipo que buscaban era más parecido al suyo. Los personajes que se comenzaron a buscar más, en ese contexto, «eran los de guarura y de malandro» y los blancos no podían hacer personajes de ese tipo. A fin de cuentas habían cambiado las historias, pero no las representaciones.

LA SIRENITA NEGRA

En julio de 2019 Disney anunció que Halle Bailey, una joven cantante afrodescendiente, protagonizaría el personaje de Ariel en la nueva versión *live action* de *La Sirenita*, junto a su hermana Chloe, como parte de una estrategia impulsada por la compañía para readaptar o reimaginar sus clásicos animados con nuevas tecnologías digitales o con actores de carne y hueso. La decisión resultó sorpresiva porque raramente suele contratarse a actrices negras para el papel de princesas. Probablemente Disney buscaba revertir una historia de críticas que se le habían hecho en años previos, cuando se eligió a Naomi Scott (de tez blanca y sin fenotipo árabe) para interpretar a la princesa Jasmine en su *remake* de *Aladino*, e incluso porque el año anterior generó polémica el hecho de haber blanqueado a la princesa Tiana en la película animada *Wifi Ralph*, en una acción que obligó a redibujar el personaje con rasgos más oscuros pocos meses antes del estreno. El director de la película, Rob Marshall, anunció que después de una amplia búsqueda, fue claro que «Halle posee la rara combinación de espíritu, corazón, juventud, inocencia y sustancia, además de una voz gloriosa, cualidades intrínsecas y necesarias para interpretar este rol icónico».

En Estados Unidos, principalmente, el caso generó indignación, críticas y hasta recolección de firmas por parte de algunos fanáticos de la película que se empeñaron en sacar a Bailey del proyecto, por considerar que el personaje en nada se parecía a la versión animada de Ariel.

En Twitter se creó una tendencia —#NotMyAriel— en la que se pedía que «la princesa favorita de Disney» fuera la que habían conocido desde siempre, la que se apegaba a la sirenita «que todos recordamos en los dibujos animados de nuestra infancia»: una chica blanca y de cabello rojo. Como es de esperarse, nadie reconocía en esta exigencia un acto de racismo. Simplemente querían el personaje de Ariel al que estaban acostumbrados. O eso decían, porque el racista rara vez osa confesar su nombre.

En una carta abierta, Disney expuso de una manera muy pedagógica a sus seguidores inconformes: «Sí, el autor original de *La Sirenita* era danés (Hans Christian Andersen). Ariel es una sirena que vive en un reino submarino, en aguas internacionales, y que puede nadar, legítimamente, donde quiera (aunque eso a menudo le moleste al Rey Tritón). Pero por el bien de la discusión, digamos que Ariel también es danesa. Las sirenas danesas pueden ser negras porque las personas danesas pueden ser negras y, genéticamente, también pueden tener el cabello rojo».[19] Ojalá algo hayan aprendido de esta experiencia los fans que exigían la pureza racial del personaje de sus sueños.

La aparición de una afrodescendiente en un personaje prototípicamente blanco como es la Sirenita rompía esquemas. El equivalente de esa acción llevada a cabo en Hollywood sería que de pronto, en el horario de mayor audiencia de El Canal de las Estrellas, se anunciara una novela en la que el galán fuera un hombre maya (no un latino internacional interpretando a un indígena) o la actriz estelar una mujer zapoteca. Lamentablemente, solo una parte de la comunidad tuitera en México alcanzó a dimensionar el hecho. Una gran parte no lo vio así. Al México racista de cada día simplemente no le cerraba que un personaje, que siempre ha sido de tez blanca, de pronto apareciera con una piel oscura. Así lo demostró un tuitero, Gabriel Herrera, cuando afirmó: «La sirenita debió ser blanca! Porque cambiarla de color? Me chocan sus cuotas de género y de inclusión! 🤦‍♂️🤦‍♂️ es como si hiciéramos blanca a la india de Pocahontas». Otro internauta que se identifica como economista del Instituto Politécnico Nacional (IPN) exclamó: «Estoy hasta la perra madre de que por sus chingaderas de inclusión y todos iguales pongan personas morenas en personajes blancos. YA BASTA HIJOS DE LA CHINGADA» (@nazhtienka).

11

LA COMENTOCRACIA
Y LOS MEDIOS

Como en otros ámbitos, la blancura en México ha tenido un acceso privilegiado en el periodismo y los medios de comunicación. Alguna vez escribí en las páginas de *El Universal* algo que a muchos periodistas consagrados no les gustó leer: que entre las 40 plumas más conocidas que escriben en nuestros diarios —la «oligarquía comentocrática», la llamé— figuran mayoritariamente hombres blancos de más de 50 años, pertenecientes al 1 o 2% de quienes perciben mayores ingresos. «En un país de Hernández, Ramírez, Gutiérrez y González», decía, las columnas de opinión de los principales periódicos casi nunca llevan esos apellidos.[1] La respuesta de esa comentocracia fue la que típicamente se observa cada vez que se cuestionan los privilegios de las élites blancas, y exhibió cuán escasamente se dimensiona el racismo y la discriminación. Además de los diversos reclamos en privado, algunos analistas expresaron públicamente su incomodidad, acusándome de «temerario» y «xenófobo».[2]

Pablo Majluf, comentarista en *La Hora de Opinar* y articulista de *Reforma*, escribió en Twitter, por ejemplo: «@HernanGomezB propone un decreto mediante el cual se disminuya la cantidad de personas con apellidos extranjeros y de altos ingresos en la prensa de opinión, y sustituirlos por Gómez y Pérez pobres sin importar talento, supongo que por porcentaje. Es fascismo señores. Neta» (@pablo_majluf). Entre los internautas algunas reacciones fueron aún más risibles: «Para donde pretenden llevar al país, a la balcanización?» (@McfloresCruz); «Pues como que este periodista, tampoco se ve muy prietito ni muy pobrecito. El tema es seguir enfrentado al pueblo bueno con el pueblo malo» (@carolita_7); «Este wey solo quiere quedar bien con el "pueblo bueno", ese que se auto excluye y se regodea en su resentimiento social» (@JulioMontiel29). Hubo muchos otros comentarios, todos en ese tono.

¿Para qué opinar cuando se puede simplemente medir? El conteo de blancura en los grandes medios arroja datos contundentes, como lo demostró nuestro equipo de investigación: si atendemos a que las personas de tez clara tan solo conforman cerca de 12% de la población mexicana,[3] su sobrerrepresentación es enorme. Esto se puede ver, en particular, cuando calculamos el tono de piel de los conductores y panelistas de los principales programas de noticias, análisis y debate político que aparecen en la televisión, donde la blancura abarca hasta 60%. En los niveles más altos están Imagen Televisión, con 83%, y Las Estrellas, de Televisa, con 80%. Le siguen Foro TV —también de Televisa— con 64%; El Financiero Bloomberg, con 58%; Milenio TV, con 54%; TV Azteca, con 54%. Cuando vemos los medios impresos encontramos también que 61% de sus columnistas son de tez blanca. El primero de los que revisamos fue El Universal, donde se trata de 81% de las plumas; luego Reforma con 73%; La Jornada con 67%; El Financiero con 66% y El Economista con 55%. Excélsior es el periódico con mayor diversidad, al registrar 49% de personas de piel «clara», lo que coloca al diario en la «distinguida» posición de ser el único medio revisado donde la blancura no supera a más de la mitad de sus plumas.[4]

Los medios también son mayoritariamente propiedad de hombres blancos, mientras que son en general hombres blancos, y una que otra mujer, quienes dentro de ellos toman las decisiones más importantes en puestos directivos. Raramente vemos a una persona considerada indígena o afromexicana emitir opiniones de forma regular en alguno de los tantos programas de opinión que aparecen en las grandes cadenas televisivas nacionales. Pero el problema, más allá del tono de piel detrás de la cara que nos habla en la televisión, es que la visión del mundo, la perspectiva de la realidad, las preocupaciones y los intereses de nuestros medios son los de la minoría blanca o, si acaso, de los tonos de piel más claros del espectro. Por ello es que, en gran medida, las historias que nos cuentan los medios, como las columnas que emanen de esa «oligarquía comentocrática», son las historias que representan a un grupo muy pequeño de la población, que en muchos casos tan solo alcanza a interpelar a una porción muy limitada de nuestra sociedad.

Más allá de quienes ocupan los sitios de privilegio en los medios de comunicación, lo más preocupante es la manera en que estos han reproducido y difundido históricamente discursos racistas. El carácter estereotipado de las imágenes difundidas por la prensa mexicana sobre los pueblos indígenas y la enorme distorsión que se ha hecho de sus luchas viene desde el siglo XIX.[5] Como lo documenta un estudio sobre el tema, desde esa centuria los periódicos han difundido imágenes a través de las cuales los indios eran siempre presentados como «bárbaros», «salvajes» e «inferiores». Aunque hoy ya no se recurre a apelativos tan abiertamente racistas, hay otras formas de caricaturizarlos. Las principales formas de ejercer racismo en contra de ellos pasan en gran medida por la invisibilización y la infantilización, formas de discriminación que les niegan legitimidad, protagonismo o reconocimiento a sus luchas.

Basta con recordar el editorial que publicó el periódico *Reforma* el 3 de enero de 1994, tan solo dos días después del alzamiento del Ejército Zapatista de Liberación Nacional, en el que se leía: «¿Quién organizó y equipó a los indígenas chiapanecos que se aventuraron en la ciertamente muy atrevida puntada de declarar la guerra al gobierno de México? Pudo haber sido la izquierda nacional o la izquierda internacional, pero también pudo haberlo hecho algún grupo narcotraficante o incluso alguna secta evangélica o un fanático católico admirador de José León Toral, quizás hasta el neopanismo radical o los seguidores de Rose Perot, e igualmente pudo haber sido la obra de algún sector desleal al gobierno interesado en influir de mala manera en el proceso de la sucesión presidencial».[6] En pocas palabras, podía ser cualquier actor, salvo los propios indígenas, a los que ese diario, que por aquellos días publicaba sus primeros números, era incapaz de reconocerles el más mínimo mérito político para iniciar una sublevación.

En los medios de comunicación de varios diarios estatales se expresa más claramente el racismo en contra de los pueblos indígenas. En varias ciudades de México los diarios propagan un sinnúmero de estereotipos y estigmas que muestran un racismo velado. Un estudio sobre la forma en que se hablaba de los indígenas hace tan solo dos décadas en Cancún, Mérida y Chihuahua resulta revelador.[7] Al referirse a ellos era siempre para asociarlos a la violencia intrafamiliar, a la drogadicción o a la ebriedad que causa accidentes de trabajo, casi nunca a temas como la precariedad de sus condiciones laborales o a la sobreexplotación.[8] «Cafre atropella y mata a ebrio indígena», titulaba por ejemplo la portada de un diario en Chihuahua, como si realmente fuera necesario identificar de esa manera a la víctima en vez de evitar revictimizarla. «Piden aún kórima [limosna] en cruceros más de 100 familias tarahumaras», rezaba otro titular, con un cintillo que decía: «Llegan a juntar al día hasta 500 dólares que se los entregan al papá para emborracharse» (nótese cómo en ese mensaje, en lugar de poner el acento en los niños indígenas, que deberían ser vistos como las principales víctimas del alcoholismo, se les coloca casi en la posición de cómplices del mismo).[9]

Cuando se abordaba su participación en política, el tono no era muy diferente. La idea de que los indígenas carecen de pensamiento propio, son ignorantes e incluso incapaces de tener una postura propia se expresaba claramente en una nota del mismo diario chihuahuense, que rezaba: «Manipulación política a los indígenas. Grupos de acarreados

Pablo Majluf
@pablo_majluf

@HernanGomezB propone un decreto mediante el cual se disminuya la cantidad de personas
con apellidos extranjeros y de altos ingresos en
la prensa de opinión, y sustituirlos por Gómez y
Pérez pobres sin importar talento, supongo que
por porcentaje. Es fascismo señores. Neta.

@McfloresCruz

Para donde pretenden llevar al país, a la
balcanización?

@carolita_7

Pues como que este periodista, tampoco se ve
muy prietito ni muy pobrecito. El tema es seguir
enfrentado al pueblo bueno con el pueblo malo.

@JulioMontiel29

Este wey solo quiere quedar bien con el «pueblo
bueno», ese que se auto excluye y se regodea en
su resentimiento social.

ignoran a qué los trajeron».[10] En el mismo rotativo, en cambio, se encontraban titulares como este: «No es grave aún el problema de desnutrición», minimizando así uno de los mayores flagelos que han enfrentado los tarahumaras. Un artículo más encabezaba su nota así: «Creen indígenas presos que recibirán penas menos duras, por el hecho de pertenecer a una raza étnica», un mensaje que caricaturiza las reivindicaciones indígenas como una tentativa de adquirir «derechos especiales», como suele hacerse frente a su demanda de mayor autonomía, y que mostraba además una absoluta ignorancia del medio al emplear un término inexistente como es el de «raza étnica».[11]

Y por si al lector estos ejemplos no le bastan, van algunos más: en el conservador *Diario de Yucatán*, el más leído en Mérida, aparecía otra nota que se titulaba así: «Las prácticas paternalistas impiden que los mayas piensen y actúen por sí mismos». Aquí el trasfondo racista es evidente al colocar a un pueblo entero en la posición de «carecer de pensamiento» y ponerlo en la frontera de la animalidad, además de evitar cualquier crítica seria a las raíces y las razones de ese paternalismo.[12] También una nota en *El Heraldo de Chihuahua* decía: «Mujer indígena se ahorcó. Salió por la puerta falsa por problemas conyugales». Abajo, un cintillo explicaba: «Al esposo ni se le pudo notificar, ya que estaba embrutecido por el tesgüino».[13] El tesgüino es una bebida fermentada de maíz que es utilizada por los tarahumaras, normalmente durante sus festividades. La forma en que se exagera y caricaturiza la manera de beber de este pueblo es típica de cómo se estereotipa a los indígenas como borrachos.

Bien harían los medios en tomar en serio el texto de la Declaración sobre la Raza y los Prejuicios Raciales de 1978 que dice en su artículo 5, párrafo 4: «Se exhorta a los grandes medios de información y a quienes los controlan o están a su servicio, así como a todo grupo organizado en el seno de las comunidades nacionales —teniendo debidamente en cuenta los principios formulados en la Declaración Universal de Derechos Humanos, en especial el principio de la libertad de expresión— a que promuevan la comprensión, la tolerancia y la amistad entre las personas y los grupos humanos, y a que contribuyan a erradicar el racismo, la discriminación y los prejuicios raciales, evitando en particular que se presente a las personas y a los diferentes grupos humanos de manera estereotipada, parcial, unilateral o capciosa».[14]

LAS REVISTAS DE SOCIALES

En pocos espacios mediáticos se observa una discriminación racial tan clara como en las cada vez más leídas revistas de sociales. Entre las clásicas están *Hola, Caras, Central* y *Quién* (esta última, la más vendida del Grupo Expansión, con un tiraje quincenal de 125 000 ejemplares), aunque están también los suplementos de los diarios, principalmente *R.S.V.P.* del *Excélsior; Clase in* de *El Universal*, y tres del *Reforma* que han circulado: *Club, Club Joven* y *Red Carpet*. En un artículo ingeniosamente titulado «Quién no es quién», Mario Arriagada hizo un cálculo para la revista *Nexos* que llamó «conteo de blancura editorial» (identificado con las siglas CBE). Conforme el autor avanzó por las páginas de las revistas y los suplementos de sociales arriba mencionados fue comprobando cómo se acumulaban más y más personas de tez clara. En algunos casos la cosa va más allá del tono de piel. Tiene que ver también con los rasgos, el fenotipo o el origen. Si la tez morena se acompaña de apellidos extranjeros o rasgos mediterráneos, como advertía Arriagada, pueden aparecer retratados, pero si estos son de tipo mesoamericano o amerindio, muy difícilmente califican.

Para el caso de *Club Reforma*, por ejemplo, el conteo arrojó en una sola edición 300 blancos y dos morenos, siendo uno de ellos el futbolista Jorge Campos. El suplemento de *Excélsior, R.S.V.P.*, por su parte, mostraba a 666 blanquitos de un total de 676 imágenes. El total de morenos —no libaneses o de otro tipo de origen mediterráneo y con clara semejanza a la mayoría étnica mexicana— suma la magra cantidad de diez. Hay que ver, sin embargo, cómo son representados esos diez y en qué contexto aparecen: de entrada, únicamente tres parecen tener un nombre propio. Uno de ellos era el entonces procurador Rafael Macedo de la Concha y otros dos eran Manuel Camacho y Felipe Cazares. Los otros siete resultaban ser simplemente «morenos-sin-nombre», como los bautizó Arriagada. Algunos eran ayudantes, otro era un *caddie* en un campo de golf y dos más resultaron ser escoltas del entonces jefe de gobierno, Miguel Ángel Mancera.

En la revista *Quién* de marzo de 2013 aparecía un muy buen reportaje especial a Eufrosina, «la indígena que podría gobernar Oaxaca», donde hasta se incluían declaraciones del presidente de la Conapred, Ricardo Bucio, que hablaba del problema de la discriminación que enfrentan en México quienes tienen la doble condición de ser indígenas y mujeres, como la propia Eufrosina. Paradójicamente, este interés en el tema no impidió que en el mismo número de la revista se pudieran contabilizar 348 blancos contra tan solo cuatro morenos.

Ninguna revista de sociales escapa a esta lógica: en el suplemento *Club*, de *Reforma*, el CBE de Arriagada arrojó 529 blancos y 11 morenos; en la revista *Central*, 168 blancos y tres morenos (dos de ellos morenos-sin-nombre). Conteos más recientes, realizados en otro tipo de revistas, arrojan el mismo tipo de resultados. Al calcular el porcentaje de personas de tez morena que aparecían en sus páginas —no todas ellas de sociales— se encontraron estos resultados: *Caras*, 3.3%; *Chilango*, 17.5%; *Esquire*, 7.4%; *Vanity Fair*, 6.3%; *Cosmopolitan*, 10.4%; *In Style*, 9%; *Marie Claire*, 14.6%; *Hola*, 7%; *Vanidades*, 6.4%; *15 a 20*, 20.6%; *Moi*, 8.5%; *Fernanda*, 2.1%,[15] y párale de contar…

La reflexión que al final hizo Mario Arriagada como resultado de su conteo de blancura editorial fue tan clara como reveladora: «El argumento de que las ventas están asociadas a cierto estereotipo "occidental" de belleza es un argumento viejo y sustanciado. Sin embargo, aunque sea cierto que lo blanco venda, no quiere decir que solamente lo blanco vende. Quiere decir que estas publicaciones venden un producto específico, uno que está pintado de color blanco».

Las revistas de sociales tienen un sesgo racial que no siempre se busca intencionalmente, sino que expresa el perfil de los estratos altos que aparecen retratados en esas publicaciones. Aun así, entre las clases altas hay muchos más morenos de los que aparecen en estas publicaciones. Y es que también las clases altas son objeto de discriminación por su tono de piel, como lo advirtió Arriagada.[16] No es casual que la Encuesta Nacional de Discriminación muestre que 16.3% de quienes se ubican en la parte superior de la pirámide socioeconómica en México se ha sentido discriminado por su tono de piel, comparado con 20% de los que se ubican en los niveles más bajos.[17]

Como bien señala el autor de este artículo en *Nexos*, las publicaciones de sociales intentan mostrar el ideal al que aspiran las élites y retratarlas —más que como *son* realmente— como *quisieran* verse a sí mismas, bajo sus propios términos de elegancia. La revista *Quién*, por ejemplo, está dedicada a mostrar a «personajes inspiradores de la élite mexicana e internacional» y «lo último de la moda, estilo y buen vivir», según su propia descripción. No todo el mundo puede ser parte del selecto círculo que aparece retratado en sus páginas. Como explica Mario, «a quién le toca el reflector y a quién no, es parte del hechizo social con que se mantiene el monopolio del gusto, de lo socialmente aceptable». De más está decir que la piel morena casi nunca es parte de esa ecuación.

Podría argüirse que los medios son libres de publicar lo que les plazca en sus páginas. Sin embargo, el Estado también puede elegir a cuáles premiar o castigar con recursos públicos. Recordemos que la Convención Internacional sobre la Eliminación de todas las Formas de Discriminación Racial de la Organización de las Naciones Unidas (ONU) compromete a los Estados firmantes (México incluido) a utilizar la educación, la cultura y sus actividades informativas para «combatir los prejuicios que conduzcan a la discriminación racial». Además, el artículo 2, apartado b, de ese documento obliga a los Estados a no fomentar, defender o apoyar la discriminación racial practicada por cualquier persona u organización. En ese sentido, el gobierno debe ser más exigente frente a aquellos medios que reciben algún tipo de subsidio, patrocinio o publicidad oficial, para evitar premiar a los que utilizan sus páginas para promover directa o indirectamente el racismo y la exclusión.

LOS MONEROS

Desde antaño, la caricatura política ha sido uno de los ámbitos en que más se expresan los estereotipos racistas. Un ejemplo contemporáneo es el caso de Paco Calderón, el gran caricaturista de los conservadores mexicanos que publica regularmente en el periódico *Reforma*. En diversas ocasiones se ha criticado la manera en que este caricaturista —indudablemente talentoso— dibuja a los integrantes de la Coordinadora Nacional de Trabajadores de la Educación (CNTE); caracteriza a los maestros —siempre de piel oscura y rasgos físicos que suelen considerarse como mesoamericanos o amerindios— como personas «primitivas», con un aspecto descuidado y desagradable, haciéndolos parecer como gente floja, desprovista de inteligencia, e incluso como si tuvieran algún tipo de discapacidad mental, con lo que ha recurrido así a una forma más de discriminación para descalificarlos. En otras caricaturas el racismo es aún más sugerente. Resulta emblemática, por ejemplo, la manera en que Calderón dibuja el tipo mexicano cuando está frente al nacional de un país desarrollado y de hombres mayoritariamente blancos. En un cartón que muestra a México, Estados Unidos y Canadá representa al mexicano promedio de una manera estigmatizante y humillante: la imagen que aparece —con huaraches, sombrero, bigote y de baja estatura— coincide con un carácter débil y sumiso, representado a través de una mirada suplicante que asocia una inferioridad económica y de poder político a una pretendida inferioridad física.[18]

En otra de sus obras, Calderón coloca a Donald Trump junto a un maestro, en un contexto en el que el presidente de los Estados Unidos había propuesto armar a los docentes para proteger a los alumnos de eventuales ataques, buscando hacer un símil con el presunto carácter violento de los maestros de la Coordinadora. En la caricatura, el presidente aparece de nuevo significativamente más alto, grande y fornido, al lado de un maestro de piel morena, de la mitad de su estatura, en lo que una vez más parece una alegoría burlesca a la talla del mexicano promedio.[19] En otra caricatura más, «Canadian Club», donde Calderón transmite el mensaje de que México debe parecerse a Canadá, nuestra patria es representada a través de un señor con sombrero, moreno y panzón, notoriamente desaliñado y sin asearse, frente a un canadiense alto y rubio que aparece en el primer cuadro donde muestra el escudo canadiense en el mismo lugar de la camiseta donde Clark Kent exhibía la imagen de Superman.[20]

Al intercambiar algunos mensajes de WhatsApp con Calderón, el autor de estas caricaturas, me explicó que su motivación al dibujar a los maestros de la CNTE de la manera en que lo hizo tiene que ver con la antipatía que estos le generan, no con sus rasgos físicos. Esta es una parte de la conversación:

Él: No voy a dibujarlos como maestros del Colegio Madrid como algunos de mis colegas para que sea más amable.

Yo: ¿En qué sentido un maestro del Colegio Madrid sería más amable? ¿A qué te refieres?

Él: Los dibujan con rasgos blancos y dando clases, como inocentes docentes preocupados por sus alumnos, no como los faltistas cínicos que no completan un semestre por andar en la grilla y la extorsión.

Yo: Entiendo; lo que me llama la atención es que lo vincules a lo caucásico. ¿Qué tiene que ver? Pareciera que automáticamente estás asociando atributos positivos a unos (amable a caucásico, por ejemplo) y atributos negativos a los de piel morena… ¿no crees que eso puede ser considerado como racista? ¿O es solo una coincidencia?

Él: Los maestros de la CNTE por lo general no tienen rasgos caucásicos. Dibujarlos como tal para hacerlos ver más simpáticos al lector me parece paternalista.

Yo: ¿Por qué lo caucásico sería más simpático que lo mexicano tradicional?

Él: Me parece un paternalismo bochornoso cuando, por simpatizar con la CNTE, se evita retratarlos con rasgos indígenas.

Luego de esa respuesta, para mí incompleta, hablamos sobre otras caricaturas de su autoría. El cartón en el que aparece Trump, explicó, pretendía ser «una crítica a su hipocresía cínica, y a la posición medrosa y apocada de México durante la renegociación del TLC [Tratado de Libre Comercio]». Especificó, además, que junto al presidente de los Estados Unidos intentó dibujar a un «mexicanito debilucho y desarmado, que no se atreve a desmentir a Trump», lo que a su juicio personifica un nacionalismo «bravucón en lo interno y zacatón frente al exterior». Le contesté así: «Entiendo, pero el hecho de que frente a Trump, Estados Unidos y los canadienses el mexicano típico siempre aparezca retratado como débil, sumiso, desaliñado… ¿no representa cuando menos un prejuicio racista?». La respuesta quedó un poco en el aire. Calderón tan solo dijo: «Canadá no se ha prestado a los abusos de Trump como lo ha hecho México y ha defendido sus posiciones con más entereza que nuestro gobierno. El día que Canadá se muestre obsecuente y agachón no tendré ningún reparo en dibujarla así».

Discutimos también sobre otro cartón, a mis ojos también racista, titulado «Yo, pecador». En este aparecía un indígena cargando a una persona blanca y le dedicaba la siguiente frase: «No creo en pedir perdón a los indígenas por la pobreza en la que viven… para luego bendecir… los usos y costumbres que los mantienen así». Con ello, el caricaturista estrella de *Reforma* recurre a un prejuicio típicamente racista que atribuye a la etnicidad la responsabilidad por la pobreza.[21] Le pregunté por qué lo veía así, si en su opinión los propios indígenas estarían siendo culpables de ser pobres y si la causa de ello son sus «usos y costumbres». Me ofreció una larga respuesta: «No idealizo al mundo indígena, lo conozco bien. Desde la prepa fui en misiones para dotar de agua potable a varias de sus comunidades. Yo he visto cómo las mayordomías y otras costumbres les extraen sus magros recursos para pagar la fiesta del pueblo. Cómo si no cooperan los corren del mismo. Cómo las mujeres no comen en la mesa con los hombres, cómo las regañan sus madres o cómo los hombres toman la palabra por ellas». Más adelante agregó: «Yo no pido perdón por la pobreza en la que viven los indígenas porque no soy el culpable. El problema de México es que se cree que hay que rescatar a los indígenas de su pobreza. Falso. Cada quien debe rescatarse a sí mismo, nadie más puede hacerlo por uno. Da la casualidad de que si [los indígenas] prosperan por su cuenta, a la larga dejan de ser indígenas, y eso le parece mal a mucha gente no indígena, que prefiere compadecerlos y verlos como especies amenazadas, cual pájaros tropicales».

Al final, le pregunté a Calderón (a quien le pedí permiso para reproducir esta conversación) qué pensaba de que su obra sea considerada racista, a lo que respondió que el mote se lo han endilgado aquellos a quienes no les gusta que critique a la izquierda. En su defensa asegura que, cuando otros caricaturistas retratan los rasgos indígenas en los rostros de narcos, judiciales o soldados, nadie los tacha de racistas, pero cuando él lo hace con los «vándalos», «porros» o maestros de la CNTE «ponen el grito en el cielo». El caricaturista niega retratar siempre al tipo mexicano, a indígenas y morenos de forma negativa. «Cuando el héroe del cartón tiene rasgos indígenas», afirmó, «yo pongo particular esmero en dos cosas: que parezca indígena, y que tenga un rostro agradable y digno. Cuando el villano del cartón tiene rasgos indígenas, yo procuro lo contrario. Pero da la casualidad de que mis críticos solo se fijan en mis cartones cuando aparecen indígenas feos. Cuando los retrato guapos ni lo mencionan».

Unos días después de haber sostenido este intercambio —quizá preocupado por la impresión con la que pude haberme quedado— el mismo Calderón me hizo llegar ejemplos de caricaturas donde, en su interpretación, los indígenas no aparecían representados de manera despectiva. Ciertamente los había. Mandó, por ejemplo, una caricatura donde mostraba a una pareja de «indígenas guapas», como él mismo las calificó, una vestida de juchiteco y la otra de tehuana; y una que remite a Benito Juárez de pequeño, en la que el Benemérito de las Américas tampoco tenía lo que él consideró un «aspecto desagradable». Tan solo al día siguiente, sin embargo, el caricaturista subió un tuit criticando unas fotografías de uno de los hijos del presidente, José Ramón López Beltrán, al viajar por el mundo con su esposa y presuntamente abordar un avión privado, que decía: «Quesque con AMLO se acabó el mirreynato, dicen. Puede ser; ahora solo hay mirreynaco (cuando no mirreynarco)». Nuevamente el caricaturista se defendió, cuando le hice ver el contenido racista de su mensaje, mandándome una caricatura sobre el particular significado que para él tiene ese término.

«¿Consideras que tu obra está libre de cualquier dejo de racismo?», le pregunté al final de nuestra entrevista, no sin antes agregar: «Digamos, pensando que el racismo es algo de lo que uno mismo nunca es plenamente consciente y que todos tenemos algo de racistas». Su respuesta no me desagradó del todo: «Racista lo que se dice racista, yo no discrimino a nadie, pero tampoco soy ajeno a la sociedad en que vivo y me muevo. Supongo que participo del racismo colectivo que nos envuelve. No soy el nazi que quieren ver mis críticos, ni el activista que otros me reprochan no ser. Soy el crítico que juzga a mi país con las muchas o pocas luces de mi intelecto».

Otro ejemplo de racismo en las caricaturas que se publican en los medios es el caso de Osvaldo Monos, quien en octubre de 2018, en el contexto de la polémica generada por la boda de César Yáñez, el exvocero de López Obrador que despertó una serie de críticas por la fastuosidad con la que celebró su unión conyugal, publicó la imagen de dos perritos: arriba un *french poodle* blanco donde se puede leer: «Fifí de raza»; abajo otro, desaliñado y mal vestido, de color oscuro, sin pedigrí, pero con un moño, que dice: «Fifí de ocasión». La caricatura, que apareció en las páginas de la Organización Editorial Mexicana y fue celebrada por políticos panistas, como Mariana Gómez del Campo, generó una fuerte reacción en las redes sociales. Mientras escribía este libro tuve una conversación a través de Facebook con el autor de esa caricatura.

Enlace a la publicación
con el cartón.

Yo: Entiendo que eres el autor de una caricatura muy polémica con unos perritos que decían: «Fifí de raza y fifí de ocasión». ¿Qué buscaste transmitir o en qué contexto lo hiciste? Hay quienes la interpretaron como racista. No sé si recuerdas las críticas…

Él: Lo malo es que hoy emites una opinión del tema que sea y estás mal, ya sea si lo abordas a favor o en contra.

Yo: Al poner al blanco como el rico y de «buena raza» y al moreno como pobre y de «mala raza», ¿no estabas reforzando un prejuicio racista? ¿O la idea era provocar?

Él: El hecho de usar un perro tipo french contra uno tipo xolo hay una desinformación porque no es de mala raza, al contrario. La idea nunca es provocar a nadie, sino mover las opiniones.

Yo: ¿Por qué uno era blanco y el otro oscuro?

Él: Porque existen los iconos, un perro aburguesado generalmente es uno tipo french poodle y el tipo chihuahua-xoloitzcuintle es más mexicano. La idea es jugar con los iconos para hacer una opinión.

Yo: ¿Qué tipo de opinión?

Él: Hay french que son negros, marrones y grises. Pero en tu iconografía si te preguntan por esa raza de inmediato la relacionas con un perro así, blanco con cortes abombonados.

Yo: La cosa es que elegiste un perro de piel blanca en un caso y de piel oscura en el otro, ¿eso no fue intencional entonces?

Él: No.

Yo: ¿Y por qué crees que muchos lo vieron racista?

Él: Las pieles de hoy son muy sensibles. No todo es para lastimar o para agredir... ese cartón lo hice con el tiempo encima, de hecho si te soy honesto cuando lo mandé no me gustó, pero urgía. Y mira... los resultados. De haberle dedicado un poco más de tiempo quizá el resultado habría sido otro.

Yo: Pero te pregunto, ¿cuál era tu motivación?

Él: Mi motivación fue la que te decía: hoy los que somos raza mexicana, podemos opinar con ganas y a veces no le atinamos, ajeno a la boda, que fue por donde se tornó, era más por el lado de la etiqueta a ciertos sectores que le ha impuesto Andrés Manuel, necesito hacer una retrospectiva para recordar bien el momento de por qué fue, pero conociendo mis causas fue por eso, no soy de joder por joder.

Yo: Yo leí esta caricatura como racista. Dices que no tuviste mucho tiempo para hacerla... en retrospectiva, ¿crees que fue un error? Si volvieras a hacer una caricatura sobre el tema de la boda de Yáñez, ¿harías algo igual o qué cambiarías?

Él: Después de lo ocurrido con el cartón, creo que no lo cambiaría. Generé una polémica accidental que me ayudó a leer entre líneas diversas opiniones y me ayudó mucho. Por el lado «fifí» me dio como mil seguidores en Twitter [se ríe].

Yo: Es decir, ¿no cambiarías la caricatura porque sirvió para generar polémica y darte más seguidores o no la cambiarías porque no la consideras racista?

Él: No la cambiaría porque me di cuenta de que hay que ser muy cuidadoso con lo que publicamos, una opinión genera muchas vertientes, el contexto se da en cómo la lees, tu interpretación y la de otras personas es diferente o paralela y es ahí donde aprendes.

Conversé también con Paco Calderón sobre esta misma caricatura durante la entrevista virtual que antes referí. Le pregunté si la consideraba racista. Su respuesta no dejó de sorprenderme: «No. Me parece que ridiculiza a unos y a otros. Pero habrá otros que la vean así. Ahora que tampoco me parece una caricatura brillante». Alegué entonces que un perro es blanco, el fifí, y que el otro, el que no es «de raza», es negro. Que a mí eso me parecía claramente racista. «Me llama la atención que no lo veas así», le dije a Calderón. «El blanco se ve ridículo con su peinado pretencioso. El moreno, por su aspecto rascuache. Pero la caricatura no va más allá de reírse de las apariencias de cada uno. Antes que racista me parece sosa», contestó.

Es importante decir que las caricaturas que refuerzan prejuicios racistas no son patrimonio del conservadurismo, incluso pueden encontrarse en algunos moneros que se han caracterizado por sus posturas de izquierda, como el propio Eduardo del Río, más conocido como Rius, cuya obra alguna vez fue calificada por Monsiváis como «más importante que los programas oficiales de la SEP», por contribuir al fomento a la lectura de manera más efectiva que los programas educativos. Ciertamente el caricaturista, fallecido en 2017, retrataba a los indígenas descalzos en una imagen que aludía a su extrema pobreza y a la privación en que han vivido históricamente como parte de la crítica a una realidad. Algunos de sus personajes, sin embargo, también refuerzan estigmas. Tal es el caso de su famoso Chon Prieto —en un juego de palabras que alude a los calzones y la palabra prieto como apellido—, quien, además de aparecer con la vestimenta de una persona pobre, se la vive en las pulquerías: el estereotipo del indígena borracho. Quizá el hecho de que un caricaturista que ha sido un referente tan importante para la izquierda mexicana es un reflejo de lo extendido y normalizado que está ese racismo nuestro de cada día.

12

EL RACISMO CADENERO

José Antonio Aguilar Contreras cuenta que, cuando salió del clóset, el ambiente gay era un territorio desconocido, aunque a medida que se fue identificando con la cultura de una población largamente discriminada comenzó a sentirse en un lugar seguro. A pesar de ello, relata José Antonio, en ese momento la inocencia y la emoción no le permitieron ver que el mundo LGBT también tenía «su lado oscuro». Aguilar relata que, años atrás, algunos antros gays en la Ciudad de México eran espacios en los cuales se aceptaba a todo tipo de gente. Sin embargo, esto empezó a cambiar a medida que la clase alta —donde el temor al «qué dirán» es mayor— comenzó a asumir públicamente su orientación sexual. En 2008 se abrió un antro llamado Envy. Su ubicación —en Santa Fe, una zona de perfil socioeconómico alto en la Ciudad de México— decía mucho del público al que iba dirigido. Una semana después de inaugurarse, José Antonio decidió acudir con un grupo de amigos. Al presentarse en la entrada, luego de algunos minutos de espera, el cadenero se le acercó para preguntarle cuántas personas lo acompañaban. «Somos cinco», respondió él, «conmigo seis». La respuesta lo dejó helado: «Tus amigos pueden pasar, pero tú no». Extrañado, José Antonio preguntó las razones: «Lo siento, cariño», le respondió el guardián de la entrada, «si te dejo entrar a mi antro, va a bajar la calidad». Aguilar no daba crédito de lo que escuchaba, aunque sospechaba que tenía que ver con su tono de piel porque de los seis que intentaron entrar él era el único moreno.

Les avisó entonces a sus amigos —una suerte de, eso que llamo, racistas pasivos quienes dejan pasar porque de cualquier forma ingresaron al sitio— sobre lo que le había ocurrido. Estos rápidamente se movilizaron para contactar al dueño del lugar, a través de amigos en común. Evidentemente, cuando el propietario se enteró de que se trataba del director de una nueva revista gay, al que él mismo había invitado previamente al lugar previamente, le indicó al personal que lo dejara entrar de inmediato. Para entonces, sin embargo, José Antonio caminaba ya indignado hacia el estacionamiento. De pronto vio que una persona que trabajaba en el antro lo había estado siguiendo y se acercó a decirle: «Hubieras dicho que venías de la revista, ven». Molesto por lo ocurrido, y creo que con toda razón, José Antonio decidió no entrar, por considerar que iba a sentirse peor si dejaba pasar aquel episodio.

El lunes siguiente un amigo en común, que trabajaba en el equipo de relaciones públicas del Envy, le confirmó a José Antonio que el propietario del establecimiento había establecido como política no dejar entrar a personas morenas. Las únicas excepciones eran las personas que él consideraba «relevantes». Frente a ello, José Antonio decidió presentar una queja ante el Conapred, aunque esta no tuvo mayores consecuencias. La institución pidió una audiencia y la implementación de un curso de sensibilización, pero al final los dueños del antro nunca respondieron al llamado.

Hoy en día, dice Aguilar, aunque ese establecimiento ha cambiado de nombre —se llama ahora Discoteca—, sigue implementando ese tipo de políticas, a pesar de que hoy intenta venderse como un sitio abierto e incluyente. Recientemente, Pepe, perteneciente al dúo *youtuber* Pepe y Teo (conocidos *influencers* en el mundo LGBTI), fue discriminado de la misma forma por su tono de piel. José Antonio —que después de esta y otras experiencias decidió crear una organización para luchar contra el racismo: Racismo.mx— reflexiona así sobre lo que vivió en aquella ocasión: «No solo me enoja saber que siguen existiendo lugares así. Me entristece, además, que haya un sector de la población LGBTI que sigue apoyando ese tipo de establecimientos. Es contradictorio el hecho de que esta población, al conocer de primera mano qué es la discriminación, no tenga reparo en perpetuarla por fenotipo y tono de piel. Como una persona gay en México, estoy convencido de que, en la escala de la discriminación social, en este país es peor ser moreno que ser gay».

Sin duda los antros son los lugares donde la discriminación racial, junto a la segregación, de la que más adelante hablaré, ocurren de manera más cotidiana, normalizada y rutinaria.[1] Esto no solo se da por razones socioeconómicas, como algunos creen. La posibilidad de ser rechazado en la entrada de una discoteca no solo tiene que ver con la vestimenta, o si el automóvil en el que llega da una impresión de solvencia. Tiene que ver con el tono de piel y el fenotipo asociados en nuestro país directamente a una clase social y a un estereotipo de belleza o fealdad vinculada en gran medida al tono de piel y los rasgos físicos.

Muchas de las personas que frecuentan antros racistas —y esto quizá es de lo más grave— apoyan que existan prácticas de selección, e incluso disfrutan el ser «los elegidos», los que pasan antes o los que entran primero. Otras consideran que, aunque no sean agradables, esas prácticas resultan necesarias para asegurar el ambiente de gente *in* en el que les gusta estar. En Zapopan, Jalisco, por ejemplo, tuve este diálogo con una mujer de unos 40 años dentro de un establecimiento ubicado en el muy *wanna be* Punto Sao Paulo, una calle frecuentada por tapatías fifís:

Yo: ¿Entra todo tipo de gente aquí?
Ella: ¡No! Un poco selecta…
Yo: ¿Y cómo se selecciona quién puede entrar y quién no?
Ella: Pues… con solo verlos, ¿no?

Yo: Si tú fueras la cadenera, ¿a quién dejarías entrar y a quién le dirías «de plano vete a tu casa»?

Ella: Principalmente a gente que se vea bien y que pueda consumir también...

Yo: ¿Y cómo ves cuando alguien tiene poder adquisitivo? ¿Cómo se lo ves?

Ella: Eso se nota, ¿o no?... Pues para eso hay que estudiar...

Yo: Pero ¿qué tal que alguien se viste todo rascuache y tiene un chingo de lana?

[Silencio, caras].

Ella: Se nota, se ve. La casta se ve.

Enlace a entrevista completa.

Lo interesante es que muchos de nosotros hemos ido a lugares en los que el racismo cadenero es una práctica cotidiana y seguimos permitiendo que en la entrada se nos elija con base en criterios que sabemos discriminatorios. Más preocupante aún es que algunas personas, aunque se sientan incómodas en un principio, al final apoyan que existan ese tipo de prácticas. Hay infinidad de historias de amigos que van juntos a algún sitio donde dejan entrar solo a algunos de ellos y los otros se quedan fuera. Aunque es probable que esos amigos pertenezcan al mismo estrato social, frecuenten los mismos círculos y tengan un poder adquisitivo semejante el criterio es evidente: por su apariencia física, tono de piel y fenotipo unos «adornan» mejor el sitio; otros le restan reputación. Al igual que como le ocurrió a José Antonio, suele suceder que los amigos entren y dejen fuera a quien no logró ingresar.

Cuando escucho este tipo de historias siempre me ha llamado la atención que los amigos que reúnen las condiciones raciales para entrar puedan quedarse tranquilos dejando a sus compañeros afuera. ¿Por qué será que no alegan, que no hacen ruido, que no expresan indignación? ¿Será que son malos amigos o que tienen miedo a la humillación? ¿Pensarán, por ejemplo, algo así como «qué oso que vean que tengo amigos que no califican»? Cualquiera que sea la respuesta, es claro que quienes dejan pasar acciones de ese tipo se encuadran en el tipo 10 de racismo que mencioné en el segundo capítulo: los racistas pasivos que dejan pasar sin oponer resistencia alguna.

La discriminación no se produce solo en la entrada de los antros, como observó Eugenia Iturriaga en una etnografía efectuada en los antros de Mérida. Se observa también por medio de la segregación que consiste en establecer espacios diferenciados dentro del propio local y zonas especiales para clientes «importantes». En Mérida, por ejemplo, la segregación tiene lugar a partir de los días de la semana en que acude cada tipo de grupo social. En algunos antros de Mérida los viernes son noches VIP (*Very Important People*) y solo cierto grupo de jóvenes tiene permitida la entrada. En otros antros los viernes son más democráticos en el ingreso, son «noches de nacos», como le dijeron a Iturriaga algunos de quienes entrevistó para su investigación (clientes VIP).[2]

Naturalmente, los cadeneros son los depositarios de la autoridad para decidir quién entra y quién no, aunque también reciben indicaciones de los responsables de relaciones públicas. La decisión, aunque algunos así lo crean, no es un capricho. La suya es una sofisticada escuela de discriminación. Su trabajo es escrutar a la gente con cuidado, incluso «olerla», como dicen algunos de ellos. Han aprendido qué tipo de clientela puede y debe entrar y a quiénes por ningún motivo se les debe conceder el paso; saben quiénes son los conocidos y pertenecen a los círculos afines al lugar y quiénes resultan ajenos o indeseables. Ante la duda, en ciertas ciudades del país donde los patrones de segregación urbana son muy claros, como es el caso de Mérida, los cadeneros recurren a la credencial de elector. De esa manera pueden tomar una decisión a partir de la colonia en la que vive el sujeto:[3] si es de zona «jodida», va pa' fuera, aunque llore, ruegue y patalee. Si es de zona *nice*, vénganos tu reino.

En un excelente reportaje periodístico publicado en *Vice*, uno de estos cadeneros, apodado Estrong, contaba las vicisitudes del tipo de trabajo que ha realizado a lo largo de varios años, el cual ha consistido principalmente en el discreto encanto de discriminar. Los criterios de esa discriminación son, en primer lugar, de clase. «Yo te veo la camisa, el pantalón, los zapatos y ya sé como cuánto te vas a gastar», explicaba aquel sujeto con posdoctorado en las artes de discriminar. Pero eso no es todo, decía: «Tienes que ser de la "jai". Puedes venir de pies a cabeza con ropa Purificación García, pero si se te nota lo de Iztapalapa, no te dejo pasar». ¿Y cómo es que se nota «lo de Iztapalapa»? Para qué hacerse pendejos, casi seguramente a partir de criterios raciales y racistas: tez clara, pelo rubio y ojos claros son siempre más valorados. El Estrong explica cuáles son los que utiliza: «Ojos azules sí, pero que no sean de "güera de rancho"; muy morenos ni en sueños, a menos que sepan el truco de los que han aprendido a sobrevivir en el mundo antrero con piel oscura: enseñar su pasaporte como identificación oficial y que se vean sellos de viajes al extranjero, junto a un apellido de abolengo».[4]

Para negar el acceso a los centros nocturnos, los cadeneros han desarrollado un código de respuestas que les permite evitar llamar por nombre y apellido a su técnica discriminatoria. Sin embargo, cualquiera que las escuche sabe de qué se trata. La típica es: «¿Tiene reservación?», y el impedimento clásico suele ser: «Es una fiesta privada». Varios cadeneros se guían por una máxima que el reportero de *Vice* sintetizó con crudeza: «La gente es como los perros: hay razas. Y como la basura: hay que separarla». Lo más triste quizá es que quienes hablan así, esos que tienen instrucciones precisas de cerrar el paso y discriminan al moreno, al que parece de baja «estirpe» o al que se le nota «el barrio», suelen venir también del mismo lugar (si no es que siguen perteneciendo a él). «Yo sé quién es pobre, porque yo fui pobre», decía el mismo Estrong para el reportaje. «Y sé quién es un "güanabi" porque yo también lo fui. Y sé quiénes son los de lana, porque todos los días convivo con mis jefes y ya les aprendí cómo se comporta alguien que realmente es de la "jai-clas"».[5]

Fernando, otro de los cadeneros entrevistados por *Vice*, cuenta cómo algunas mujeres que acuden al antro en el que trabaja llegan a pasar hasta tres horas detrás de la cadena rogándole que al menos las deje pasar una hora para tomarse una *selfie* adentro. Recuerda también a clientes que acuden con trajes baratos en su camioneta para prestárselos a los franeleros de la zona y que estos finjan ser sus escoltas; a chicas que cargan con imitaciones de placas de la Cámara de Diputados o del Senado de la República y se hacen pasar por asesoras de políticos. Recuerda también a un personaje que una vez, para lograr que lo dejara entrar, le enumeró el precio de cada una de las prendas que llevaba puestas esa noche. «Te lo juro que esos zapatos son Ferragamo», le decía, «sí traigo para pagar...».[6]

Los cadeneros algunas veces se equivocan, aunque casi siempre es para cometer errores de exclusión, no de inclusión. Santiago, *habitué* de uno de los más exclusivos antros meridanos, le contó a Eugenia Iturriaga cómo una vez llegó al sitio de siempre, el día que le correspondía, y un cadenero nuevo no lo dejó ingresar, con el pretexto de que necesitaba mostrarle una «membresía». «¿Cómo que mi membresía?», le respondió el niño Santi. «No tengo membresía». El cliente entonces se molestó. «Era mi día», relata. «Mis amigos estaban adentro y todo». Entonces cuenta que le gritó al cadenero: «¡Oye!, ¿me ves cara de indio?», para inmediatamente abrirse paso sin esperar siquiera la respuesta: «¡Quítate, déjame pasar!». En ese momento salió una persona de relaciones públicas y regañó al nuevo cadenero, por desubicado.

En la Ciudad de México la discriminación en los antros comenzó a darse particularmente a partir de los años ochenta, según Ismael Rivera, presidente de la Asociación Nacional de la Industria de las Discotecas, Bares y Centros de Espectáculos (Anidice). Antes, a las discotecas normalmente accedía quien pudiera pagar y la única condición era ser mayor de edad. Así fue hasta que comenzó el *boom* de los «clubes nocturnos» que, como parte de su estrategia de *marketing*, vendían la idea de ofrecer la experiencia de un «ambiente exclusivo», donde había que garantizar un espacio reservado para los ricos. Contrario a lo que algunos esperarían, este tipo de sitios —como el Bandasha, el Magic Circus o el News, que fueron pioneros—, lejos de perder clientela lograron tener una asidua asistencia, consistente en gente que buscaba «rodearse de amigos de *look* europeo y rebasar la cadena ante la mirada frustrada de los otros», para de esa forma sentirse «especiales», «distintos» y «mejores».[7]

Desde que se aprobó en 2001 la Ley de Establecimientos Mercantiles del Distrito Federal, en un momento en el que comenzaron a promoverse leyes e instituciones públicas para combatir la discriminación en México, los negocios abiertos al público en la Ciudad de México ya no pueden, como antes, reservarse el derecho de admisión con las famosas siglas NRDA. Deben desplegar una leyenda en la entrada que diga: «En este establecimiento no se discrimina por motivos de raza, religión, orientación sexual, condición física o económica, ni por ningún otro motivo». Frente a un mensaje así de claro, algunos establecimientos decidieron agregar otra leyenda que dice: «Pero sí exigimos respeto para este negocio y a quienes lo frecuentan». El solo hecho de que esto haya ocurrido en algunos sitios muestra la resistencia que existe entre muchos negocios a comprender lo que significa no discriminar. ¿Por qué pensar que una política incluyente podría generar una falta de respeto? Si, por ejemplo, un indígena buscara entrar utilizando huaraches o traje típico, ¿estaría faltándole el respeto al lugar? ¿Y si dos hombres o dos mujeres quisieran besarse?[8]

Se calcula que hoy en la Ciudad de México hay unos 3 500 antros, aunque solamente una centena forma parte de la categoría de sitios «exclusivos». Dentro de ellos las botellas de champaña llegan a costar hasta 7 000 pesos y no es posible reservar una mesa de pista por menos de 20 000. A estos lugares llegan a ingresar hasta un millón y medio de pesos por noche, gracias en buena medida a que quienes ingresan allí están dispuestos a pagar bebidas a sobreprecio a cambio de gozar de su ambientito «exclusivo».[9]

El racismo cadenero se extiende a veces más allá de los centros nocturnos. De forma a veces más sutil y menos perceptible de lo que ocurre en esos lugares, el trato diferenciado también puede extenderse a los restaurantes, al momento de decidir dónde acomodar a las personas basándose en su apariencia física, rasgos y tono de piel. Un restaurantero en Mérida contó para un estudio de El Colegio de México: «Siempre a la gente joven, guapa, la ponen en las mesas de afuera [...] y a la gente más grande o menos deseable físicamente, entre los cuales entran los morenos, los escondes un poco en las mesas del fondo. Te los llevas atrás, para que la gente, cuando llegue, vea gente bonita en el lugar y diga: "Ese lugar está padre para entrar"». Obviamente, nada de eso está escrito en un manual o un reglamento, pero sí en la capacitación que se provee al personal. Como lo explicaba este entrevistado: «Cuando estás de *hostess* te enseñan que así se acomoda a la gente».[10]

13

LA MIGRACIÓN «DESEABLE»
E «INDESEABLE»

Primer acto: Durante el torneo de futbol Apertura 2006, en un partido disputado entre el cuadro de Rayados de Monterrey y el Club
Santos Laguna, el defensa panameño Felipe Baloy es objeto de comentarios racistas por parte de la afición del equipo rival. Imitan sonidos de
un gorila y le dicen: «Chango come plátano».[1]

Segundo acto: En mayo de 2010, durante el partido de vuelta de los
cuartos de final del torneo Bicentenario 2010, disputado en el estadio
de Ciudad Universitaria entre Pumas y Santos Laguna, nuevamente, la
directiva de este último interpone una queja ante la Federación Mexicana de Futbol por presuntos insultos racistas. La víctima una vez más es
el panameño Felipe Baloy. Los victimarios son los jugadores de Pumas,
Darío Verón y Marco Antonio Palacios, quienes le llaman «esclavo de
mierda», «mono» y «negro», de manera lastimosa.[2]

Tercer acto: En mayo de 2013 la afición universitaria se lanza contra
el delantero ecuatoriano del América, Christian Benítez, en la vuelta de
cuartos de final del torneo Clausura 2013 entre Pumas y América. Cada
vez que Chucho Benítez toca la pelota, la afición −por lo visto poco
imaginativa− imita de nuevo a un simio.[3]

Cuarto acto: En febrero de 2014, durante un partido disputado entre Pachuca y Atlante que tiene lugar en la jornada siete del torneo Clausura 2014, se reportan manifestaciones de racismo hacia los jugadores ecuatorianos del Pachuca, Enner Valencia y Walter Ayoví, por parte de la afición del Atlante. Una vez más se escuchan gritos y sonidos que emulan... sí, lo adivinaron, a un simio.[4]

Quinto acto: En diciembre de 2015 la Comisión Disciplinaria de la Federación Mexicana de Futbol (FMF) abre una carpeta de investigación por gritos racistas en contra del delantero colombiano Darwin Quintero, quien en ese entonces jugaba para el Club América. Durante la semifinal del torneo Apertura 2015, disputada entre el América y los Pumas, el delantero colombiano habría sido objeto de comentarios racistas por parte del entonces defensor del equipo azul y oro, Darío Verón. El hecho se considera particularmente grave porque Verón era el capitán del equipo y, en esa calidad, debiera dar el mayor ejemplo de *fair play* y respeto a los jugadores contrarios.[5]

Sexto acto, y ya casi termino: En octubre de 2016 el delantero colombiano Jefferson Cuero, del Monarcas Morelia, recibe murmullos de la tribuna que emulan nuevamente el tipo de sonido que el lector ya podrá imaginar por parte de aficionados de las Chivas de Guadalajara.

Algo tienen en común todos estos sucesos, además del carácter predecible y rupestre de la porra aficionada: un patrón consistente en el que los objetos de escarnio público son jugadores que, además de extranjeros, son afrodescendientes. Así ocurre en nuestro país casi siempre que en México se le hace *bullying* en la cancha a un jugador de otra nación. Rara vez se descalifica de manera xenofóbica a un delantero español o a un defensa argentino.

El lector habrá notado que, hasta el sexto acto aquí descrito, se trataba únicamente de burlas y actos de violencia verbal. Sin embargo, la historia que quiero contar suma un acto más —el séptimo—, que no tuvo lugar en la cancha, sino en una calle cercana a la calzada San Antonio Abad, el 10 de mayo de 2011: un migrante nigeriano, Isaac

Chinedu Nwachukwu, sale por la noche de celebrar un encuentro social y se dispone a tomar un taxi. De pronto aparece una patrulla y lo detiene sin ninguna otra razón que la de ser negro. No sabemos qué ocurre con exactitud, pero la información disponible muestra que Isaac es golpeado con tal fuerza por los elementos de la Secretaría de Seguridad Pública que terminan por tumbarle varios dientes y generarle una fuerte lesión detrás de la cabeza. Cuando llega una ambulancia a atenderlo, desorientado y confundido, Isaac se levanta intempestivamente, sale corriendo hacia San Antonio Abad, se tropieza, se desvanece en el último carril y es atropellado por un auto que circula por la avenida.[6]

Poco se habla del asunto, pero el racismo que se practica en México contra las personas negras —mexicanas o extranjeras— no tiene comparación. A diferencia de lo que ocurre con los indígenas, por quienes al menos está presente en ciertos sectores una deuda social y un sentimiento de culpa por la Conquista, el afrodescendiente en México ha vivido segregado en comunidades apartadas, reducido a ciertos puntos, e invisibilizado.[7] Con los afrodescendientes que vienen de fuera del país las cosas podrían ser aún más serias porque al racismo se suma la xenofobia: el rechazo al extranjero, con lo que el racista llega a exhibirse de manera aún más explícita como lo hace en un partido de futbol cuando afloran las pasiones de la multitud y, por lo visto, cualquier cosa está permitida. «Son solo palabras», dirán algunos; «es una broma», pensarán otros. Pero, en el fondo, ese acto que supuestamente transcurre únicamente en el plano del lenguaje, repitiéndose varias veces, tiene su corolario en violencia física.

«MAS SI OSARE UN EXTRAÑO ENEMIGO...»

Nuestras actitudes hacia la migración han estado por años contaminadas de racismo. Durante buena parte del siglo XIX y la primera mitad del XX el gobierno se obsesionó con apartar del país a los inmigrantes que consideraba incapaces de integrarse a una nación supuestamente mestiza. Para evitar que la «mezcla racial» se orientara en la dirección equivocada, la política migratoria promovió la inmigración europea como vía para emblanquecer a la población y consideró preciso privilegiar los mejores componentes de cada «raza», con el fin de que terminaran por imponerse los vicios y defectos que se consideraban propios de los pueblos originarios. El gran flujo de inmigrantes europeos con el que soñaban nuestras élites, sin embargo, nunca llegó a estas tierras, en buena medida porque esa migración prefirió siempre otros destinos en el continente americano como Estados Unidos o Argentina. Para colmo, los pocos europeos que optaron por migrar a México evitaron mezclarse con la población local, menos aun con los indios.[8]

El tipo de migración que durante el siglo XIX llegó procedente de Europa —a diferencia de los que fueron a buscar oportunidades, tierra y trabajo a otras latitudes— provenía sobre todo de las clases media y alta de Francia, Alemania, Inglaterra y España. Llegaron con capital y buscaban enriquecerse rápidamente, al punto de dominar sectores como la minería, las ventas al mayoreo y los bancos. Si bien desembarcaron también algunos migrantes pobres o de clase media baja, poco se pareció esto a una tierra de grandes oportunidades a la cual una inmensa corriente de migrantes llegó con la esperanza de «empezar de nuevo» o «hacer la América». Quizá por esa razón la migración formó aquí una suerte de comunidad de expatriados que, salvo casos excepcionales como el de los españoles, se consideraban residentes temporales antes que propiamente inmigrantes. Convencidos de la idea de que «cuanto más blanco mejor», esta migración se relacionó fundamentalmente con sus pares, e hizo de los recién llegados —especialmente de ciertas nacionalidades— parte del círculo del privilegio. Esa migración blanca adoptó una tendencia a la autosegregación que aún persiste en buena parte de sus descendientes. Por varias generaciones evitaron —y todavía evitan— casarse con mexicanos o con personas de origen indígena y se vincularon con gente de su misma procedencia y clase social, e incluso de la misma profesión y religión.[9]

En cualquier caso, la cantidad de migrantes que llegó al México decimonónico fue muy limitada. No fue sino a partir de los años veinte del siglo pasado, que los flujos migratorios comenzaron a crecer.[10] El gobierno mexicano estableció entonces una serie de disposiciones y regulaciones migratorias —algunas de ellas consideradas xenofóbicas y racistas—, motivadas por la idea de proteger el «mestizaje», cuya idea cobró fuerza luego de la Revolución, y se promovió una regulación migratoria que buscaba evitar lo que se entendía como la «degeneración de la raza» y el ingreso de «extraños biológicamente indeseables».[11] El proyecto oficial de crear una sociedad unificada y homogénea se tradujo entonces en una política de inmigración restrictiva y selectiva, que prohibió la entrada de todas aquellas personas que se consideraba incapaces de asimilarse a la nacionalidad mexicana.[12]

La primera ley de migración aprobada en 1926 estaba llena de menciones sobre el tipo de «razas» que no podían ser asimilables al país, y ponía especial cuidado en los rasgos físicos de los extranjeros que buscaran profanar con su planta nuestro bello suelo. Aquella idea se basaba en una supuesta evidencia científica, según la cual ciertos grupos podían causar una degeneración en la descendencia.[13] En su artículo 60, la ley estipulaba: «Se considera de público beneficio la inmigración individual o colectiva de extranjeros sanos capacitados para el trabajo, de buen comportamiento y pertenecientes a razas que, por sus condiciones, sean fácilmente asimilables a nuestro medio, con beneficio para la especie y para las condiciones económicas del país».[14] Dentro de estas «razas» que se consideraban inasimilables estaban los negros y los judíos. Los primeros, por considerarse «racialmente inferiores», «incompetentes», «incapaces de convertirse en verdaderos ciudadanos» e incluso «peligrosos para la población nacional indígena»;[15] los segundos, por creer que eran parte de aquellos grupos inadaptables «cuya mezcla sanguínea, hábitos culturales y tradiciones son extraños a nuestra psicología».[16] Por medio de una serie de circulares confidenciales que se hicieron llegar a los consulados de México, la Secretaría de Gobernación prohibió la inmigración de ciertas nacionalidades: los chinos en 1921, los indios en 1923, las poblaciones negras en 1924, las de gitanos en 1926, las de origen árabe en 1927, rusos y polacos en 1929, húngaros en 1931 y finalmente judíos, independientemente de su nacionalidad, en 1934.[17]

LA OLA SINOFÓBICA

Poco se ha hablado y recordado acerca de la ola sinofóbica que recorrió al país durante las primeras décadas del siglo XX. Para la narrativa de un país supuestamente no racista y generoso con el mundo, como se ha repetido tantas veces, el discurso oficial no podía sentirse cómodo ante una forma de racismo descarado —segregacionista y violento—, como el que llevó a promover una campaña en contra de los chinos que radicaban en México, particularmente en algunos estados del norte. Por aquellos años, un número importante de ellos fue violentado y expulsado del país, sin importar que hubieran nacido en México o que se tratara de mujeres mexicanas casadas con chinos; incluso fueron echados de nuestras tierras los hijos, también mexicanos, resultantes de aquellos matrimonios.

El acontecimiento más sombrío de esta historia ocurrió el 15 de mayo de 1911, cuando en pleno estallido de la Revolución mexicana los rebeldes maderistas se hicieron con el control de la ciudad de Torreón, luego de sitiar la ciudad durante tres días. Un aproximado de 400 rebeldes y hombres notoriamente bebidos prendieron fuego a la jefatura política para después saquear a las principales casas comerciales y matar a cualquier chino que se cruzara en el camino.[18]

Benjamín Argumedo, quien lideró la toma de la ciudad, ordenó saquear el Banco Wah-Yick (o Banco «Chino») y matar a todos los que allí se encontraban. Más tarde, los soldados se siguieron al contiguo Puerto de Shanghai, por lo que la matanza de chinos, que empezó como de manera relativamente casual, acabó tornándose en una acción sistemática.

Estos sucesos, de acuerdo con Pedro Salmerón, fueron motivados por el rencor que las clases bajas de La Laguna guardaban hacia los extranjeros, lo que los llevó a vengarse de aquella colonia extranjera.[19] Para 1912, la comunidad china en Torreón era solo un recuerdo: los pocos sobrevivientes que quedaron después de aquel terrible suceso no tuvieron más remedio que huir.[20]

La ola sinofóbica no se detuvo en los siguientes años. En su libro *El otro México*, Ricardo Raphael relata cómo en 1915, en Sonora, varios comercios chinos fueron saqueados en el puerto de Guaymas; en Hermosillo se incendiaron algunas de sus tiendas, y en Nacozari una masa enardecida lapidó a decenas de chinos y los dueños de tiendas fueron forzados a caminar desnudos por el centro de la ciudad. Al año siguiente Plutarco Elías Calles, quien fungía como gobernador interino en Sonora, pronunció un fuerte discurso en el que —anticipándose varios años al lenguaje de los nazis— prometió que se encargaría de resolver «definitivamente» el «problema chino», y con su apoyo se comenzaron a formar los primeros comités Pro-Raza,[21] mismos que redactaron una legislación que estigmatizó a los chino-mexicanos[22] con el argumento de que la sangre china contaminaba «la pureza de la raza mexicana».[23] Ese mismo año las autoridades propusieron confinar a los asiáticos dentro de un mismo barrio, imitando lo que antes se había promovido en San Francisco y Los Ángeles.[24]

Para sustentar la causa antichina se argumentó que sus comercios estaban sucios, un estereotipo comúnmente utilizado en contra de grupos discriminados, y representaban una amenaza a la sanidad de los mexicanos. Por ello se prohibió vender carne, verdura fresca y pan en sus tiendas de abarrotes; solo se les permitió comerciar con alimentos no perecederos que no pudieran tocar con las manos y les impidieron tener molinos de nixtamal para producir tortillas.[25] Tal vez nadie sufrió tanto las consecuencias de esa vergonzosa ola de odio racista y xenófoba como las mujeres mexicanas que habían contraído nupcias con hombres de fisonomía china. Como recapitula Raphael, los nacionalistas les gritaban «chineras» en las calles y les prohibían caminar sobre las banquetas, tal como ocurría en esos años con los negros en Estados Unidos. Algunos llegaron incluso a irrumpir en los hogares de matrimonios mixtos para robar o destruir. En 1923 el Congreso sonorense prohibió expresamente la unión marital de chinos con mexicanas. Dos años más tarde se organizó en Nogales una convención antichina a la que asistieron 150 comités Pro-Raza provenientes de distintos lugares del país. En aquel encuentro, donde se pronunciaron discursos furibundos y se escucharon gritos de «¡Mueran los chinos!», un grupo de sinaloenses y sonorenses tomó el acuerdo de aniquilar a los chinos y exigió que se prohibiera su entrada al país.[26]

Las cosas no mejoraron cuando Rodolfo Elías Calles Chacón, hijo de don Plutarco, llegó a gobernar Sonora. Siguiendo con la historia contada en *El otro México*, el nuevo gobernador toleró —y quizá también auspició— la creación de un grupo clandestino paramilitar para hacerse cargo del trabajo sucio: las Guardias Verdes. Esta agrupación se encargó de salir a «cazar chinos» por las calles y encerrarlos en prisiones ilegales. Hay incluso anécdotas de que los ponían de rodillas a cantar el Himno Nacional, y cuando lo hacían con acento chino les infligían heridas o hasta los llegaban a matar. Estas guardias también se encargaron de amedrentar y atemorizar a la gente para que no comprara en comercios chinos. «No le compre usted al tracomoso, proteja su raza», eran algunos de los carteles que colocaban a las entradas de sus negocios,[27] ubicados a no tantas millas de distancia de ese país en el que se colocaban carteles que impedían la entrada a «perros, negros y mexicanos».

Miles de chinos o personas con rasgos orientales se vieron obligados a abandonar México o sus estados durante aquellos años de sinofobia. Tan solo en 1932 se reportó que 4 317 chinos decidieron marcharse de Sonora y Sinaloa rumbo a California y Arizona. En Mazatlán, donde había una población de 15 000 chinos, no quedaron más que 500, y de un día para otro muchos de sus negocios pasaron a ser propiedad de los mexicanos, sin ascendencia oriental, que antes habían trabajado en ellos.

La cosa no quedó ahí. En 1932 José Ángel Espinoza, uno de los líderes más reconocidos del movimiento Pro-Raza, redactó un manifiesto titulado *El ejemplo de Sonora*, donde se proponía al resto del país seguir las prácticas xenofóbicas impulsadas en ese estado. Solo con la llegada de Lázaro Cárdenas se logró poner coto a la infame campaña antichina, cuando el presidente instruyó a combatir la ola sinofóbica desde el gobierno federal. Después de ello, prácticamente no se volvió a hablar del tema. Por lo visto, a todos les convino dejar pasar aquellos acontecimientos, sin que en los años siguientes se honrara memoria alguna al genocidio cometido.[28]

LA OLA ANTISEMITA

Aunque menos grave en sus consecuencias violentas, en nuestro país otro episodio de racismo abierto y descarado fue la ola antisemita que tuvo lugar durante los años treinta y cuarenta, en el contexto del nazismo. En esos años existió aquí una Liga Nacional que además de ser antichina se declaró antijudía, por considerar que, mientras los primeros habían destruido el comercio y casi todas las actividades económicas, los segundos destruían «nuestra raza, nuestro comercio y nuestros hogares».[29] La prensa de la época hizo eco de este tipo de manifestaciones, convirtiéndose en una plataforma de descalificación de la presencia judía en el país, normalmente vinculada a cuestiones económicas en las que se aludía siempre a los judíos como una «raza» o una «tribu».[30]

Durante la Segunda Guerra Mundial el antisemitismo y la influencia nazi alcanzaron a diversos sectores de la sociedad mexicana. Aunque su impacto fue sobre todo en la derecha, llegó a abarcar a «todo el espectro ideológico».[31] En 1933 la Agrupación de Comerciantes, Industriales y Profesionistas Honorables solicitó la expulsión del país de turcos, rusos, árabes, sirio-libaneses, checoslovacos, polacos, lituanos, húngaros, y en general de todos los judíos, por considerar que constituían una amenaza racial y económica para el país. A estos últimos la agrupación les llamaba «animales» o «vampiros», y celebró a ese « gran hombre en Alemania» — Adolf Hitler— que había dado un «ejemplo a todas las naciones» al expulsarlos.[32]

Aunque suele prevalecer la idea de que durante las décadas de los treinta y los cuarenta México brindó una masiva protección a los perseguidos por las dictaduras totalitarias de distintas partes del mundo, entre ellos los judíos que huían del nazismo, la actitud que nuestro país históricamente mostró frente al exilio español en realidad fue una excepción. El entusiasmo con el que recibimos a los españoles refugiados de la Guerra Civil se sustentó en la simpatía política frente a la causa republicana, así como en el beneficio económico que, según se consideraba, podría aportar (y efectivamente aportó) al país. Es innegable, sin embargo, que nuestra política migratoria prefirió la llegada de españoles antes que los provenientes de otras nacionalidades, por considerar que la existencia de una lengua, una cultura y una historia comunes garantizaría una asimilación más fácil que en el caso de otras nacionalidades.[33]

Mientras que durante los años de la Guerra Civil española se calcula que unos 40 000 ibéricos se establecieron en el país, frente a los judíos que huían del Holocausto, México tuvo una política de «puertas cerradas»[34] en la que a una gran parte de los refugiados que intentaron venir al país simple y sencillamente se les negó el ingreso. Así, como parte de un universo de más de medio millón de seres humanos que huyeron del Tercer Reich y buscaron lugares de reasentamiento, se estima que nuestro país tan solo recibió a unos 1 000 durante el cardenismo y entre 1 850 y 2 250 durante todo el periodo del nazismo.[35] De los cerca de 100 000 judíos que llegaron a América Latina, países como Argentina, Brasil, Bolivia, Chile y Uruguay recibieron cantidades mucho más importantes, incluso Cuba, Ecuador y Colombia fueron más generosos.[36]

En 1934, durante el gobierno de Cárdenas, se aprobó una nueva legislación que estableció una serie de prohibiciones y restricciones a la inmigración. En otra circular confidencial de la Secretaría de Gobernación se prohibía el ingreso de judíos al país, por considerar que «sus características psicológicas y morales», así como la clase de actividades a las que se dedicaban y los «procedimientos» que seguían en los negocios de índole comercial resultaban «indeseables». Para asegurar el cumplimiento de esta disposición se exhortaba a las autoridades pedir a todo aquel que solicitara un permiso para internarse al país declarar «cuál es su raza, sub-raza [sic] y religión» y, en caso de descubrir que se trataba de una persona de origen judío, se instaba a prohibirles su entrada y dar aviso inmediato a Gobernación.[37]

En 1937, cuando la situación de los judíos en Europa se había vuelto dramática y la presión internacional para que México recibiera refugiados judíos crecía, emergió una enorme resistencia interna para evitarlo. No solo la Liga Nacional Anti-China y Anti-Judía se opusieron. También lo hicieron algunos senadores, la prensa y diferentes asociaciones de comerciantes medios, por no mencionar también a la Confederación Patronal Mexicana (Coparmex), donde había muchos simpatizantes del régimen nazi-fascista alemán.[38] Recién en 1938, y a pedido del gobierno estadounidense, Cárdenas accedió a acoger a los refugiados judíos, aunque con limitaciones.[39] Aun así, cuando Gobernación estableció los lineamientos que normarían la actitud que México debía asumir frente a los refugiados, determinó que México debía mostrar «suma escrupulosidad en la admisión de extranjeros que por lo general no se mezclan ni espiritual ni económica ni consanguíneamente con nuestra raza ni con su movimiento revolucionario».[40]

Dos años después de haber concluido la guerra, México condenó enérgicamente el Holocausto ante las Naciones Unidas. En un histórico discurso, Rafael de la Colina, un diplomático mexicano, aseguró: «México levantó su voz oportunamente contra tan bárbaro procedimiento y, al mismo tiempo, abrió sus puertas a millares de refugiados, venciendo para ello enormes dificultades de orden económico y demográfico que se oponían y se siguen oponiendo a una crecida inmigración». En realidad, como recuerda Daniela Gleizer, no habían sido tantos los «millares de refugiados», pero lo notable del discurso de nuestro diplomático era que la postura del país claramente había cambiado. La evidencia del Holocausto y su condena generalizada a nivel internacional hizo que los judíos pasaran a ser vistos como víctimas del Estado alemán y que la postura oficial del gobierno mexicano rindiera «un tributo de cálida simpatía al pueblo judío», y señalara que «las atroces persecuciones de que ha sido víctima nos llenan de indignación y horror».[41] Tal vez por esa posición discursiva quedó en la memoria el recuerdo de que México había tenido una postura diferente a la que en realidad tuvo en los momentos más difíciles y que pocos en lo sucesivo quisieran recordar los discursos antisemitas que se cultivaron y propagaron en el país en las horas críticas del genocidio.

Pocos mexicanos hoy —salvo alguno de esos que defienden que la tierra es plana— ponen en duda la gravedad del Holocausto y el racismo que el pueblo judío ha enfrentado a lo largo de la historia. Sin embargo, no muchos saben que en nuestro país existió una ola antisemita, así como una ola sinofóbica, a pesar de persistir ideas y prejuicios racistas hacia ambos grupos. Con todo, en el caso específico de los judíos, es justo decir que hoy esta población no es objeto del mismo tipo de discriminación que sufrió en el pasado, a pesar de los injustos estereotipos que todavía existen hacia ellos. Habría que reflexionar, quizá, hasta dónde una parte de los judíos en México se sitúa hoy en la órbita del privilegio blanco, si no es que algunos también reproducen patrones de autosegregación de las élites mayoritariamente blancas. Al hacer este tipo de análisis, sin embargo, debemos evitar prejuicios e injustas generalizaciones y recordar, desde luego, que los judíos están lejos de ser el único grupo social cuyos integrantes, pertenecientes a un grupo históricamente discriminado, pueden situarse en la posición de discriminadores.

LA MIGRACIÓN HOY

Tengo frente a mí una fotografía de Ueslei Marcelino, tomada el 19 de octubre de 2018 en la frontera sur, que circuló ampliamente en los medios. Ante ella resulta imposible permanecer indolente. Es la imagen de un hombre que intenta abrirse paso con un bebé en los brazos en medio de los granaderos que acuden a recibir la caravana de migrantes proveniente de Honduras. Tiene los ojos visiblemente enrojecidos por el gas pimienta y la desesperación en su rostro es evidente. Arriba se alcanza a leer un anuncio que dice: «Bienvenido a México». La imagen demuestra simbólicamente la manera en que el gobierno anterior recibió a mujeres y niños migrantes que buscaban atravesar el país para llegar a Estados Unidos: con gases lacrimógenos.[42] Entre 2012 y 2016 México detuvo y deportó a casi 500 000 migrantes del Triángulo Norte, cuando las detenciones y deportaciones de otras nacionalidades no llegaron a las 50 000.[43] Es innegable que nuestra política migratoria hacia los centroamericanos ha sido crecientemente hostil y se ha recrudecido durante el gobierno de López Obrador, bajo la presión de Donald Trump.

Aunque entre la sociedad se han visto muestras de calidez frente a la ola de migrantes que ha llegado al país en los últimos años —fue gratamente sorprendente, por ejemplo, cómo una parte de la sociedad civil tijuanense se organizó para dar albergue, alimentación y cobijo a los haitianos varados en la frontera en mayo de 2018—, también se vieron reacciones preocupantes cuando aquella caravana tocó tierras mexicanas, a la que algunos medios calificaron con un lenguaje alarmista como una «invasión». Particularmente lamentables fueron los comentarios vertidos en redes sociales, los cuales no distan mucho de los que podría profesar alguno de los más duros seguidores de Trump. Cientos de usuarios —reales o ficticios— manifestaron su desprecio a través de frases como estas: «Es momento de enviar a las Fuerzas Armadas a la frontera con Guatemala para detener a esa parvada de changos hondunegros» (@ElTelible). Otro mensaje en Twitter decía: «Perdonamos pero no olvidamos, hijos de perra hondunegros de mierda» (@tioguason). Y uno más escribió: «El único pro que le veo a que la #CaravanaMigrante se quede en México es que tendremos más esclavos, esos hondunegros están diseñados para soportar esclavitud, humillaciones, maltrato y racismo» (@Perrx), señalaba otro de los tantos mensajes que circularon por aquellos días, los cuales se sumaron a una serie de etiquetas discriminatorias como: «criminales», «violentos», y «escorias», así como afirmaciones del tipo: «vienen a secuestrar, a matar y a dañar» o «van a quitar empleos».[44]

Hay un enorme componente racista en el trato que damos a los migrantes centroamericanos que vienen a México, tanto cuando buscan solo atravesar hacia Estados Unidos como cuando deciden permanecer aquí. Los migrantes son uno de los grupos más discriminados en el país —el tercero, según la Encuesta Nacional de Discriminación que elaboró el Conapred en 2010—,[45] pero la discriminación hacia ellos, como lo decía antes, no es la misma en todos los casos. Nuestro desprecio o admiración al extranjero es claramente selectivo. Si los que vienen de fuera son blancos, rubios o tienen los ojos claros, si son europeos, estadounidenses e incluso cierto tipo de sudamericanos, los recibimos con los brazos abiertos, los vemos con respeto e incluso llegamos a mostrar un comportamiento servil hacia ellos. Todo es distinto cuando el que llega es de piel oscura, africano, asiático o ha hecho una larga travesía desde Honduras, Guatemala o El Salvador, donde la mayor parte de los migrantes son identificados como negros o indígenas. Lo que mostramos en esas circunstancias es, en el mejor de los casos, indiferencia y, en el peor, hostilidad, menosprecio o burla.[46] Fácilmente pasamos de la xenofilia a la xenofobia al definir la actitud que adoptamos hacia distintos tipos de migrantes.

Un informe del Conapred señala que el discurso que equipara a los migrantes, desplazados y refugiados con personas «indeseables», el cual se ha diseminado alrededor del mundo en los últimos años (en especial en Europa, el Reino Unido y Estados Unidos), se ha hecho presente en México en los años recientes hacia los centroamericanos. La xenofobia y el racismo hacia estas personas se han manifestado en la sociedad mexicana durante décadas, pero se han acrecentado a medida que aumentan los flujos de migrantes.[47] Cuando observamos que estas personas tienen un tono de piel, rasgos físicos, así como un perfil sociodemográfico y cultural muy similar al del grueso de la población mexicana, podemos comprobar cómo el rechazo a los centroamericanos no solo representa un caso de xenofobia sino también del mismo desprecio que ejercemos en contra del propio pueblo mexicano, tanto a los de rasgos amerindios como afrodescendientes.

Una encuesta del CIDE muestra que mientras 61% de los mexicanos tiene una opinión favorable de los extranjeros radicados en el país por pensar que contribuyen a la economía mexicana, no cualquier extranjero es visto con los mismos ojos: los estadounidenses (55%), chinos (53%) y españoles (51%) cuentan con una mayor aceptación; no así los colombianos (38%) o los guatemaltecos (35%).[48] Al medir la confianza que los mexicanos les tenemos a quienes vienen de distintos países se observa una coincidencia no accidental: esta es mayor cuando se trata de países donde la población de tez blanca es más numerosa. Así se puede ver también en una encuesta de la UNAM que muestra cómo la confianza hacia canadienses, españoles, estadounidenses, franceses o argentinos resulta hasta un punto más elevada que cuando se trata de salvadoreños, beliceños, hondureños, guatemaltecos y colombianos.[49]

Este doble estándar hacia la migración todavía se ve en la propia política migratoria de nuestras autoridades, las cuales son más laxas frente a la migración indocumentada proveniente de países en desarrollo. En 2015, por ejemplo, del total de estadounidenses internos en el país, 91.2% estaba en una posición irregular.[50] Sin embargo, esta migración nunca ha despertado alarmas de ningún tipo en México. En parte eso tiene que ver con el hecho de que los estadounidenses no llegan al país en condiciones tan precarias como las de los centroamericanos, aunque también es porque la mayor parte goza del privilegio de la blanquitud. En contraste, buena parte de los hondureños que llegan son personas negras y, en el caso de los guatemaltecos, indígenas o de ascendencia indígena. Es innegable que los sentimientos de rechazo hacia quienes integran las caravanas de migrantes tienen mucho que ver con eso.[51]

Claramente, los hondureños, guatemaltecos y salvadoreños que todos los días ingresan al país nos recuerdan lo que no queremos ver: quiénes somos y cómo nos vemos. Lo que nos choca nos checa.

Los sentimientos de rechazo social hacia la migración han crecido en México en los últimos años. Según la encuesta de la UNAM que antes mencioné, casi cinco de cada diez personas creen que los inmigrantes les quitan empleo a los mexicanos, cuatro de cada diez piensan que la inmigración debilita las costumbres y tradiciones de nuestro pueblo y más de tres de cada diez creen que los inmigrantes generan inseguridad.[52] Por si esos datos no bastaran, otra encuesta de Mitofsky, levantada en 2019, muestra que 63% de los mexicanos está en desacuerdo en que se queden a trabajar en el país y 52% cree que debemos presionarlos para que se regresen a sus países de origen, en lugar de protegerlos y ofrecerles ayuda humanitaria.[53]

Hasta ahora, los discursos de la clase política no han subido de tono de manera alarmante, pero no faltará el oportunista que busque explotar las posturas xenofóbicas y racistas. En noviembre de 2018, por ejemplo, cuando aquel numeroso grupo de migrantes haitianos quedó varado en Tijuana durante su tránsito a los Estados Unidos, el entonces alcalde de la ciudad, el panista Juan Manuel Gastélum, declaró: «No me atrevo a calificar a esas personas como migrantes, dentro de este grupo se han colado una serie de viciosos… Son una bola de vagos y marihuanos». El político, quien con sus palabras hizo recordar esos discursos xenofóbico-racistas de los años treinta que antes les conté, también exigió al gobierno la aplicación del artículo 33 constitucional por tratarse de personas «indeseables» que «no queremos que estén molestando a Tijuana».[54]

14

ESA FORMA DE TRABAJO FEUDAL QUE NOS PARECE TAN NORMAL

Adriana, una mujer yucateca proveniente de una familia de hacendados, recuerda a su abuela como una «mujer que, a pesar de ser buena y cariñosa, tenía un defecto: trataba a la "gente del servicio" de una forma "muy particular"».[1] Allá por los años setenta, cuando se juntaba a tomar chocolate de agua con su abuela, los atendía una trabajadora del hogar llamada Rosita, quien les llevaba siempre una charola con la jarra de chocolate y varias tazas. Cuando terminaban, la abuela decía con un tono amable, aunque lleno de violencia simbólica: «Rosita, les dejé bastante asiento para que hagan su chocolate». Así eran todas las tardes: las mujeres encargadas de limpiar la casa y cuidar a los niños se hacían el chocolate con las sobras. Algo similar ocurría con el pan que comía la familia. Cuando este se hacía duro, la abuela exclamaba: «Rosita, el pan está duro, ya no lo vamos a comer». Aunque cuando trae a la mente esos recuerdos Adriana siente vergüenza, de alguna manera lo justifica: «Te juro que era una buena mujer», insiste, «solo que así la educaron, así trataban antes a los empleados».

La abuela de Adriana, según el testimonio anónimo narrado por Eugenia Iturriaga en su libro *La ciudad blanca*,[2] creció en una familia yucateca en la que el maya era tratado como un ser inferior. Sus padres habían vivido la supuesta «Guerra de Castas» y en su familia todavía se llegó a discutir si los indios tenían alma.[3] Lo cierto es que aún hoy en México un gran número de familias da de comer las sobras a quienes trabajan en sus hogares.

Según una encuesta del Conapred, 24.8% de las personas considera justificable (en mayor o menor medida) darle sobras a una persona empleada en el servicio doméstico.[4] De hecho, 81.5% de ellas piensa que se trata de una práctica que se lleva a cabo de manera muy frecuente.[5] Según otra encuesta del Inegi, en México 2.3 millones de personas —el equivalente a toda la población de un estado como Tabasco— se dedican al trabajo del hogar, siendo en su gran mayoría mujeres (90%), morenas e indígenas.[6] Son las mal llamadas «muchachas», que antaño eran consideradas «sirvientas» —aunque algunos todavía las llamen así—, y de manera despectiva han sido catalogadas como «gatas», «gatitas» o «chachas».

Las trabajadoras del hogar son uno de los sectores más discriminados de la población. Según datos del propio Conapred, seis de cada diez consideran que sus derechos se respetan poco o nada, siendo uno de los grupos sociales donde esta percepción es más alta.[7] De forma alarmante, parte de estas mujeres comienzan a trabajar siendo aún menores de edad;[8] 98% no tiene acceso a servicios de salud; solo 2.3% firma un contrato por escrito donde se establezcan sus obligaciones; y únicamente 12.3% goza de prestaciones laborales como un seguro médico, aguinaldo y vacaciones.[9] Por su parte, una de cada tres percibe menos de un salario mínimo[10] (según un estudio de Oxfam ganan en promedio 1 550 pesos al mes);[11] seis de cada diez no disfrutan de vacaciones[12] y otras siete, también de cada diez, no tienen posibilidades de estudiar.[13]

En un momento de vergonzoso sinceramiento, una tuitera potosina, proveniente de esa clase media que cree pertenecer a los estratos superiores, escribió en su cuenta: «Las sirvientas raramente dejarán de ser eso en su vida, la mayoría son mal agradecidas con la gente que les da de comer y, teniendo buen trato y comodidades en un lugar, deciden irse a otro peor. Perdón por la honestidad» (@melraamirez). Como Mel, muchas otras personas creen que las trabajadoras del hogar son seres sumisos, sin ambición, que cuando se «atreven» a exigir una relación laboral respetuosa y un trato digno en el que se hagan valer sus derechos, son vistas como ingratas e insolentes. Incluso muchos empleadores y empleadoras parecen estar convencidos de hacer un gran favor a las trabajadoras del hogar al recibirlas en sus casas, sin darse cuenta de todas las ventajas que están obteniendo a partir de una relación laboral precaria e informal. En una muestra más de ese típico racismo «con cariño» del que hablé en el segundo capítulo, muchos racistas de clóset señalan esa repetida fórmula de que «sus» trabajadoras del hogar son «como de la familia», una trampa discursiva para no tratarlas como lo que realmente son: trabajadoras con derechos.

A pesar de esto, la Ley Federal del Trabajo permite que sus jornadas sean de hasta 12 horas diarias, a diferencia de la jornada de ocho horas que ha sido establecida con letras de oro en el derecho laboral. La misma ley exenta a sus empleadores de la obligación de firmar un contrato, establece que pueden terminar la relación laboral en cualquier momento, sin necesidad de comprobar una causa, y señala que la mitad del salario puede pagarse en especie, lo que se consideraría inaceptable para cualquier trabajador de cuello blanco. La Ley del Seguro Social, además, coloca a las trabajadoras del hogar en el régimen de afiliación voluntaria, donde incluso si se les registrara estarían imposibilitadas para recibir prestaciones como las guarderías o la pensión.

¿Cómo explicar que en pleno siglo XXI, 100 años después de haber entrado en vigor una constitución que estableció derechos laborales de avanzada a nivel mundial, como es la de 1917, se consienta que un sector tan numeroso de la población trabaje en condiciones de servidumbre? ¿Será una casualidad que desde tiempos coloniales las labores de limpieza eran asignadas a mujeres indígenas y negras y que el trabajo del hogar ha sido tradicionalmente considerado como una actividad propia de estos grupos?[14] ¿Resultará una mera coincidencia que casi la mitad (46%) de las trabajadoras domésticas de entre 15 y 59 años habla una lengua indígena[15] y que un tercio (31%) de las que se reconocen como afrodescendientes se dedica a esta actividad?[16]

La condición indígena no es el único elemento que explica la precariedad en la que vive y trabaja buena parte de estas trabajadoras, también discriminadas por su tono de piel, por ser pobres, por ser mujeres y, en muchos casos, por ser migrantes de otras entidades de la República o de otros países. Sin embargo, el ser indígenas es clave para comprender por qué las inferiorizamos como lo hacemos y por qué les hemos dado históricamente un trato tan degradante.[17]

El racismo hacia las trabajadoras del hogar está en que no veamos, no cuestionemos y aceptemos como algo natural que este sector se encuentre desprovisto de sus derechos más elementales; en el hecho mismo de que cierto tipo de trabajos se asignen a determinado grupo social por su pertenencia étnica, como muestra que casi la mitad de las mujeres indígenas se dediquen a las labores domésticas.[18] El racismo está en que eso nos parezca normal y aceptemos una situación que nos generaría indignación en otro grupo social. ¿Toleraríamos ese trato a las trabajadoras del hogar si en lugar de ser indígenas fueran mujeres suecas, francesas o italianas?

El racismo también está en que sigamos pensando que esas mujeres están «hechas» para hacer ese tipo de trabajos. Como cuando las familias creen que, precisamente por su condición indígena, son idóneas para realizar labores de limpieza y cuidado, ya sea porque «son buenas» para ellas, porque habrán de «contentarse con poco»[19] (una manera eufemística de decir que aceptarán trabajar en condiciones infrahumanas), o porque se mostrarán «disponibles y dispuestas» siempre que se las necesite.

Al realizar una investigación sobre trabajo del hogar en Monterrey, donde gran parte de las mujeres que llevan a cabo estas tareas son migrantes, la antropóloga francesa Séverine Durin pudo comprobar que existe una tendencia a reclutar trabajadoras de ciertos estados de la

República, por considerar que son más «óptimas» para ese tipo de labores. Durin, poco acostumbrada al tipo de relación que las familias de élite mexicanas establecen con las trabajadoras del hogar, escuchó un día a una madre que, al conversar con un grupo de amigas que veían un partido de futbol de sus hijos, preguntaba a las demás si le podían recomendar una «muchacha». Cuando una de las presentes le contestó que tenía una opción en mente, ¿cuál cree el lector que fue lo primero que a la madre en cuestión se le ocurrió preguntar? La lógica dicta que la pregunta habría sido si la trabajadora en cuestión era buena, si cocinaba bien, si tenía tales o cuales habilidades. Pero no fue así. La interrogante que formuló la señora fue: «¿De dónde es?». Cuando escuchó que era del estado de Hidalgo inmediatamente dejó ver un gesto de aprobación. «Esas son buenas», fueron sus palabras.

El lector supondrá que nada tiene que ver esa respuesta con el racismo, pero hace falta hilar más fino, como lo hizo la antropóloga en su trabajo. ¿Por qué será que para aquella mujer las trabajadoras del hogar de Hidalgo son buenas?, se preguntó. Porque en Monterrey las migrantes que llegan de ese estado casi siempre son indígenas y en ciertos círculos se considera que las indígenas resultan convenientes para desempeñar las labores de trabajo doméstico. ¿Y por qué se considera esto? Pues porque, a diferencia de las mujeres no indígenas, ellas no osan traspasar «ciertos límites», como explica Durin. Límites ya no tan ambiciosos como sentarse junto a la familia o hacer sobremesa, sino simplemente tomarse la libertad de emitir una opinión o tener una postura propia sobre cualquier tema. Porque se cree que las indígenas son «calladitas» y «discretas», porque no ocupan espacio; no molestan. Y por sobre todas las cosas porque, al ser indígenas, sus empleadores y empleadoras saben también que puede exigirles mucho más; que mostrarán absoluta disponibilidad para obedecer, para hacer lo que se les pida, 24 × 7 si es preciso. Porque como son indígenas, también las creen dispuestas a comer poco o a conformarse con las sobras, a alimentarse con lo que quedó la semana pasada.

Lo decía una trabajadora del hogar en un testimonio recogido en otra investigación académica: «La diferencia con nosotras las indígenas o que venimos de pueblo y que hablamos dialecto, [es que] ellas [las empleadoras] piensan que somos como de piedra, que aguantamos todo, nos cargan más el trabajo y nos tratan más mal, nos discriminan. [...] La señora nos decía: "Ustedes como son indias pueden comer hasta la hierba que hay en el jardín", así nos decía».[20]

La creencia de que la mujer indígena o de apariencia indígena nació para servir y hacerlo en condiciones de semiesclavitud es la cereza del pastel de una forma racista de pensar que se expresa en el trato que reciben en México cientos de miles de trabajadoras del hogar. Como lo es cuando una patrona critica a una trabajadora doméstica por ser una «igualada» o una «grosera», tan solo por mostrar un comportamiento autónomo y no servil, por pretender ser tratada como un ser humano, por querer comer lo mismo que comen sus empleadores o incluso por tener horarios fijos como los de cualquier trabajador, en lugar de estar sujeta a lo que la familia desee en el momento que le plazca.

En México, para una gran parte de las clases altas (y ni tan altas) el simple hecho de tener gente morena y de bajo costo sirviéndole en sus hogares es un signo de estatus que les permite sentirse más blancos y con ello también más ricos. Eugenia Iturriaga observó esto en la propia sociedad meridana, donde mucha gente se enorgullece de incluir entre su repertorio un acento «aporreado», el conocimiento de algunas palabras en maya, e incluso de que sus hijos las aprendan a muy temprana edad, algo que difícilmente se observaría en otras entidades del país. Lo que esta antropóloga dilucidó es que, lejos de mostrar una posición incluyente donde genuinamente se valorice a la cultura maya, quienes aprendieron el idioma a temprana edad es normalmente porque fueron educados por una nana que se los enseñó. Y tener una nana maya significa haberse criado en una familia de abolengo yucateco.

Precisamente a estas familias no les cayó nada bien la investigación que llevó a cabo Iturriaga, en especial cuando concedió una entrevista para hablar del libro en el cual publicó sus resultados. El día 13 de marzo de 2016, Mérida amaneció con una nota en el periódico más importante del estado, el *Diario de Yucatán*, titulada así: «Hay racismo en Mérida». En el texto se resaltaban las declaraciones en las que la antropóloga, quien responsabilizaba del fenómeno sobre todo a los descendientes de antiguos hacendados henequeneros, unas 50 familias pertenecientes a la élite tradicional yucateca.

A raíz de ello, Silvia Loret de Mola, una mujer de abolengo en Yucatán, envió al diario una carta llena de indignación, que comenzaba así: «Con una profunda sorpresa, me levanto hoy domingo en la mañana y leo una supuesta investigación de la doctora Eugenia Iturriaga Acevedo en torno a una apreciación sobre el desprecio de los yucatecos por la piel morena y por nuestros mayas» (nótese el «nuestros»).[21] Fiel defensora de su terruño, doña Silvia prosiguió: «Esta señora, doctora en Antropología, investigadora de la UADY y presunta experta en el tema, quien tiene 17 años viviendo en Yucatán, viene y juzga a un pueblo, a un estado que como pocos tiene y siente un profundo amor por sus raíces, su gente, su comida, su vestido, hamacas y no digamos nuestros artistas plásticos, músicos, poetas… Si en algún estado se reconoce el talento y la profunda sabiduría de los mayas es en Yucatán. […] Y así es, de este grupo de personas de orgullosa piel morena hemos aprendido cientos de cosas, y si nuestras nanas nos enseñaron algo fue el amor por esta tierra. Con sus brazos cálidos nos acunaban y cantaban canciones que nos hicieran sonreír».[22]

Para concluir su airada misiva, doña Silvia afirmaba: «Somos un pueblo que ayuda a su gente, que la hospitaliza, que la alimenta, con la cual comemos en sus mesas, en casas de paja cientos de veces. […] No despreciamos a los morenos ni a los mayas. Es una osadía muy grande y muy grave venir a insultarnos de esa manera. No somos nosotros los yucatecos los que uniformamos a quien nos ayuda en las labores diarias de la casa. No somos nosotros los que maltratamos a quien nos sirve».[23] Resulta difícil que la señora Loret de Mola se haya percatado de hasta qué punto su carta terminó por ser un testimonio fundamental que vino a confirmar precisamente los argumentos de esta antropóloga chilanga que llegó a incomodar: la condescendiente actitud racista de la clase alta yucateca hacia los indígenas que trabajan en sus casas.

Las trabajadoras del hogar en México son vistas como una mascota o un objeto de la propiedad de sus empleadoras o empleadores. En el mejor de los casos, lo que se les brinda es el trato que se suele dar a un menor de edad.

En una rápida búsqueda de los contenidos publicados en redes sociales pude encontrar algunos mensajes que lo demuestran con toda claridad, como este que circuló en las redes, compartido en la cuenta «Cosas de Whitexicans», y que, para conservar en su estado original, reproduzco de manera textual: «Help ☹ Niñas mi muchacha es lo máximo de trabajadora pero huele MUY MAL!!! No se que darle o como decirle... Obviamente le compre TOOOODO (desodorante, shampoo estropajo talco loción crema de verdad TODO) le dije que quería que saliera bañadita y asi... y enserio si se baña pero como que algo de ella tiene humor muy fuerte o no se y de verdad... mi depa se esta impregnando y me quiero morir... habrá solucion algun remedio que limpie su cuerpo o no se... aparte ya no se si se vaya a ofender si le sigo insistiendo... nunca le he dicho hueles mal... le dire?».

Las respuestas no se hicieron esperar: «Hasta el humor de la cabeza les huele fuerte. Ponle uniforme, cómprale shampoo vanart, y pon en su cuarto aromatizante», escribió una persona no identificada. Una más subió una «reflexión» sobre el olor intrínseco de las distintas «razas» que la llevó a concluir que no había nada que hacer: «Hay gente que huele así, sin que se incomoden por el comentario, pero las diferentes razas tienen diferentes olores POR NATURALEZA, los indios huelen diferente a los negros, los asiáticos huelen diferente a los europeos. El olor corporal de cada persona es muy particular, hay gente que huele mas fuerte que otra (aunque se bañen, se perfumen, se pongan ropa limpia, etc.), y también influye el sudor en el olor, hay algunos que huelen muy fuerte» (*sic*).

El término *gata* captura con claridad el desprecio que existe y ha existido por años entre las clases medias y altas hacia las trabajadoras del hogar en México. En sus orígenes, los sectores urbanos, blancos y privilegiados las llamaban «gatitas» para referirse a las niñas o jóvenes indígenas, sobre todo migrantes, que llegaban de zonas rurales a trabajar en la ciudad y llevar a cabo generalmente tareas manuales, ya fuera en mercados, en puestos de garnachas o limpiando casas. Algunos consideran que el uso de este término, que también podría haber tenido una connotación sexual, tenía que ver con el hecho frecuente de que estas trabajadoras un día deciden marcharse sin avisar a nadie. De ahí la expresión «se fue como las gatas». De ser cierta esta hipótesis, es altamente probable que el desprecio hacia ellas tenga que ver con la ofensa que representa a un patrón o a una patrona que una trabajadora que consideran de *su* propiedad, que supuestamente debería mostrar gratitud hacia quienes hicieron el favor de acogerla, de pronto se libere de las ataduras y se emancipe.

Se suele creer que esa persona debería enfrentar a su empleador y darle las razones de su partida, como si en verdad estuviera en condiciones de hacerlo. Cierto, las trabajadoras del hogar muchas veces se marchan sin avisar, pero si así lo hacen seguramente es porque están cansadas del abuso y los malos tratos que reciben y porque un día deciden que quieren tener una vida propia o tan solo ser libres. Desde luego, no hay nada que pueda irritar más a una persona con la mentalidad de un capataz de hacienda que semejante afrenta. De ahí el hecho, quizá, de que el término *gata* refleje toda una idiosincrasia, cruzada por el clasismo, el racismo, el machismo y otras formas de discriminación.

ROMA, DE CUARÓN

A muchos mexicanos la aparición de *Roma* les hizo reflexionar por primera vez acerca de la discriminación que enfrentan las trabajadoras del hogar. La cinta representó un parteaguas en el cine mexicano, al encabezar la lista de nominados a los premios Óscar, incluida la categoría a la mejor actriz para Yalitza Aparicio, una joven indígena de 25 años originaria de Oaxaca, de madre triqui y padre mixteco, exmaestra de preescolar y desempleada al momento de hacer el *casting* para el largometraje. *Roma* es la historia de una trabajadora del hogar de origen indígena, llamada Cleo, basada en Liboria Rodríguez, la niñera que cuidó y crio a Alfonso Cuarón en su tierna infancia. Indudablemente, esta película dirigida por él permitió visibilizar la problemática que enfrentan estas mujeres y el drama que muchas veces son sus vidas.

En el largometraje de tintes autobiográficos, Cuarón evoca la memoria de Libo, su entrañable nana y trabajadora doméstica de la niñez, quien es retratada como una mujer indígena destinada a pasar toda su vida al servicio de quienes, con las mejores intenciones, habrán de negarle siempre el derecho a ser una persona libre e independiente. Sin lugar a dudas, *Roma* permitió generar una conversación acerca del raci-clasismo en México y la discriminación que enfrentan las trabajadoras del hogar. Rompió estereotipos y por primera vez una revista como *Vanity Fair* mostró en su portada a una indígena modelando diseños de marcas lujosas como Prada, Gucci y Louis Vuitton.

Las reacciones al largometraje también evidenciaron el racismo nuestro de cada día. La estupidez de las redes sociales afloró en todo su esplendor. Un internauta llamado Martín Peña, por ejemplo, subió a su cuenta de Facebook dos fotografías en las que Yalitza aparecía en traje de baño, con una descripción que decía: «Gracias a la Yalitza y al pendejo de Cuarón este tipo de viejas andarán de inmamables y cotizadas. Y pensar que antes eran la opción económica». Se sucedieron también otros mensajes, uno más racista que el otro: «Todos sabemos que #YalitzaAparicio no se ve guapísima, pero para ser políticamente correctos fingimos verla así» (@gfdelarosa), escribió una mujer; «Yalitza es una gran actriz y está de huevos que revistas importantes estén fotografiando a una mujer de rasgos indígenas. Pero de ahí a que sea una "belleza" o que represente "a las verdaderas mexicanas", pus no» (@AnaFloreess), señaló otra. «La prieta, aunque vista de seda… prieta queda… Siento herir la susceptibilidad, pero es la DVD» (@___escupirX11); «Me gustaría ver cuántas de las mexicanas que están ofendidísimas por los ataques racistas en contra de la maestra y actriz Yalitza Aparicio preferirían parecerse a ella que, digamos, a Scarlett Johansson» (@UnaTiaAbuela).

Parecía como si una mujer indígena no pudiera disfrutar del éxito ni merecerlo. El doble estándar con el que se juzgó a Yalitza frente a otros artistas hizo evidente que para muchas y muchos una indígena no estaba facultada para comportarse como otras celebridades. Hasta los 30 000 pesos que cobró por un *meet and greet* (cuando los fans de un artista pagan por pasar unos minutos con su ídolo) fue objeto de controversia. «30 000 por una foto?» —tuiteó alguien sorprendido—. «No pues ya ni pregunto cuanto me cobra por limpiar la casa» (@emiliomeneses6).

Dentro de la comunidad artística se expresó toda la colección tipológica de racismos. El más burdo y evidente fue el de Sergio Goyri, un mediocre actor de telenovelas, que en un video subido a las redes por su propia pareja —aparentemente de forma occidental— se quejaba en una convivencia entre amigos que se hubiera nominado al Óscar a una «pinche india que dice "sí, señora", "no, señora"». Medio en serio y medio en broma, Laura Zapata, otra protagonista de telenovelas caracterizada por un conspicuo raci-clasismo que probablemente le ayude a caracterizar al tipo de personajes que suele interpretar, exclamó en un tuit irónico: «Qué suerte, ¿no?, la suerte de las feas…», para luego aclarar: «No, no es cierto» en una típica demostración de ese racismo que proferimos en tono de «broma» para no hacernos cargo, tirar la piedra y esconder la mano.

También Elsa Burgos, una conductora de televisión e *influencer*, recordada por aparecer en el programa *Ellas con las estrellas*, dejó ver su racismo al publicar en Facebook una crítica a la actuación de Yalitza en la que argumentaba: «Ahí les va mi opinión para quien me ha preguntado. Con esto no demerito el trabajo de NADIE, cada uno sabe cómo y con qué llega a donde quiere. Pero, sinceramente, díganme, ¿les parece espectacular la actuación de Yalitza para el Óscar? ¡Ella no actuó! ¡Ella

@gfdelarosa

Todos sabemos que #YalitzaAparicio no se ve guapísima, pero para ser políticamente correctos fingimos verla así.

@AnaFloreess

Yalitza es una gran actriz y está de huevos que revistas importantes estén fotografiando a una mujer de rasgos indígenas. Pero de ahí a que sea una «belleza» o que represente «a las verdaderas mexicanas», pus no.

@___escupirX11

La prieta, aunque vista de seda... prieta queda... Sientoherir la susceptibilidad, pero es la dvd.

@UnaTiaAbuela

Me gustaría ver cuántas de las mexicanas que están ofendidísimas por los ataques racistas en contra de la maestra y actriz Yalitza Aparicio preferirían parecerse a ella que, digamos, a Scarlett Johansson.

@emiliomeneses6

No pues ya ni pregunto cuanto me cobra por limpiar la casa.

así es! ¡Así habla, así se conduce! ¡Como Cleo!». Probablemente Burgos ignoraba que antes de protagonizar el filme de Cuarón, Yalitza había sido maestra en un jardín de niños. ¿Por qué será que esta conductora de Televisa Monterrey automáticamente consideró que Yalitza en la vida real era una empleada doméstica? ¿Tan solo porque «así hablan» y «así se conducen»? ¿Porque una indígena necesariamente debe dedicarse a esa profesión?

Pero quien sin lugar a duda se ganó el premio al racismo nuestro de cada día fue Yuri, esa famosa cantante adicta al peróxido de benzoilo que en una serie de entrevistas hizo gala de una larga serie de comentarios racistas que en su propia ignorancia debe de haber sido completamente incapaz de advertir. A finales de febrero de 2019, cuando le preguntaron su opinión sobre la nominación de Yalitza al Óscar comenzó por disculparla por su apariencia, asumiendo que por sus rasgos, que se identifican como indígenas, no podía ser atractiva: «No importa el físico», aseguró. «Mucha gente dice: "Si están en Hollywood tienes que estar muy mexicana, pero muy bonita y con un cuerpazo…", y ella es todo lo contrario, o sea, quiere decir que sí se puede triunfar si tienes talento».

Unos días después, en una entrevista en el programa *Ventaneando*, la amante del rubio volvió a aparecer para hacer gala de ese típico racismo «con cariño», condescendiente, que caracteriza a nuestras élites blancas o que ansiosamente aspiran a la blanquitud. Como si se tratara de un objeto, Yuri comenzó diciendo: «Quiero que se sepa que yo quiero una persona así en mi casa […]. Yo quiero tener una Yalitza en mi casa para que ame a mi hija». Luego, como si se tratara de conservar una especie en extinción aseveró: «De verdad ese tipo de chicas sí existen todavía, pero todos quisiéramos una Yalitza en nuestra casa». Para la cantante jarocha, sin embargo, algo no encajaba en sus estereotipos: «A mí me hubiera gustado ver en *Hola* a Yalitza con un traje de la Guelaguetza, que es uno de los trajes más importantes de Oaxaca. Ahora sí que en la revista la ponen demasiado pincelada, pienso que esa no es ella. Que lo bonito de ella, es que es indígena».

Seguramente Yuri cree que una indígena por fuerza debe parecerse a ese concurso de La India Bonita sobre el que hablé en el capítulo ocho, que su verdadero lugar está en la revista *National Geographic*, en *México Desconocido* o en un folleto de promoción turística. Lo que sea menos pretender «igualarse» vistiendo las marcas para uso exclusivo de las celebridades del mundo blanco. Al final, la cantante rogó a los televidentes que le hicieran llegar cuanto antes su pedido a domicilio: «Si alguien me está viendo de ahí de Oaxaca», suplicó, «por favor yo quiero una Yalitza para mi casa, me urge. Me urge para apapacharla, para que coma con nosotros, para que se vaya de vacaciones con nosotros, para que cuide a mi hija».

Enlace a video de Goyri.

Enlace a video de Yuri
sobre Yalitzia Aparicio.

Enlace a video de Yuri
sobre Yalitzia Aparicio.

Al final, aunque *Roma* tuvo el indiscutible mérito de posicionar en el debate público la problemática de las trabajadoras del hogar, al contribuir a visibilizar a un sector discriminado que no estábamos acostumbrados —y todavía no estamos habituados— a ver, lo cierto es que no es una película *sobre* las trabajadoras del hogar ni *sobre* la identidad indígena ni *sobre* el clasismo y racismo soterrado en México.[24] En realidad, Cleo ni siquiera es la protagonista de la película porque la historia está narrada desde el punto de vista del niño que fue Cuarón, y con ello de un representante de la clase acomodada. El director de *Roma* ve a Cleo desde arriba y desde lejos, con cierta indiferencia, desconocimiento y desinterés. Lo inquietante de la película, más allá de sus virtudes, es que al final resulta incapaz de romper con el estereotipo que ese sector de la clase media acomodada tiene de las trabajadoras del hogar y de las mujeres indígenas, como seres victimistas, pasivos, serviciales y, ante todo, sumisos. Por eso es que, ante el maltrato, la discriminación y el desprecio, Cleo muestra una sumisión y pasividad sorprendentes y no es capaz de ejercer ningún tipo de resistencia ni de forma externa ni interna, mostrándose como cierta clase cree que son las trabajadoras del hogar de origen indígena: mascotas dóciles, desarmadas e indefensas.

Aunque *Roma* quiere mostrarse como una denuncia del clasismo y del racismo en nuestra sociedad, inadvertidamente lo reproduce y lo confirma. Esto ocurre en la medida en que Cleo es mostrada como un ser infantilizado, desprovisto de dignidad e incapaz de revelarse ante su situación, lo que puede verse en la manera en que asume su destino de «sirvienta», cual si se tratara de un hecho inevitable. Incluso ante la brutal explotación que sufre, el espectador nunca verá momentos de resentimiento, dolor, rabia, frustración o miedo; mucho menos un momento en el que el personaje se rebele o busque hacer algo para salir de la situación en la que está. Llama la atención que Cuarón haya sido incapaz de imaginar a Cleo, por ejemplo, quejándose en la intimidad de su cuarto de servicio. En todo momento, el personaje enfrenta la adversidad que vive desde la sumisión y hace todo lo que los demás esperan que haga. Ella no parece tener ni familia ni vida propia. Una vez más, la mujer indígena es descrita solo por su condición de trabajadora del hogar, cual si esta estuviera impregnada en su código genético.

Una más aguda visión del racismo y el clasismo que enfrentan las mujeres indígenas o de rasgos identificados como indígenas que se dedican al trabajo del hogar es la que llevó a la pantalla el director catalán, nacionalizado mexicano, Xavi Sala: *El ombligo de Guie'dani*. Con una perspectiva mucho más real de la discriminación que enfrenta este sector, la excelente cinta —que apareció poco tiempo después de *Roma*— fue capaz de proyectar las vivencias de una niña indígena zapoteca y su madre al dejar su tierra natal para trabajar en la casa de una familia de clase media en la Ciudad de México. A diferencia del trabajo de Cuarón, Sala cuenta la historia de una indígena zapoteca desde su particular mirada, e incluso recurre a su propio idioma. La profundidad con la que aborda la temática del racismo y el clasismo es mucho más potente y busca conscientemente alejarse de los estereotipos que la película de Cuarón en gran medida reafirma. Como escribió el crítico de cine Carlos Bonfil, este largometraje está hecho «a contracorriente de las narrativas tradicionales del cine mexicano, con sus sirvientas simpáticas y agradecidas, mascotas humanas».[25] Y es que, desde el rostro mismo de la protagonista, adusto y malhumorado, se puede ver la inconformidad ante una vida que ella no está dispuesta a aceptar. *El ombligo de Guie'dani* es la antítesis de *Roma* porque mientras el personaje de Cleo muestra una actitud pasiva que refuerza un estereotipo racista, la personalidad de Guie'dani refleja dignidad al mostrar el espíritu aguerrido de las mujeres zapotecas. Es la antítesis, también, porque en lugar de que alguien más cuente su historia, quien lo hace es una indígena desde su propia mirada.

15

EL RACISMO EN LA POLÍTICA

Seguramente el lector recordará este diálogo:

—Consejero presidente, a tus órdenes.

—Perdóname, perdóname, ¿puedes hablar?

—Sí, sí, sí te escucho.

—Nada en camino ya, ya hice mis trámites, ya les di asesoría a los de los pueblos indígenas, cabrón.

—¡Eso, carajo!

—¡No mames cabrón!

—[Inaudible]

—No, no, hay que escribir, ¿te acuerdas? O sea, unas *Crónicas marcianas* desde el INE, cabrón… ¡No, no, exactamente! Ray Bradbury *reloaded*. No mames, desde las dramáticas reuniones con los padres de Ayotzinapa hasta esto, cabrón. A ver, no mames, había un… no voy a mentir y te lo voy a decir como hablaba ese cabrón: «Yo jefe gran nación chichimeca, vengo Guanajuato, yo decir a ti, o diputados para nosotros o yo no permitir tus elecciones».

—[Inaudible].

—Cuando te estoy diciendo que este güey, yo no sé si es cierto que este hable así, cabrón, pero no mames, vio mucho *Llanero solitario*, con eso de toro, no mames, cabrón, no mames, solo le faltó decir: «Yo gran jefe toro sentado líder gran nación chichimeca», no mames, cabrón, está de pánico, cabrón, pero acabamos muy divertidos o acabamos en el psiquiatra...

Aunque esta es solo una muestra de la mentalidad racista de nuestra clase política, este famoso intercambio que protagonizó Lorenzo Córdova Vianello, presidente del Consejo General del INE, con uno de sus colaboradores es revelador. El diálogo, que podría haber sido pronunciado por varios otros políticos en la comodidad de su *living room*, ilustra el desconocimiento y desprecio que buena parte de nuestras élites políticas e intelectuales profesa hacia los pueblos originarios. A pesar del escándalo que generó, hay una larga colección de declaraciones racistas entre los políticos mexicanos —unas de racismo explícito y otras involuntarias—, comenzando por descalificaciones abiertas a los afrodescendientes, pasando por el uso del término «negro» como insulto, hasta expresiones de rechazo abierto a todo lo indígena.

Ya se mencionó cómo en 2005 Vicente Fox, al referirse a la situación en la que vive la población mexicana en Estados Unidos, aseguró que nuestros connacionales ocupan allá puestos de trabajo que «ni siquiera los negros quieren hacer».[1] Con ejemplos de ese tipo, pronunciados desde las más altas esferas del poder, no hay mucho que esperar del resto de los políticos. En 2014, por ejemplo, el panista Carlos Manuel Treviño Núñez, entonces secretario de Desarrollo Social de Querétaro, llamó «simio brasileño» a Ronaldinho en sus redes sociales, para luego ofrecerle una «sentida disculpa» por su «desafortunado comentario» (no sabemos a ciencia cierta si su pensamiento fue igualmente sentido en la comodidad de su *living*).[2]

En abril de 2016 una diputada priista del Congreso de Guanajuato, Luz Elena Govea López, formuló una serie de declaraciones ante un grupo de mujeres indígenas que acudieron a plantearle ciertas demandas.

Su ignorante declaración muestra el tipo de preconceptos que existen frente a los indígenas: «Yo me las imagino [a ustedes] en el campo, yo las creo en sus casas haciendo artesanías [...] porque si ustedes deciden abandonar sus tierras y sus tradiciones, el pueblo mexicano nos quedamos sin nuestras raíces. Los necesitamos vendiendo los productos de la tierra, yo no sé quién lo haría si no lo hacen ustedes, no es indigno, es algo que necesitamos, es parte de nuestra cultura, de nuestra manera de vivir. Creo que algunos nos ganamos la vida detrás de un escritorio, otros nos la ganamos labrando la tierra, otros nos la ganamos cortando los nopalitos».[3]

Enlace a video de la diputada
Luz Elena Govea López.

Además de exhibir su manera de estereotipar a los indígenas como si necesariamente tuvieran que dedicarse a las artesanías y pertenecer al mundo rural, lo grave de la declaración —que para colmo fue pronunciada por quien fungía como presidenta de la Comisión de Derechos Humanos y Atención a Grupos Vulnerables en la legislatura estatal— es considerar que los indígenas tienen una función específica en la sociedad: que a ellos les toca desempeñar determinado tipo de actividades por ser indígenas. Al analizar estas declaraciones, Federico Navarrete las consideró una manifestación de «maternalismo» (una versión tierna del paternalismo autoritario) y criticó a la legisladora por tener en su cabeza «un imaginario régimen colonial de castas en que los indios deben resignarse a ser felices ocupando la posición más humilde de la sociedad».[4] Eugenia Iturriaga, por su parte, encontró en esas expresiones un doble discurso porque se exhorta a los indígenas a continuar en el campo con el motivo de no perder sus raíces pero se les mantiene en una situación de marginación.[5]

Algunos altos funcionarios del gobierno federal se han visto comprometidos en otras declaraciones polémicas de trasfondo racista. Una de ellas, cuando Rosario Robles, siendo secretaria de Desarrollo Social, criticó a las familias indígenas por tener muchos hijos y las instó a no «andar haciendo cuentas» para recibir más beneficios del programa Oportunidades, el cual se asignaba a partir del número de hijos que tenía cada familia. Los dichos de Robles cayeron especialmente mal porque se arrojaba el derecho de decirles a las familias indígenas cuántos hijos debían tener (la familia —decía—, solo saldrá adelante si es «pequeña»), tratando una vez más a estos pueblos como si fueran menores de edad e incapaces de tomar sus propias decisiones. ¡Qué curiosas son este tipo de afirmaciones! Jamás hemos visto que a una autoridad se le ocurra cuestionarle a una mujer blanca, de clase alta y modales «refinados» —por ejemplo, a alguien como la conductora Inés Gómez Mont que ya va por el séptimo descendiente— cuántos hijos o hijas debe tener. Probablemente tampoco nos ha tocado presenciar que a este tipo de mujeres se les implante un DIU o se les liguen las trompas en un centro de salud sin su consentimiento. ¿No se suponía que hay un artículo de la Constitución que dice que toda persona tiene derecho a decidir de manera libre el número y el espaciamiento de sus hijos?

Otro episodio que ilustra el desdén con el que altos funcionarios han tratado a los indígenas se produjo cuando la mismísima titular de la Comisión Nacional para el Desarrollo de los Pueblos Indígenas, Nuvia Mayorga, luego de intentar infructuosamente pronunciar una serie de nombres de estos pueblos, exclamó: «Es que luego sus nombres son medio raros».[6] Así dijo, «medio raros»... una funcionaria al frente de una comisión que tenía entre sus responsabilidades de ley «observar el carácter multiétnico y pluricultural de la Nación», «promover la construcción de una sociedad incluyente, plural, tolerante y respetuosa de la diferencia y el diálogo intercultural» y un blah, blah, blah.[7] Cabría preguntarse si el simple hecho de tener un perfil como el suyo al frente de esta dependencia no es una demostración del desinterés y abandono que históricamente han mostrado los sucesivos gobiernos hacia los pueblos originarios.

Otras declaraciones en las que no se invoca abiertamente a los indígenas tienen también un trasfondo racista. Al decir, por ejemplo, que «si México no tuviera que cargar con Guerrero, Oaxaca y Chiapas, sería un país de desarrollo medio y potencia emergente», como tuiteó Gabriel Quadri en enero de 2019, excandidato a la presidencia por el partido Nueva Alianza, el político y empresario ambientalista sugería precisamente que dos de los estados con mayor población indígena en el país y menores índices de desarrollo representan para él un lastre. Además de existir una correlación entre racismo y clasismo, el hecho de satanizar a una población entera y una cultura determinada, considerándola como atrasada o premoderna es otra de las formas en que por lo general se manifiesta el racismo; no necesariamente de manera directa en este caso, sino de forma implícita. Como lo escribió Gibrán Ramírez en uno de sus artículos periodísticos, uno de los tópicos del discurso racista es precisamente el esencialismo geográfico, el cual consiste en la presunción de que alguien es de cierto modo por ser de cierto lugar.[8]

Algunos políticos han pagado un costo muy alto por la manera impulsiva en que han demostrado su racismo. Tal fue el caso de la expriista Liliana Sevilla Rosas, quien tuvo que renunciar a su puesto de directora del Instituto Municipal de la Mujer en Tijuana, después de publicar en Facebook: «Qué tal que lo mío está en Europa y yo aquí sufriendo con estos indígenas». Y ni hablar de cómo un funcionario panista de la entonces delegación Benito Juárez, Pedro Torreblanca, tuvo que dejar su puesto luego de expresarse así en Facebook: «Lo vuelvo a decir, todos los que opinan en este foro seguramente son perredistas, más prietos de piel que nada, jodidos, rojillos y sin varo. Arriba los mexicanos de raza blanca y clase alta. Todos los demás son una mierda, incluyendo a este foro lleno de chusma asquerosa».[9] Al día siguiente el funcionario atribuyó el comentario a que un bromista le había robado el celular. Cada quién creerá su propia versión.

LA BLANQUITUD EN LA CÚSPIDE DEL PODER POLÍTICO

Desde tiempos coloniales, la élite política mexicana estuvo desproporcionadamente conformada por blancos de origen europeo. El acceso a posiciones de poder siempre fue más difícil para quienes no cumplían con ese perfil. Así, por ejemplo, cuando Vicente Guerrero llegó a ser presidente de México fue visto con un desprecio abiertamente racista por dirigentes de las élites criollas, como el conservador Lucas Alamán.[10] A diferencia de lo que se observa en el blanco mundo empresarial, el México no blanco ha encontrado en la política un espacio más incluyente para el ascenso social. Como se mencionó páginas atrás, dos de los grandes presidentes mexicanos del siglo XIX —Benito Juárez y Porfirio Díaz— eran hombres de origen indígena. Aun así, se trataba de sujetos a los que el poder «blanqueó», al punto de apartarse de la cultura indígena; no es casual que los dos se casaron con damas de raigambre criolla.[11] Más notorio es el caso de Díaz, quien utilizaba polvos blancos para blanquearse el rostro y prohibió de manera terminante ser retratado como un hombre de tez morena.

En la medida en que la política en México ha ofrecido oportunidades para el ascenso social, también ha sido un espacio en donde se observan tonalidades de piel más parecidas a las del México real. A diferencia de lo que ocurre en otros sectores como el empresarial, publicitario y mediático, donde la tez blanca está altamente sobrerrepresentada, este ámbito se caracteriza por una mayor diversidad de pigmentos, a pesar de que la sobrerrepresentación no desaparece. En la actual LXIV Legislatura de la Cámara de Diputados, por ejemplo, tan solo 31% de sus integrantes son de tez clara.[12] Lo que pudimos observar, sin embargo, es que —en un fiel reflejo de lo que ocurre en el país— a medida que ascendemos en la jerarquía de poder se incrementa también el porcentaje de blanquitud y el tono moreno disminuye. Ya en el caso del Senado de la República, encontramos 43% de senadores de tez clara, aunque en algunos grupos parlamentarios —como el PVEM y Movimiento Ciudadano— el porcentaje de blancura alcanza 83% y 75% respectivamente.[13]

Para cuando llegamos a las más altas esferas de la administración pública federal, los niveles de claridad en la piel no son muy distintos a los observados en el sector privado. Al revisar las tonalidades de piel de quienes se inauguraron como secretarios de Estado en las tres últimas administraciones vemos que el gabinete de Felipe Calderón tuvo 75% de políticos de tez blanca, mientras que con Enrique Peña Nieto alcanzó 68%. Solo en el gobierno de Andrés Manuel López Obrador se encontró un mayor equilibrio, al registrarse 50% de blancura.[14]

Por su parte, en el caso de los gobernadores de las 32 entidades federativas 56% es de tez blanca,[15] al igual que 64% de todos los ministros de la Suprema Corte que han ocupado un asiento desde 1995. Incluso entre los rectores de las principales universidades del país predomina la tez clara, aunque hay una diferencia importante entre quienes están al frente de instituciones públicas y quienes encabezan las privadas. Mientras que en las primeras tan solo 31% tiene un tono de piel claro, en las segundas es de 52 por ciento.[16]

Más impactante aún que la sobrerrepresentación de la blancura en nuestra clase política son las evidencias de que la ciudadanía tiene una preferencia por candidatos blancos y de aspecto europeo. Un estudio lo demostró al simular distintos perfiles de candidatos y pedirle a la gente elegir a los de su preferencia, tras enseñarles una lista ficticia en la que aparecían fotografías con fenotipos europeos, mestizos e indígenas. A las 250 personas entrevistadas en centros comerciales, cafés, tiendas y plazas públicas se les preguntó qué tipo de candidatos les parecían más confiables y competentes y por cuáles eventualmente votarían. El resultado fue impactante: más del doble prefería sufragar por candidatos de tez blanca; 38% de los entrevistados expresó su preferencia por candidatos de tez clara, 16% por indígenas, 13% por mestizos y el restante no se pudo asociar a factores vinculados al tono de piel. De forma consistente los encuestados preferían a los presuntos candidatos de tez blanca, a los que consideraron «mejores líderes», «más capacitados» y con mejores atributos personales.[17]

Es probable que quienes se dedican al *marketing* político han estudiado todo esto porque, como parte de los retoques que por lo regular hacen a las imágenes de los candidatos, además de quitarles imperfecciones en el cutis, agrandar sus ojos, quitarles la papada o afilarles la nariz, también optan por aclararles la piel para agradar más al electorado. Diversos artículos en la prensa han dado cuenta de cómo varios candidatos a gobernadores —en especial las mujeres, quienes suelen ser objeto de un mayor escrutinio sobre su imagen— han utilizado ese tipo de estrategias: desde Sonia Mendoza, candidata del PAN a la gubernatura de San Luis Potosí en 2015 y una de las más evidentes, hasta otras de piel más clara como Claudia Pavlovich, quien compitió exitosamente por la gubernatura de Sonora,[18] pasando por Josefina Vásquez Mota, candidata por el PAN a la presidencia de la República en 2012. En algunos casos el bisturí digital ha hecho que algunos de los «candidatos Photoshop» terminen por parecer personas completamente nuevas.[19]

EL CASO MARICHUY

En la elección de 2018 se produjo un acontecimiento inusitado: una mujer indígena, María de Jesús Patricio, conocida como Marichuy, decidió buscar la candidatura independiente a la presidencia de la República. Vale la pena revisar esta historia porque tanto su campaña, que no llegó siquiera a juntar las firmas necesarias para obtener el registro, como las respuestas de la sociedad y las instituciones públicas difícilmente pasarían las pruebas de nuestra tipología de racismos. Unos cuantos meses de campaña condensaron el racismo frente a los indígenas en México y las dificultades que representa para estos pueblos ejercer cualquier derecho, incluido el derecho a la participación en asuntos públicos.

La campaña de Marichuy se enfrentó desde el comienzo a todo tipo de racismo, comenzando por las reacciones que generó su candidatura en las redes sociales. Para muestra, algunos tuits que transcribo de manera literal: «Esa Marichuy se parece a la que limpia mi casa» (@GonzAndRoses2); «¿Quién es Marichuy y por qué no está haciendo pozole? (@elsuciosam); «Yo si voy a votar por #Marichuy, se ve que si sabe limpiar a México» (@WendyGPL); «No es bueno burlarnos por Twitter de #Marichuy, ya que ni leer sabe, mucho menos prender una computadora» (@jmigueltictli); «Las elecciones del 2018 estarán plagadas de payasos, mesías, salvadores del mundo y esta india #Marichuy (@Waffen45); «¿Se imaginan a Marichuy en la presidencia? Podríamos andar en huaraches y en pants por todo México. Es hermoso» (@Manenzio).

Fuera del canalla anonimato de las redes sociales, la primera campaña a la presidencia encabezada por una mujer indígena también se enfrentó a otra forma más sutil, pero no menos grave, de racismo: ese que, al invisibilizar a ciertos grupos, acaba por negarles sus derechos o los coloca en una situación de enorme desventaja. Para Marichuy y sus seguidores dentro del Congreso Nacional Indígena, las dificultades de hacer una campaña fueron mucho mayores que para el resto de los candidatos, al grado que hacia mediados de octubre de 2017, cuando ya se habían registrado 36 aspirantes a precandidatos independientes a la presidencia de la República, solo ella había tenido problemas para cumplir el requisito más básico y sencillo orientado a asegurar la candidatura independiente: abrir una cuenta bancaria.[20] Frente a las acusaciones de discriminación por parte del banco, HSBC, una vocera de la entidad financiera argumentó que, por tratarse de una asociación civil la que había solicitado abrir la cuenta, el proceso era más complicado. Finalmente, otro banco aceptó abrirle una, pero el proceso demostró cómo nuestro sistema financiero simplemente no está hecho para todos.[21]

@GonzAndRoses2

Esa Marichuy se parece a la que limpia mi casa.

@elsuciosam

¿Quién es Marichuy y por qué no está haciendo pozole?

@WendyGPL

Yo si voy a votar por #Marichuy, se ve que si sabe limpiar a México.

@jmigueltictli

No es bueno burlarnos por Twitter de #Marichuy, ya que ni leer sabe, mucho menos prender una computadora.

@Waffen45

Las elecciones del 2018 estarán plagadas de payasos, mesías, salvadores del mundo y esta india #Marichuy.

El segundo requisito era registrar el apoyo de 800 000 simpatizantes por vía electrónica, a través de una aplicación para celular, el cual resultó aún más difícil de cumplir. A las instituciones electorales no se les ocurrió pensar en la dificultad que representa para un número importante de comunidades indígenas en el país acceder a la luz, a la red telefónica y a un teléfono celular.[22] Por lo visto, tampoco pensaron que para instalar la aplicación que se requiere para llevar a cabo el proceso se necesita un tipo de teléfono inteligente que cuesta por lo menos unos 5 000 pesos, algo que a la mitad de la población mexicana le costaría un mes de su salario y que para gran parte de los indígenas resulta inaccesible. Como quienes tomaron las decisiones invisibilizaron en su mente a los pueblos indígenas, recurrieron a una tecnología que acabó por excluir a una parte importante de ellos del proceso, al generar una enorme dificultad para lograr juntar el número de apoyos necesarios.

16

LA PEJEFOBIA

En marzo de 2018, durante el proceso electoral, escribí un artículo en mi columna de *El Universal* titulado «La pejefobia», que comenzaba así: «Un sentimiento recorre el país desde hace dos décadas: se llama pejefobia. Presente entre sectores de la clase política, el empresariado, la comentocracia, la clase media y los usuarios de redes sociales, la pejefobia es un miedo irracional e infundado a ya sabemos quién». Decía entonces que, a pesar de que López Obrador había moderado significativamente su discurso, optado por aproximarse a los empresarios y acercarse al centro político, persistía una fobia en contra del entonces candidato que iba más allá de argumentos razonables y racionales. Señalé que la pejefobia era (y es) «el rechazo a que un sujeto de origen humilde ocupe o pretenda ocupar un espacio de poder que se considera reservado a las élites. Es el temor a que un rústico pueblerino que nació en una localidad perdida en la Macuspana, cuya madre vendía abarrotes en una panga; alguien que se come las eses, no habla idiomas ni tiene posgrados en el extranjero pretenda ser presidente de la República».

Aunque expuse que la pejefobia está hecha de clasismo y elitismo, apunté que en su manifestación más extrema también es una forma de racismo. A manera de ejemplo cité cómo por aquellas fechas, después de sostener un acalorado debate con un empresario antiAMLO, este simplemente había concluido la discusión argumentando que no votaría por él por ser «un naco». Todavía recuerdo que el hombre agregó con cierto descaro: «Aunque tengas razón en lo que dices, yo no votaría nunca por él porque es un pinche naco». Por todo ello es que en mi artículo sobre la pejefobia argumenté que esta frase es mucho más que el rechazo a un político o a una persona. Por el contrario, decía, «es el desprecio a lo que esta representa. Es el miedo de los privilegiados (y los advenedizos que se identifican con ellos) a la "plebe" que pretende igualárseles. Es el temor a que "los jodidos" o "los rotos" irrumpan en la escena pública. Es el rechazo a empoderar —aunque solo sea simbólicamente— a los desposeídos».[1]

Mientras a los pejefóbicos les inquietaba el clásico «frijol con gorgojo» de AMLO y su manera de hablarle al pueblo llano, a todas luces se sentían más cómodos con José Antonio Meade, el candidato del PRI, o con Ricardo Anaya, que presumía hablar inglés y francés, y ser un hombre de mundo, aunque le sobrara mundo y le faltara México. Seguramente cualquiera de los dos les parecía a los mirreyes «Gente Como Uno» (GCU, como algunos prefieren decir). El artículo que entonces escribí terminaba así: «La amlofobia y la pejefobia tomaron fuerza cuando AMLO hizo público su objetivo de convertirse en presidente. La campaña del "peligro para México" supo atizar esos sentimientos. Y aunque el mismo hombre que acuñó aquella frase hoy señala que López Obrador ya no representa ningún peligro, las fobias persisten, tal vez porque nos ponen frente al espejo de nuestros prejuicios y de nuestras históricas y persistentes desigualdades».[2]

Visto a la distancia, quizá haría falta agregar que, más que a la persona de López Obrador, el verdadero raci-clasismo —la verdadera pejefobia—, es la que se dispara contra sus seguidores. Recordemos que desde 2006 circulaba un «chiste» —que volvió a aparecer en las redes sociales en 2018— en el que AMLO promocionaba la nueva imagen de

una marca de comida para felinos. «¿En qué se parecen López Obrador y Whiskas?», se preguntaba. «En que ocho de cada diez gatos los
prefieren».[3] El mensaje no podría ser más discriminatorio. La forma de
referirse a los seguidores del político tabasqueño adquirió una connotación abiertamente discriminatoria, la cual tuvo su expresión más clara
en el empleo del término *morenacos*, una forma de denigrar de manera
simultanea a los simpatizantes del partido y a las mayorías de tono
cobrizo que habrían apoyado la candidatura de López Obrador. La
manera en que los seguidores del presidente fueron reducidos a una
condición infrahumana, al ser asociados a un carácter animal, es típica
del racismo y se expresó de forma diáfana a través del término «perrada», empleado en numerosas ocasiones por el expresidente Vicente
Fox y repetida por muchos más.

Ya desde junio de 2006, en un texto muy comentado de Enrique
Krauze titulado «El mesías tropical», se caricaturizaba a los seguidores
de AMLO como un conjunto de fanáticos inconscientes.[4] Al verlos como
seres irracionales y gente que no piensa —o como una «feligresía irracional» para utilizar las palabras de Isabel Turrent—, no se hacía solo
una crítica al fanatismo político que ciertamente caracteriza a una parte
de los seguidores del líder de la autoproclamada Cuarta Transformación. El discurso que inauguró Krauze, que más tarde tuvo varios co-
rifeos, tenía un subtexto poderosamente raci-clasista: uno en el que las
mayorías de tez morena simpatizantes de AMLO son vistas como gente
que no piensa, que no está educada; personas ignorantes y desinforma-
das que, al ser incapaces de ejercer su propio criterio y capacidad de
discernimiento, estarían votando con el hígado, antes que con la cabeza. Qué mejor ejemplo de ello que el término *pejezombie*, utilizado en las
redes sociales, o el caso de aquel empresario que, en mayo de 2019, en
una pequeña marcha organizada por sectores de la clase alta en contra
del gobierno, me dijo que los seguidores del «tabasqueño» tenían el ce-
rebro «más pequeño» igual que sus propios trabajadores, como aseveró
sin el menor pudor.[5]

Enlace a entrevista completa
en la marcha contra AMLO.

La cantidad de epítetos utilizados por políticos, comentócratas y periodistas para referirse a los seguidores del presidente muestra en gran medida el nivel de raci-clasismo que se instaló en el debate público mexicano de cara a la elección. Entre los políticos, Diego Fernández de Cevallos les dijo «súbditos de un orate», y Pedro Torreblanca, el funcionario dimitido en julio de 2014 por expresiones racistas en la delegación Cuauhtémoc, les llamó «jodidos, prietos sin varo». Sabemos que entre los comentócratas las cosas no fueron muy diferentes. Krauze señaló que los seguidores de AMLO eran una «medida de miseria humana»; Ricardo Alemán los llamó «legión de idiotas»; David Páramo, «chairos huevones»; Carmen Salinas, «resentidos sociales, pobres y sin estudios; Macario Schettino, «zoológico»; Víctor Trujillo, «masa ignorante», y seguramente se me pasarán muchos epítetos más.[6]

Uno de los episodios más embarazosos de la precampaña tuvo lugar en Tabasco, cuando en un mitin el entonces presidente del PRI, Enrique Ocho Reza, pensó que resultaría gracioso llamar «prietos» a los priistas que se habían marchado a Morena. Así les dijo: «Aquí está reunido el priismo real y profesional de siempre en Tabasco. En cambio, hay algunos que se van huyendo a Morena, son los prietos y a esos prietos les vamos a demostrar que son prietos, pero ya no aprietan».[7] Más tarde bajó el tuit que mostraba el video y emitió esta torpe disculpa: «Fue un error de apreciación y por eso he borrado el tuit y ofrezco una sincera disculpa. Soy una persona orgullosa del color tostado de mi piel. Jamás haría un señalamiento negativo a las personas que tienen el mismo tono de piel que yo». No podemos saber si el entonces presidente del PRI tuvo o no una intención racista explícita. Lo que llama la atención, quizá, es que Ochoa Reza piense que el tono de piel moreno exime a una persona de ser racista, cuando el racismo está en todos nosotros, incluso en quienes se nos parecen, en quienes tienen el mismo tono tostado en la piel.

La disputa entre chairos y fifís —a quienes López Obrador también se ha referido como «pirrurris» o «señoritingos»— está cruzada por una dimensión racista. En el imaginario social mexicano, salvo contadas excepciones, difícilmente pensamos en «el chairo» como una persona de tez blanca o en «el fifí» como alguien de piel oscura.

Cuando ganó López Obrador, por ejemplo, Gloria Lara, una activa tuitera de tez clara con 254 000 seguidores, escribió en la red: «AMLO representa al mexicano mediocre, ese que está resentido con la vida, que no tolera que a alguien más le vaya bien, ese mexicano que no asume responsabilidades, que quiere todo arreglado y espera a que el gobierno le resuelva la vida» (@Glodejo07). De nuevo es evidente que, al pensar en ese sujeto político «mediocre» y «resentido con la vida», Gloria —al igual que muchos otros— tiene en mente a una persona morena y pobre. Valga decir que el mismo personaje demostró su racismo —ahora sí de manera más abierta— cuando unos meses después afirmó: «¿En qué momento se volvió "pecado" y algo malo tener la piel clara y que te alcance para comprar un café de Starbucks? ¿Qué onda con ustedes amigues chaires quién les hizo tanto daño? O sea... 🐷». Muy probablemente Daniel Mont, otro joven de tez blanca con más de 7 000 seguidores, también tenía en mente a la masa de pobres morenos cuando señaló: «No me quiero ver superficial ni nada (sí) pero no conozco a una sola persona atractiva que esté genuinamente a favor de todas las pendejadas de AMLO y Morena» (@danielm0nt). Estas afirmaciones ilustran hasta qué punto a un sector social le ha costado asimilar el peso simbólico de la victoria obradorista.

Y si por sus tuits los conoceréis, quienes en esta disputa entre chairos y fifís pasaron a identificarse orgullosamente como parte del segundo grupo no necesitan subtítulos. La exsenadora Mariana Gómez del Campo hizo explícito su racismo, luego de la boda de César Yáñez, ese cercano colaborador de López Obrador criticado por la ostentación con que celebró su boda en octubre de 2018. Gómez del Campo compartió y celebró una caricatura de Osvaldo Monos en la que aparecía un perrito blanco de *pedigree* en la parte superior y otro callejero en la inferior, mal vestido, desaliñado y de piel oscura que decía: «En México hay... fifí de raza y fifí de ocasión» (véase el capítulo 11). Para justificarse ante las críticas de clasismo y racismo que siguieron a su tuit, la exsenadora se escudó en el recurso del humor, ese con el que tantas veces nuestra cultura justifica su racismo. «Es una caricatura... tranquilos», escribió sin jamás ofrecer una disculpa a los millones de personas que ofendió a través de un mensaje abiertamente racista.[8]

La lista de expresiones raci-clasistas que han tenido lugar en las redes sociales en el marco de la disputa entre chairos y fifís daría para escribir un libro entero. «¿Qué se necesita para que te llamen fifí privilegiado?», se preguntaba Lía Trueba, otra tuitera de tez clara con más de 50 000 seguidores, a quien su amigo Sergio Negrete (@econokafta), profesor del Tec y exfuncionario del FMI, describe como «brillante, mordaz, sarcástica y demoledora de los políticamente correctos». «Prácticamente no mucho», se contestaba a sí misma (@liatrueba), quien en su propio perfil se define como «Abogada, librepensante» y «derecha dura». «Basta con tener un trabajo asalariado, criticar al presidente y bañarse 😊». El texto del mensaje no era explícito en cuanto al tono de piel, salvo que junto a dicho mensaje aparecía (¿acto fallido?) un emoji rubio y de piel clara. Poncho Herrera, otro tuitero que se identifica como «ni de derecha ni izquierda, simplemente mexicano», entendió a la perfección el mensaje de Trueba, quizá formulado de manera vergonzante, y lo tradujo así: «Color de piel clara/ Haber estudiado en escuela privada/ No odiar a los exitosos» (@ponchoherrera).

Los ataques racis-clasistas contra AMLO y los suyos en redes estu-
vieron presentes desde el día que ganó la elección, junto al temor y el
rechazo a eso que «los de abajo» habían demostrado poder conquistar
por la vía del voto. La misma noche del 1º de julio se podía leer en
Twitter, bajo los hashtags #MeDuelesMéxico #AmloNoesMiPresidente,
#MeDasPenaMexico o #SonMasLosChairos», comentarios raci-cla-
sistas como estos: «¿Qué onda con todos esos nacos que están en el
Zócalo?» (@marielali_); «El país secuestrado por morenacos» (@Ne-
cioyayayayin); «Llegamos al punto en que a los nacos les da orgullo
ser nacos!» (@Kris_Carstens); «Ahora sí prietos en aprietos, durante 6
años» (@AnitaBalderas); «No puede ser que hoy gana la ignorancia, el
analfabetismo, la mediocridad, el rencor y el odio» (@_AndreaFda07);
«Un tipo ignorante será presidente de #México, y será de todos […] un
INEPTO que no sabe Inglés, ni Español; qué vergüenza» (@vsantiago11);
«Ganó el rencor, el odio, la estupidez y la ignorancia. Ganó el nini, el
web_on y web_ona, esos que estiran la mano para que su líder supre-
mo los mantenga y les resuelva la vida, ganó el mediocre que no lucha
día a día por salir adelante buscando una mejor vida» (@reddelb); «Me
pone triste ver cómo la mayoría de los jóvenes íbamos con "Anaya" y
de todas formas ganó la pobreza, ganó el México mediocre» (@Sofyy_
dmc); «Y la clase media y trabajadora chínguese a mantener pobres y
huevones» (@Bibiana2056).

En los días previos a la elección había circulado ya un meme en el
que se comparaba a las familias de López Obrador y Ricardo Anaya
(candidato del Frente) y se preguntaba a los internautas a quiénes preferían mantener con sus impuestos: si a los hijos rubios del panista o a
los morenos de López Obrador. Frente al hijo menor del presidente la
legión de idiotas en Twitter fue aún más despiadada, después de aparecer una fotografía en la que se había pintado un mechón de pelo color
rubio que le hizo ganarse el apelativo de «chocoflan» —término inven-
tado por el comediante raci-clasista Chumel Torres— y comentarios
como «nada más de ver al hijo de AMLO ya me falta mi celular, mi cartera

y los retrovisores de mi carro» (@Rorromainero). Otro tuit decía: «En otro tema, me da más asco que pena el hijo de AMLO» (@karlalperales).

Con López Obrador llegó al poder «un México que las élites mexicanas llevan décadas (si no es que siglos) desdeñando, negando y desconociendo de forma sistemática y deliberada», escribió Blanca Heredia en un artículo revelador publicado en *El Financiero*.[9] En efecto, parte de ese pueblo que hemos desdeñado llegó a ocupar espacios de poder junto a AMLO, marcando en el plano simbólico y real, la conformación de una nueva élite gobernante de origen más popular e incluso con un tono de piel más parecido al del México real.[10] El fenómeno no es muy distinto del que se ha vivido en otros países de Sudamérica en los cuales han llegado al poder gobiernos de izquierda, con una fuerte base social y popular que ha permitido que una élite distinta ocupe sitios de influencia política. Ahí están, por ejemplo, los casos de Evo Morales, con el movimiento indígena, o Lula da Silva, con el movimiento sindical, por mencionar solo algunos.

La *fificracia* mexicana, que por años ha estado acostumbrada a ocupar un sitio que cree merecer simplemente por su cuna, no ha recibido bien la irrupción de esa nueva élite. Dos ejemplos claros son el de la senadora Citlalli Hernández y el de Gibrán Ramírez, secretario general de la Conferencia Interamericana de Seguridad Social, un organismo internacional dependiente del gobierno mexicano. La crítica a ambos se ha centrado de forma desproporcionada en su apariencia física. Un día, sin más, la actriz Laura Zapata llamó en un tuit a la senadora Hernández «gorda traicionera y quesadillera». Al día siguiente lo volvió a hacer: «Vulgar y corriente», le dijo: «Regresa a tu puesto de quesadillas, no vas con la política! Lo tuyo, lo tuyo, es la masa!». Las palabras de Zapata muestran claramente la forma en que un sector se siente agraviado en lo personal ante la irrupción de sectores de raigambre popular o con una tonalidad de piel más oscura a la habitual en los espacios de poder. Aunque la cuenta de Zapata fue suspendida, su tuit incitó una serie de mensajes de odio igualmente insultantes y discriminatorios:

@MedRoman
Oye no te preocupes no solo ella te aborrece, india, panzona, asquerosa y ratera, todo un prototipo ideal para venderte por kilo, marrana HDTP E INDIA MADRE...

@Echeabuelo
Después de comer solo frijoles toda su vida, ahora adorando al Ganso y puliéndole el trofeo ya se puede dar sus gustitos el Cerdo olmeca.

@friusa
Ya cálmate chaparrito, nos vale madre donde comas, mientras no sea cerca de mí, y que vino tomes. Por más que intentes siempre serás el mismo chaparrito resentido y acomplejado de siempre.

@JoseLuisLechuga
Ya no me critiquen a mi artesanía prehispánica de @gibranrr entiendan que apenas va conociendo lo que es comer caliente, por un lujito que se haya dado no pasa nada. Como todo buen naco quiere probar lo que nunca había tenido.

@robertocpj1982
Por mí traga donde sea, eso me viene valiendo madres total así tragues caviar, kobe o el corte más fino lo mierda y resentido no se te va a quitar o en otras palabras: la mona aunque se vista de seda mona se queda.

@traigohuevaa
Dejen de subir la foto del indio asqueroso del @gibranrr ya hasta me dio asco el tan solo ver su bigote de mugre.

«#GordaTraicionera CENADORA deja de hacer el ridículo, naca de cuarta, la señora sí es una dama, no como tú, lo que tienes que hacer para tragar, pobre de ti gordis, naca y corriente» (@mt_7226). Otro más escribió: «Oye no te preocupes no solo ella te aborrece, india, panzona, asquerosa y ratera, todo un prototipo ideal para venderte por kilo, marrana HDTP E INDIA MADRE...» (@MedRoman). Estos mensajes de odio —cuyas cuentas a mi juicio deberían ser suspendidas— hacen que uno dude quiénes son realmente los «resentidos» a los que tanta referencia hacen los enemigos de la 4T.

Algo similar ha ocurrido con Gibrán Ramírez en su labor mediática como promotor del obradorismo. Una amplia colección de insultos discriminatorios se dirigió en su contra durante el primer año de gobierno. Al igual que ha ocurrido con la senadora Hernández, cada vez que Ramírez aparece envuelto en una polémica una cantidad desproporcionada de comentarios tiene que ver con su apariencia física. La han dicho «trepador», «monigote», «cantinflas», «come-tortas», «niño con tetas», «chairo», «naco», «indio», «gato», «ídolo olmeca». El caso de este funcionario ilustra, además, la molestia que le causa a un sector de la población el que una persona de rasgos que se identifican como indígenas y un fenotipo y tono de piel que en México automáticamente se asocia a la pobreza, haya ascendido en la escala social gracias a su trabajo como funcionario; que ocupe espacios de poder y acceda a sitios de privilegio que se consideran reservados a élites de apariencia europea. En el fondo, lo que les molesta es que aparezca en «sus medios», que use trajes, que tenga choferes y asistentes como ellos y que coma en «sus» restaurantes.

Llama la atención, por ejemplo, la cantidad de veces que ha sido exhibido en redes sociales por acudir a un restaurante lujoso. En una ocasión, por ejemplo, fue a cenar al San Ángel Inn, un sitio aspiracional donde típicamente departe la clase política mexicana sin que sea juzgada. «Después de comer solo frijoles toda su vida, ahora adorando al Ganso y puliéndole el trofeo ya se puede dar sus gustitos el Cerdo olmeca» (@Echeabuelo), le pusieron. «Ya cálmate chaparrito, nos vale madre donde comas, mientras no sea cerca de mí, y que vino tomes. Por más que intentes siempre serás el mismo chaparrito resentido y acomplejado de siempre» (@friusa). «Ya no me critiquen a mi artesanía prehispánica de @gibranrr entiendan que apenas va conociendo lo que es comer caliente, por un lujito que se haya dado no pasa nada. Como todo buen naco quiere probar lo que nunca había tenido» (@JoseLuis-Lechuga). Y uno más le recetó: «Por mí traga donde sea, eso me viene valiendo madres total así tragues caviar, kobe o el corte más fino lo mierda y resentido no se te va a quitar o en otras palabras: la mona aunque se vista de seda mona se queda» (@robertocpj1982).

De forma persistente, este funcionario ha sido objeto de todo tipo de humillaciones, también mensajes de odio que solo muestran el rechazo a que un sector de la población ocupe un sitio que se considera reservado para las élites de piel clara y fenotipo europeo: «Feo!! Mamón!!! Y resentido… eres un asco de "ser humano"» (@sumajestter); «Madre Santa! Te veo y confirmo que tus papás no le echaron ganitas contigo… Feo, resentido y con un complejo de inferioridad tremendo. Aunque el olmeca se vista de seda, olmeca se queda» (@NYM13A); «Dejen de subir la foto del indio asqueroso del @gibranrr ya hasta me dio asco el tan solo ver su bigote de mugre» (@traigohuevaa). Así de patético.

No cabe duda de que un sector de la población no ha logrado digerir el advenimiento de una nueva élite política más parecida en sus orígenes al pueblo llano. Mientras escribo las últimas páginas de este libro leo en Twitter críticas al presidente de la República que siguen poniendo el acento en su popular manera de hablar. En febrero de 2020, por ejemplo, el diputado panista Jorge Triana escribía: «A los que me reclaman sobre el aeropuerto en Texcoco, les pregunto: ¿por quién *votastesss*?» (@JTrianaT; las cursivas son mías). Minutos después el periodista Sergio Sarmiento tuiteaba: «Alguien del equipo debería atreverse y decirle al presidente López Obrador que no se dice "votastes", sino votaste» (@SergioSarmiento).

Contesté en las redes a ambos mensajes, e incluso me enfrasqué en una inútil discusión con el autor del primer tuit, quien insistía en que lo suyo no era raci-clasismo sino una crítica a «la manera incorrecta» en que el presidente habla el español (¡como si esto no fuera racismo!). Estos y otros comentarios surgidos de los internautas al calor de la discusión dejaron ver una vez más que la pejefobia vive.

> **@Cevecillo**
> El «vistes» es solo el reflejo de la ignorancia del que nos gobierna, pareciera un microbusero de esos que están aprendiendo a manejar pero se sienten con la capacidad de ir a exceso de velocidad con el microbús lleno de gente. Desastre inminente.

> **@AldoContro**
> López no sabe hablar español.

> **@JuanconMiedo6**
> El problema no es que hable como ñero, el problema es que piensa y razona como ñero.

> **@Arezagarduno**
> ¿no sería mejor tener un presidente que se comportara como un estadista?

17

SUPERAR LA NEGACIÓN

En julio de 2019 el presidente del Inegi, Julio Santaella, lanzó un tuit que encendió las redes sociales. Al pretender divulgar un estudio sobre movilidad social, donde se demostraba cómo en México el tono de piel influye en las posibilidades de alcanzar empleos bien remunerados y tener un mejor nivel de vida, aseguró: «Las personas con piel más clara son directores, jefes o profesionistas; las de piel más oscura son artesanos, operadores o de apoyo» (@SantaellaJulio).[1] El mensaje resultó desafortunado porque malinterpretaba los hallazgos de una investigación rigurosa, elaborada por el académico del Colmex, Patricio Solís. Antes que poner «las personas son» lo que un especialista en estadística como Santaella debió decir era que existe una tendencia general observable en una mayoría de casos, pero no una fatal relación de causa y efecto para todos y cada uno.

Pero más que ocuparnos ahora de cómo el director del Inegi debe redactar sus tuits, vale la pena revisar algunas de las reacciones a su comentario, las cuales terminaron por reflejar una seria incomprensión del tema: «O sea que nada tiene que ver el intelecto si estoy prieto ya me chingué aunque tenga estudios universitarios con excelente promedio?» (@14_jamo), dijo uno. «Yo soy moreno y soy gerente de finanzas y contabilidad de una compañía japonesa que es transnacional y he ido a Japón, está mal tu estadística» (@ramiro_rojoh), puso otro. «Falso!!! Amigos morenos son jefes de departamento o subdirectores y son maestros o doctores» (@san_alehandro), respondió uno más. Otros comentarios mostraban la absoluta incapacidad para reconocer el fenómeno del racismo en México: «¿¡De cuándo acá un estudio socioeconómico tiene fundamento en el color de piel!?» (@pacotexmex). Algunos más expresaron la ya clásica postura de que hablar de racismo, y medirlo, es de suyo racista: «Pues debe haber una normativa que impida que @INEGI_INFORMA haga esas mediciones racistas» (@beto__34), escribió uno; «Es increíble que a estas alturas sigan estas clasificaciones vigentes propias del apartheid o del nazismo» (@fancolt), comentó otro.

El periodista David Páramo cerró con broche de oro la discusión al escribir un artículo en el que señalaba: «En una nación incluyente, el color de piel, sexo, raza, religión, género, preferencia sexual, deben ser irrelevantes. Hacer notar la diferencia es una forma inaceptable de racismo. Cuando se ve la diferencia se está recurriendo a formas que se pretenden erradicar».[2] El artículo —cuya postura encontró eco en un gran número de internautas— capturó el pensamiento de un amplio sector de la sociedad y de nuestras élites que consideran que el simple hecho de hablar sobre el tema constituye un acto de racismo, contrario a verlo como como una manera de visibilizarlo.

Lo cierto es que a los mexicanos nunca nos ha resultado sencillo discutir sobre racismo. Si la primera estrategia de los negacionistas es la evasión, la segunda es la hipersensibilidad: mostrarse incómodos cada vez que el tema se menciona.

Cuando se trata del tono de piel nos resulta difícil hablar del asunto por su nombre, por lo que nos aproximamos a él a través de eufemismos y diminutivos propios de nuestra cultura. No cabe duda de que la historia de México es también la historia de la negación del racismo. Uno que no ha sido reconocido de manera institucional ni pública ni socialmente. El racismo, en todo caso, se vive por lo regular de manera silenciosa, oculta y soterrada. Más que percibirse como un problema general, tiende en todo caso a considerarse un asunto personal que involucra a individuos de forma aislada, no a la sociedad en su conjunto. Y entre quienes reconocen que el racismo sí existe también suele aceptarse con un dejo de resignación como «la manera en que las cosas son».[3]

Para recapitular: dos suelen ser los argumentos más utilizados para negar el racismo en México. El primero, ya examinado en el tercer capítulo, es que en nuestro país ese fenómeno está ausente porque todos somos una «mezcla» en tanto constituimos —presuntamente— un país mestizo o mayoritariamente mestizo.[4] Este discurso falaz es problemático porque impide reconocer cuán diversos somos los mexicanos en cuanto a orígenes, nacionalidades, tonos de piel, cultura e idiomas.

Vale la pena recordar las posturas que históricamente han tenido los legisladores panistas al abordar los derechos de los pueblos indígenas. En 1990, cuando el Congreso discutió una reforma al artículo cuarto de la Constitución para reconocer que «la nación mexicana tiene una composición pluricultural sustentada en los pueblos indígenas», los diputados de ese partido introdujeron una moción suspensiva al dictamen, en la que manifestaron que no reconocían el carácter multiétnico y pluricultural de la nación porque hacerlo significaba establecer una «práctica discriminatoria» sobre la base de diferencias étnicas o raciales. En aquel entonces, uno de los panistas subió a la tribuna para argumentar: «No podemos impedir que las comunidades indígenas continúen el largo proceso histórico hacia el mestizaje, creándoles reservaciones artificiales que las mantengan aisladas del resto de los mexicanos».[5] Sería interesante saber si el legislador se los preguntó a los propios pueblos indígenas antes de realizar su exposición.

Un episodio similar se vivió en la década siguiente, cuando en 2001 se discutieron los Acuerdos de la Comisión de Concordia y Pacificación (Cocopa), y otro integrante del PAN —esta vez en el Congreso del estado de Chiapas— criticó el que «los hermanos indígenas» defendieran sus usos y costumbres y la «pureza de sus etnias peinados muy a la moderna, con celulares, con relojes estrafalarios y vestidos con jeans y camisa».[6] Es claro que el legislador era incapaz de apartarse del estigma del indígena como alguien incapaz de salir del mundo rural o que necesariamente debe vestir de manera tradicional, cual si esta fuera la única manera de ser indígena y reconocer su identidad. Por lo visto, el diputado albiazul, como Yuri, la jarocha, o como la famosa diputada de las artesanías sobre la que hablé en el capítulo 15, es incapaz de pensar a los indígenas de otra manera que no sea desde sus limitados estereotipos.

El segundo argumento está vinculado a la no tan sabia sabiduría popular que sostiene que en México no hay racismo porque «aquí no hay negros». En efecto, como en el país el porcentaje de la población afrodescendiente no es elevado en comparación a nuestro vecino del norte, o incluso a países como Brasil o Venezuela —los cuales llegan a 50 y 55% de población afrodescendiente respectivamente—,[7] suele pensarse que no hay racismo, siempre desde la equivocada idea de que esta forma de discriminación únicamente se ejerce contra las personas de piel oscura.

Por lo general, en México la discusión sobre el racismo ha estado más asociada a lo que ocurre fuera de nuestras fronteras. En mayo de 2020 el asesinato de George Floyd, un hombre afroestadounidense, a manos de un policía blanco en Minneapolis, escandalizó a gran parte de la tuitósfera en México y no faltó quien saliera a afirmar que el racismo es peor en Estados Unidos que en México.[8] Sospecho que, más que una cuestión de grado, la verdadera diferencia estriba en que en Estados Unidos se ha hablado y se habla mucho más del tema de lo que lo hemos hecho en México.

Aquí siempre nos ha resultado más cómodo hablar de racismo para referirnos a la historia de opresión de las comunidades afrodescendientes en Estados Unidos, a lo que los nazis hicieron con los judíos o al Apartheid en Sudáfrica, que para para describir el México colonial y el poscolonial que todavía habita nuestras mentes.[9] Esa idea de limitar el racismo a las actitudes en contra de las personas afrodescendientes está a tal punto generalizada que quizá por ello se piensa que el mero uso del término *negro* es un insulto que acaso debemos atenuar con un eufemístico *negrito*.

En 2013, por ejemplo, la panificadora Bimbo tomó la decisión de cambiarle el nombre a uno de sus más legendarios productos de comida chatarra —el Negrito—, luego de haberle cambiado ya la imagen al producto en el que aparecía un afrodescendiente que de manera estereotipada era representado con una lanza y un hueso en la cabeza por los problemas que le causó a la marca exportar el producto al mercado estadounidense y europeo. Tras convocar a una consulta para decidir qué nombre darle al producto, se tomó la decisión de llamarle Nito, además de colocar la imagen de un adolescente con cabello estilo afro, aunque de tez clara. Más allá de poder celebrar la renuncia parcial a un estereotipo, resulta paradójico que la empresa haya aceptado que el término *negrito* podía ser ofensivo y, para evitarse problemas, decidió incluso cambiarle el tono de piel. Tal cosa difícilmente habría ocurrido si el producto se llamara, por ejemplo, *chinito*. Prueba de ello es que todavía existe en México un cloro con ese nombre, a pesar de que, como ya lo hemos visto, los chinos también han sido un grupo históricamente discriminado en el país, e incluso víctimas de genocidio.[10]

¿Por qué a pesar de que vivimos en una sociedad profundamente racista y que tantos mexicanos padecen ese racismo a diario nos cuesta tanto hablar del asunto? Como decía Tenoch Huerta, podríamos decir que en México es más fácil hablar de política y religión que de racismo. El racismo nuestro de cada día es un fenómeno que no vemos ni notamos, y «cuando alguien nos lo hace ver en nosotros, incluso nos ofendemos y nos enojamos».[11] En realidad, en toda América Latina —no solamente en México— ha habido una tendencia marcada a negar la existencia de este fenómeno social.

En contraste con Estados Unidos, como ya se ha dicho aquí, en la mayor parte de nuestros países no hubo un régimen de segregación racial, sino en todo caso estrategias de asimilación donde se nos vendió la idea de una «mezcla racial» que generó una falsa concepción de igualdad y permitió disfrazar el racismo realmente existente. Incluso en años recientes hemos visto cómo en las cumbres celebradas por jefes de Estado latinoamericanos se emiten condenas al «resurgimiento de prácticas racistas y manifestaciones discriminatorias *en otras partes del mundo*» (las cursivas son mías), refiriéndose en especial a lo que viene ocurriendo en países desarrollados, como si se tratara de un asunto ajeno a nuestras propias naciones.[12]

En foros internacionales México nunca aceptó la existencia del racismo. Incluso en 1995, poco tiempo después del levantamiento zapatista que generó un debate amplio sobre la cuestión indígena, quienes representaron al Estado mexicano ante el Comité de las Naciones Unidas contra todas las formas de discriminación racial negaron la existencia de un problema de este tipo. Acaso se llegó a reconocer la existencia de «algunas formas de discriminación derivadas de la realidad socioeconómica».[13] Solo en 2012, cuando se presentó a ese mismo comité un informe de país, el Estado mexicano reconoció en Ginebra, oficialmente y por primera vez, que existe en el país un problema de racismo.[14]

En el ámbito académico, el tema ha comenzado a ser estudiado a través de redes de investigadores creadas en los últimos años. Tal cosa es positiva porque el tema no había gozado de la debida atención en nuestras universidades y centros de investigación. Un recuento de todos los artículos publicados sobre el tema entre 1956 y 2014 realizado entre 26 de las revistas académicas mexicanas más prestigiosas arrojó tan solo 66 trabajos, el equivalente a 1.1 por año. En contraste, en un país como Inglaterra, donde existen revistas especializadas en el tema, una sola de ellas —la *Racial and Ethnic Studies*— ha publicado 1 352 artículos desde su creación.[15] Hoy el tema del racismo incluso está logrando trascender los círculos académicos para convertirse en un asunto del debate público.

La lógica política de la autoproclamada Cuarta Transformación ha permitido que el tema se discuta cada vez más, siempre en medio de intensas polémicas, algunas más fructíferas que otras para la comprensión del tema. La primera vez que lo abordó López Obrador siendo presidente fue en marzo de 2019, tras haber enviado una carta al rey de España para que este considerara un pedido de disculpas por los agravios cometidos durante la Conquista. Unos días más tarde, AMLO celebraba que se hubiera generado un debate en torno al tema. «Salió a flote lo que estaba ahí en el subsuelo, una corriente de pensamiento submarina muy racista porque se negaba el racismo y salió», dijo en una de sus conferencias de prensa.[16]

Más importante aún fue lo ocurrido el 17 de noviembre de 2019, cuando el presidente habló del tema en Nayarit durante un mitin en el que reconoció de forma más explícita que tenemos un serio problema de racismo. «¿Desde cuándo existen las culturas indígenas?», comenzó preguntando el presidente a los asistentes al acto. «Desde antes que llegaran los españoles», aseveró para luego agregar: «son los mexicanos más antiguos. Por eso se habla de pueblos originarios. Y fíjense lo que son las cosas, las contradicciones y las injusticias. Los verdaderos dueños de México son ahora los más pobres, los más marginados, los más ofendidos, humillados. Porque todavía, desgraciadamente, sigue habiendo racismo. Se esconde por hipocresía, no se expresa, no se manifiesta, pero sí hay racismo en México».[17]

Enlace a video de AMLO.

Las declaraciones del presidente acabaron por incendiar las redes sociales, aunque no por su denuncia del racismo, sino porque en esa misma ocasión recordó que su gobierno había establecido desde el principio apoyos diferenciados para la población adulta mayor indígena, misma que podría acceder a una pensión no contributiva a los 65 años, en lugar de a los 68, como ocurre con el resto de la población.

Como respuesta a ello, y en una muestra clara de la ignorancia de una gran parte de nuestra clase política frente al tema, un senador panista de Veracruz, Julen Rementería, subió un tuit tan falto de conocimiento sobre el racismo, pero a la vez tan incendiario, que con rapidez se convirtió en *trending topic*: «Solo un gobierno profundamente racista repartiría un programa social midiendo la ayuda de acuerdo con la raza de las personas. Esta aberración no se hacía desde que Hitler gobernaba Alemania» (@julenrementeria).[18] Por lo visto, el senador es incapaz de entender el significado de una política de acción afirmativa o una medida de igualación como las que existen en varios países del mundo, cuyo objetivo es cerrar una brecha de desigualdad histórica.

También se mostró incapaz de entender que, en el caso de los pueblos indígenas, medidas de ese tipo están plenamente justificadas. Casi desde cualquier indicador social que se elija se podría sustentar una política diferenciada a favor de estos pueblos. Según cálculos elaborados por Patricio Solís, de El Colegio de México, de cada 100 personas indígenas, solo 78 sobreviven a los 65 años, mientras que entre las no indígenas la supervivencia es hasta los 68. En otras palabras, al diferenciar las edades para pensionarse, no se les está dando siquiera un trato preferencial, acaso se está nivelando el terreno.

Verlo así implica reconocer lo que los panistas parecieran incapaces de entender: que los pueblos indígenas tienen una desventaja estructural. Así lo confirmó al menos la presidenta de la Comisión de Derechos Humanos del Senado, la también panista Kenia López Rabadán, quien subió otro tuit en el que afirmaba: «Lamentable y alarmante que este gobierno tome decisiones en función de la raza y sobre todo que lo externe el propio presidente de la República; necesita leer sobre derechos humanos» (@kenialopezr). El chiste se cuenta solo. Ojalá que la senadora vaya bien con sus lecturas.

Incluso un sector de la comunidad tuitera se sintió «discriminado» al escuchar las declaraciones del presidente de la República. «Por mi color no puedo cobrar pensión a los 65 años. ¡Qué sad!», escribió Denise Ramos Murrieta, una rubia acomodada que se identifica en Twitter como «conferencista y psicoterapeuta»; «Los güeritos ya nos chingamos» (@Loremarin73), comentó otra usuaria; «Una nueva división de castas» (@moyzez25), exclamó otro. Otro negacionista comentó: «En México nacemos mexicanos. ¿Por qué tiene que diferenciarnos? El indígena y el blanco si nacimos en México somos mexicanos, ¿apoco en Japón o en Alemania hay diversidades entre ellos? Así como en Italia nacen italianos o en Noruega noruegos, en México solo nacemos mexicanos» (@Rubbenius). Finalmente, otros usuarios como Susana Giulani nos dieron clase de «pureza racial» al argumentar: «Salvo que se apelliden: Ixtlilxóchitl, Tezozómoc, Moctezuma, Quauhtehuanitzin, Chimalpopoca o cualquier otro apellido originario de los indígenas mexicanos, toooooooodos somos mestizos, unos mucho más guapos y más claritos que otros; dudo que haya indígenas al 100%» (@SueGiuliani).

A toda esta gente hay que explicarle que el racismo no reside en la existencia de un programa social diferenciado, sino en lo que genera las condiciones que hacen necesario un programa social que busca revertir, aunque solo sea de manera parcial, la discriminación que históricamente ha excluido a los pueblos originarios de México. En ese sentido, el que una política pública otorgue un trato preferencial a grupos que han sido históricamente discriminados no es ejercer un supuesto «racismo a la inversa»: es una acción compensatoria orientada a revertir siglos de exclusión. Afirmar que ese tipo de políticas resultan divisivas no es otra cosa que negar, ignorar y en el fondo apoyar la raíz discriminatoria que les ha dado origen.[19]

@Rubbenius

En México nacemos mexicanos. ¿Por qué tiene que diferenciarnos? El indígena y el blanco si nacimos en México somos mexicanos, ¿apoco en Japón o en Alemania hay diversidades entre ellos? Así como en Italia nacen italianos o en Noruega noruegos, en México solo nacemos mexicanos.

@SueGiuliani

Salvo que se apelliden: Ixtlilxóchitl, Tezozómoc, Moctezuma, Quauhtehuanitzin, Chimalpopoca o cualquier otro apellido originario de los indígenas mexicanos, tooooooodos somos mestizos, unos mucho más guapos y más claritos que otros; dudo que haya indígenas al 100%.

@moyzez25

Una nueva división de castas.

@Loremarin73

Los güeritos ya nos chingamos.

Llama la atención que, como ya se ha dicho, la existencia del racismo por lo general no molesta tanto a la sociedad como su simple mención. Hablar del problema es equiparado a ser racista, como si el racismo estuviera en la mirada de quien lo observa, en lugar de en quien lo practica. En muchos casos pareciera como si el verdadero problema no estuviera en los estigmas y prejuicios raciales, junto a la discriminación y a las desigualdades que esta genera, sino en poner un tema incómodo sobre la mesa. ¿De qué manera pretenderán estos grupos resolver un problema sin poder siquiera hablar de él? ¿O será que, en todo caso, no les interesa resolverlo?

Mucha gente cree, como lo advierte Federico Navarrete, que hablar de racismo puede destapar una «caja de Pandora» capaz de acrecentar el encono que ya existe en nuestra sociedad por las diferencias socioeconómicas y políticas que nos dividen.[20] Según el historiador, para nuestras élites es particularmente difícil reconocer, o siquiera discutir, que existe un problema de racismo en nuestro país porque buena parte de ellas cree que entre la gran masa habita un profundo odio racial que ha sido largamente acallado —un odio que los menos privilegiados (de tono de piel más oscuro) profesan hacia los más favorecidos (de tono de piel más claro)—, y piensan que la única forma de evitar que emerja ese sentimiento es acallándolo de forma tajante.[21]

Otros más consideran que la denuncia del racismo viene de personas «resentidas» o «envidiosas» del éxito ajeno: «Qué pinche ardilla usar el término *whitexican* pinche gente prieta y resentida», exclamaba por ejemplo el tuitero Javier Lumberpond (@not_javiervalle). La dificultad de hablar sobre racismo también tiene que ver con lo socialmente mal visto que está el ser abiertamente racista. Nadie quiere reconocerse en esa posición: ni quien ejerce el racismo ni, paradójicamente, quien es víctima de este, como ocurre muchas veces. Los primeros porque lo disimulan o lo encubren —si es que son conscientes de él—; los segundos, por vergüenza y dolor unas veces; por no asumir el peso de la crítica, otras, e incluso porque quienes padecen discriminación racial muchas veces también la ejercen contra sus semejantes[22] (aunque los ochoas reza del mundo crean que su piel tostada los vacuna contra el racismo). No hay que olvidar que en nuestra escala cromática una pequeña porción mayor o menor de melanina siempre podrá hacer la diferencia.

Al politizar las desigualdades, la 4T ha colocado el tema del racismo en un sitio más destacado del debate público, e incluso el propio presidente de la República lo ha mencionado en sus discursos y conferencias mañaneras. Aunque el asunto está lejos de abordarse ampliamente y en su complejidad, cada vez es más frecuente que sea objeto de discusiones acaloradas en redes sociales y medios de comunicación. Desde la élite política hasta la comentocracia han reaccionado de forma defensiva ante los intentos del presidente por colocar el tema del racismo sobre la mesa, como se demostró páginas atrás. En muchos casos esas actitudes obedecen a la equivocada creencia —sostenida por el mismo Páramo— de que hablar de racismo es, en sí mismo, racista. Esos sectores suelen plantear que discutir sobre discriminación racial «nos divide». Que polemizar sobre el racismo implica «polarizar».

En Monterrey, por ejemplo, al conversar con un grupo de hombres y mujeres de nivel socioeconómico alto y tez blanca, una mujer sanpetrina de más de 60 años señaló con cierta indignación que las preguntas que yo les formulaba le parecían «muy racistas» porque ella jamás pensaba en esos temas y el solo hecho de hacerlo le parecía discriminatorio. Luego de identificarme como una persona cercana al obradorismo, esta misma mujer señaló: «Ustedes están tratando de hacer más grande el tema racial. Lo que pasa es que a AMLO no le gustan los blancos. Hasta en el nombre de su partido lo puedes ver: Morena».

De forma análoga parecen pensar algunos intelectuales, como Agustín Basave, una de las voces que han denunciado el racismo en México, publicó un artículo en *Proceso* en el que acusaba a simpatizantes de la 4T de promover una discusión «politizada» sobre la pigmentocracia en México, movida por el «revanchismo» y alimentada por un «ánimo de venganza».[23] Posturas como estas representan a mi juicio un extravío porque más allá de las diferencias políticas, la única manera de visibilizar los temas relacionados a la desigualdad, como es el racismo, es precisamente politizándolos: haciendo que el asunto genere indignación y debates acalorados que sacudan conciencias. Lo otro es mantener una postura timorata donde la discusión sobre racismo y raci-clasismo nunca trascenderá de la comodidad de las aulas universitarias y los textos académicos.

Negar el racismo ha sido en México deporte nacional.

Vale la pena reparar en las estrategias utilizadas por los negacionistas para poder desmontarlas. Una manera sencilla de comenzar es escuchar sus propias palabras. Casi siempre que una persona —de esas que se encuadran en el racista de las particularidades al que me referí en el segundo capítulo— comienza una frase del tipo «no es por ser racista, pero…» suele seguir un enunciado más o menos racista. Otras maneras de disimular el racismo, o evitar reconocerlo, es a través de eufemismos, justificaciones, excusas o incluso al transferir la responsabilidad a la persona o grupos de personas que estamos discriminando: «No tengo nada contra los nacos, pero que se sepan vestir»; «no tengo nada contra los indígenas, pero que trabajen».

Existe otra forma de negar el fenómeno o de no hacernos cargo de su existencia: creer que el racismo está siempre en otra parte. No en nuestro país ni en nuestra ciudad, no en tiempo presente, sino en el pasado. Pero la más común de todas es *creer que el racismo es el problema de los otros y no de cada uno de nosotros.* Y, desde luego, en ese «nosotros» quienes ocupan, por mínima que sea esta, alguna posición de poder —sea en un espacio de poder político, en una empresa, en un medio de comunicación— tienen la gran responsabilidad de predicar con el ejemplo. Todos tenemos la obligación de combatir el racismo y, evidentemente, de que nuestras acciones no lo hagan más grande de lo que ya es.

PARA TERMINAR

Por la cantidad de expresiones racistas que escuchamos a diario, por los numerosos casos de racismo que se discuten en las redes sociales o en los medios o por la creciente variedad de artículos que se escriben sobre el tema en la prensa, podría parecer que México no ha dejado de ser un país racista, que no nos hemos movido un milímetro o incluso que nuestro racismo se ha acentuado. Sin embargo, el hecho de que cada vez se hable más del tema es un indicador de que nuestra sociedad se está haciendo más consciente de un problema antes soterrado, cuya sola mención parecía estar censurada.

El primer obstáculo a superar para vencer el racismo —no cabe la menor duda— es el silencio. Es que lo aceptemos como algo normal y natural; que digamos «así es México», «así siempre ha sido», «nunca va a cambiar». El segundo es que no hablemos del asunto y tratemos de ocultarlo debajo de la mesa. Mientras no exista un reconocimiento del fenómeno y continuemos negando su existencia, no será posible establecer medidas para combatirlo, indicadores para cuantificarlo, políticas e instituciones orientadas a prevenirlo y campañas que permitan crear una conciencia en torno al problema.[1] Reconocer el racismo allí donde está, llamarlo por su nombre y dejarlo de ver como algo normal es uno de los pasos más importantes para vivir en una sociedad más igualitaria y libre de prejuicios y estigmas.

Para poder abordar el problema del racismo necesitamos dar el difícil paso de reconocerlo en nosotros mismos. El hecho de que los propios mexicanos seamos tantas veces incapaces de aceptar que vivimos en una sociedad donde permanentemente se discrimina a las personas por su tono de piel, por sus rasgos físicos o por su etnicidad, hace mucho más difícil entender el problema y encontrar maneras de resolverlo. Ese necesario reconocimiento pasa por asimilar que el racismo no es algo que practican *los otros*, mientras uno lo observa desde la distancia. Implica aceptar que en cada uno de *nosotros* vive un racista que debe aprender a identificar dónde guarda ese racismo y de qué distintas maneras lo practica.

No ser parte del racismo implica necesariamente que jamás nos resignemos ante él. Debemos enojarnos cuando lo vemos y expresar nuestra indignación si es necesario, aunque por esa razón nos consideren desequilibrados, resentidos, envidiosos, «rojillos» o «chairos». No basta con no ser racistas, tenemos que convertirnos en antirracistas porque solo así dejaremos de ser cómplices del racismo y los racistas. Para eso necesitamos actuar cuando presenciamos un acto de discriminación racial y, si está a nuestro alcance, intervenir para evitar que siga ocurriendo o se repita, incluso considerar denunciarlo. Lamentablemente eso no suele ocurrir. Entre las 361 personas encuestadas para este libro, por ejemplo, 48% dijo haber intervenido de algún modo cuando le ha tocado presenciar una actitud racista,[2] aunque cuesta creer que ese porcentaje sea tan elevado.

México necesita un debate abierto, profundo y sincero sobre el problema del racismo que contemple todas sus dimensiones —no solo por el tono de piel— que pase, en primer lugar, por el reconocimiento del fenómeno y se plantee políticas para generar conciencia entre la población y logre revertir las condiciones desventajosas que históricamente han afectado a determinados grupos.

La obligación de combatir el racismo es demasiado importante como para dejársela solamente al gobierno. Es un imperativo de la sociedad en su conjunto que debe involucrar a todos los sectores en los que se practica: a los políticos, desde luego, pero también a los empresarios, a quienes trabajan en el mundo de la moda y la publicidad, a los encargados de armar las revistas de sociales, a los hombres y mujeres que tienen a su cargo el reclutamiento de talento, a quienes deciden y elaboran contenidos para el cine y la televisión, a los periodistas, a los *influencers* y los internautas, a los chumeles torres y los callos de hacha, así como a los jugadores de futbol, a los que asisten a la cancha, a las universidades, a las iglesias, a las escuelas y dentro de nuestras familias. Pero, por sobre todas las cosas, el combate al racismo debe comenzar por cada uno de nosotros.

NOTAS

1. DE QUÉ HABLAMOS CUANDO HABLAMOS DE RACISMO

[1] Eugenia Iturriaga Acevedo, *Las elites de la ciudad blanca: discursos racistas sobre la otredad*, México, UNAM, 2016, pp. 207-228.

[2] *Ibid.*, p. 219.

[3] Mónica G. Moreno Figueroa, «Mestizaje, cotidianeidad y las prácticas contemporáneas del racismo en México», en *Mestizaje, diferencia y nación. Lo «negro» en América Central y el Caribe*, México, INAH, 2010, p. 129.

[4] Olivia Gall, «Identidad, exclusión y racismo: reflexiones teóricas y sobre México», en *Revista Mexicana de Sociología* 66, núm. 2, 2004, p. 227.

[5] Robin Diangelo, *White Fragility: Why it's so hard for white people to talk about racism*, 2a. ed., Boston, Beacon Press, 2018, p. 11.

[6] Olivia Gall, «Identidad, exclusión…», *op. cit.*, p. 227.

[7] *Idem.*

[8] Edith Wyschogrod, *Crossover Queries: Dwelling with Negatives, Embodying Philosophy's Others*, Nueva York, Fordham University Press, 2006.

[9] Edwin Black, *War Against the Weak: Eugenics and America's Campaign to Create a Master Race*, Nueva York, Thunder's Mouth Press, 2004.

[10] Vera Sharav, «Germany's Colonial Genocide in Namibia (part 2)», Alliance for Human Research Protection, 2018, recuperado el 9 de enero de 2020 de https://ahrp.org/germanys-colonial-genocide-in-namibia-part-2/.

[11] Beatriz Urías, *Indígena y criminal*, México, Universidad Iberoamericana, 2000, p. 168.

[12] *Ibid.*, p. 170.

[13] Beatriz Urías, *Historias secretas del racismo en México*, México, Tiempo de Memoria Tusquets, 2007, p. 108.

[14] *Ibid.*, p. 116.

[15] Olivia Gall, «Identidad, exclusión…», *op. cit.*, p. 234.

[16] Según la definición sugerida por Iturriaga, «el racismo consiste en caracterizar a un grupo humano por su aspecto físico (atributos naturales, reales o imaginados), asociándolos a su vez a características intelectuales y/o morales y, con base en esto, adoptar algún tipo de práctica de discriminación y/o exclusión» (Eugenia Iturriaga Acevedo, *Las élites de la ciudad blanca…*, *op. cit.*, p. 319).

[17] Federico Navarrete, *México racista. Una denuncia*, México, Penguin Random House, 2016, p. 41; Eugenia Iturriaga Acevedo, «Desencriptando el racismo mexicano: mestizaje y blanquitud», en prensa, pp. 1-26.

[18] Susana Vargas Cervantes, «México: la pigmentocracia perfecta», *Horizontal*, 2015, recuperado el 12 de agosto de 2019 de https://horizontal.mx/mexico-la-pigmentocracia-perfecta/.

[19] La Convención entró en vigor hasta 1969.

[20] Convención Internacional sobre la Eliminación de todas las Formas de Discriminación Racial, 1965, recuperado de https://www.ohchr.org/SP/ProfessionalInterest/Pages/CERD.aspx.

[21] Federico Navarrete, *México racista…, op. cit.*, p. 42.

[22] Luis Reygadas, *La apropiación. Destejiendo las redes de la desigualdad*, México, Anthropos, 2008, p. 119.

[23] Alicia Castellanos Guerrero, Jorge Gómez Izquierdo y Francisco Pineda, «El discurso racista en México», en *Racismo y discurso en América Latina*, 2a. ed., Barcelona, Gedisa Editorial, 2016, p. 303.

[24] Reni Eddo-Lodge, *Why I'm no longer talking to white people about race*, Londres, Bloomsbury Circus, 2017, p. 54.

[25] https://www.youtube.com/watch?v=dw_mRaIHb-M.

2. ¿QUÉ TIPO DE RACISTA ERES?

[1] Olivia Gall, «Racismos y xenofobias, mexicanos frente a los migrantes: 1910-2018», *REMHU* 26, núm. 53, 2018, p. 117.

[2] Judit Bokser Liwerant, «El México de los años treinta: cardenismo, inmigración judía y antisemitismo», en Delia Salazar (coord.), *Xenofobias y xenofilia en la historia de México. Siglos XVIII y XIX*, México, Dirección de Estudios Históricos, 2006, p. 384.

[3] Alicia Gojman de Backal, «Los Camisas Doradas en la época de Lázaro Cárdenas», *Canadian Journal of Latin American and Caribbean Studies* 20, núm. 39-40, 2014, pp. 39-64.

[4] Mónica G. Moreno Figueroa y Emiko Saldívar Tanaka, «Comics, Dolls and the Disavowal of Racism», *Creolizing Europe*, 2016, pp. 175-201.

[5] Gonzalo Aguirre Beltrán, *La población negra en México. Un estudio etno-histórico*, México, FCE/Universidad Veracruzana/Instituto Indigenista, 1989, p. 234, citado en Federico Navarrete, *México racista. Una denuncia*, México, Penguin Random House, 2016, p. 116.

[6] Federico Navarrete, *México racista…, op. cit.*, p. 116.

[7] Citado en Consejo Nacional para Prevenir la Discriminación (Conapred), «Ficha temática. Pueblos y Comunidades Africanas», 2016, recuperado el 28 de enero de 2020 de https://www.conapred.org.mx/userfiles/files/160620%20Ficha%20tem%c3%altica%20-%20Pueblos%20y%20comunidades%20afrodescendientes.pdf.

[8] Redacción *El Universal*, «Quiero tener una Yalitza en mi casa: Yuri», *El Universal*, 2019, recuperado el 28 de enero de 2020 de https://www.eluniversal.com.mx/espectaculos/farandula/quiero-tener-una-yalitza-en-mi-casa-yuri.

[9] Eduardo Restrepo, *Intervenciones en teoría cultural*, Colombia, Universidad del Cauca, 2012; Esther Pineda, *Racismo, endorracismo y resistencia*, Venezuela, El Perro y la Rana, 2013.

[10] Esther Pineda, *Racismo, endorracismo…, op. cit.*, p. 55.

[11] *Ibid.*, p. 56.

[12] Tomada de Robert P. D'Amico, *Exploring White Privilege*, Nueva York, Routledge, 2017, pp. 32-33.

3. EL RACISMO A LA MEXICANA

[1] Arlene Gregorius, «Los negros de México que han sido "borrados de la historia"», BBC Mundo, 2016, recuperado de https://www.bbc.com/mundo/noticias/2016/04/160410_cultura_mexico_comunidad_negra_discriminacion_wbm.

[2] Diana Manzo, «Señalan afromexicanos racismo y discriminación de autoridades», *La Jornada*, 2017, recuperado de https://www.jornada.com.mx/2017/03/28/estados/031n1est.

[3] Luis Carlos Rodríguez, «Deporta México a afrodescendientes a Haití solo por su color de piel», SomosMass99, 2017, recuperado de https://www.somosmass99.com.mx/deporta-mexico-a-afrodescendientes-a-haiti-solo-por-su-color-de-piel/.

[4] Federico Navarrete, *México racista. Una denuncia*, México, Penguin Random House, 2016, p. 116.

[5] Mónica G. Moreno Figueroa, «Displaced looks: The lived experience of beauty and racism», *Feminist Theory* 14, núm. 2, 2013, p. 139.

[6] Fabricio Balcázar, Luciano Berardi y Tina Taylor-Ritzler, «El "privilegio de los blancos": otra fuerza de dominación social de las clases privilegiadas», *Espacios en blanco*, vol. 21, 2011, p. 93.

[7] Federico Navarrete, *México racista…, op. cit.*, p. 69.

[8] Mónica G. Moreno Figueroa y Emiko Saldívar Tanaka, «Comics, Dolls and the Disavowal of Racism», *Creolizing Europe*, 2016, pp. 175-201.

[9] Agustín Basave B., *México mestizo: Análisis del nacionalismo mexicano en torno a la mestizofilia*, México, FCE, 1992.

[10] *Idem.*

[11] *Ibid.*, p. 13.

[12] *Idem.*

[13] Federico Navarrete, *México racista…, op. cit.*, p. 106.

[14] Francisco Pimentel, *Memoria sobre las causas que han originado la situación actual de la raza indígena en México y medios de remediarla*, México, Imprenta de Andrade y Escalante, 1864, p. 219, citado en Agustín Basave B., *México mestizo…, op. cit.*, p. 27.

[15] *Ibid.*, p. 26.

[16] Olivia Gall, «Identidad, exclusión y racismo: Reflexiones teóricas y sobre México», *Revista Mexicana de Sociología* 66, núm. 2, 2004, p. 240.

[17] Agustín Basave B., *México mestizo…, op. cit.*, p. 142.

[18] Federico Navarrete, *México racista…, op. cit.*, p. 102.

[19] Steve Garner, *Whiteness. An Introduction*, Nueva York, Routledge, 2007, p. 93.

[20] Alejandra Stern, «Mestizofilia, biotipología y eugenesia en el México posrevolucionario: hacia una historia de la ciencia y el Estado, 1920-1960», *Relaciones. Estudios de historia y sociedad* 21, núm. 81, 2000, p. 66.

[21] Alejandro Saavedra, *Eugenesia y medicina social*, México, 1934, p. 119.

[22] Federico Navarrete, *México racista…, op. cit.*, pp. 109-110.

[23] *Ibid.*, p. 111.

[24] *Ibid.*, p. 154.

[25] Pasaje de Vasconcelos citado en Alejandra Stern, «Mestizofilia, biotipología…», *op. cit.*

[26] *Idem.*

[27] José Vasconcelos, «La raza cósmica», en *Obras Completas*, t. II, México, Limusa, 1958, pp. 926-927, citado en Agustín Basave B., *México mestizo…, op. cit.*, p. 133.

[28] Agustín Basave B., *México mestizo…, op. cit.*, p. 133.

[29] José Vasconcelos, *Breve historia de México*, México, Continental, 1956, p. 151, citado en Félix Báez-Jorge, «Los indios, los nacos, los otros…», *Southeastern Council on Latin American Studies*, 2001, p. 26.

[30] José Vasconcelos, «La tormenta», en *Memorias*, México, FCE, 1983, citado en Agustín Basave B., *México mestizo…, op. cit.*, p.133.

[31] Martín Luis Guzmán, *La querella de México*, México, Compañía General de Ediciones, 1959, p. 20, citado en Agustín Basave B., *México mestizo…, op. cit.*, p. 122.

[32] Enrique Krauze, «Reforma y mestizaje», *Reforma*, 1993, recuperado de http://www.enriquekrauze.com.mx/joomla/index.php/opinion/134-reforma-y-mestizaje.html.

[33] Mónica G. Moreno Figueroa, «Distributed intensities: Whiteness, mestizaje and the logics of Mexican racism», *Ethnicities* 10, núm. 3, 2010, p. 390; Alice Krozer, «Élites

y racismo: el privilegio de ser blanco (en México), o cómo un rico reconoce a otro rico», *Nexos*, 2019, recuperado el 5 de enero de 2020 de https://economia.nexos.com. mx/?p=2153.

[34] *Idem.*

[35] Patricio Solís *et al.*, «Discriminación étnico-racial en México: una taxonomía de las prácticas», en *La métrica de lo intangible: del concepto a la medición de la discriminación*, México, Conapred/Universidad de Guadalajara, 2019, p. 86.

4. EL RACI-CLASISMO

[1] Héctor Escamilla, «Polémica por niña rubia que pide limosna en Guadalajara se aviva», *Publimetro*, 2012, recuperado de https://www.publimetro.com.mx/mx/noticias/2012/10/21/polemica-nina-rubia-que-pide-limosna-guadalajara-se-aviva.html.

[2] (Sergio), comentario del 12 de octubre de 2012 a «Niña rubia que pide limosna en Guadalajara – EL DAÑO QUE HACEMOS AL POSTEAR EN NUESTROS MUROS!!!», Papá Escéptico, 2012, recuperado de https://papaesceptico.com/2012/10/nina-rubia-que-pide-limosna-en-guadalajara/.

[3] Las preguntas de nuestra encuesta se hicieron en sitios de alto poder adquisitivo, en los que entrevistamos a personas con un elevado nivel de ingresos. De hecho, 23% declaró un ingreso familiar de entre 21 000 y 20 000 pesos, 28% de entre 41 000 y 20 000 y 36% de más de 80 000. Además, 28% dijo ubicarse en la clase media, 53% en la media alta y 16% en la clase alta. Con respecto a su educación, 85% estudió en universidades privadas y solo 15% en públicas. En cuanto al nivel de escolaridad, 19% dijo haber completado solo hasta el bachillerato (en su mayoría se trató de estudiantes de licenciatura), 69% la licenciatura, 11% la maestría y solo 1% dijo tener únicamente estudios de primaria. Del total de entrevistados 67% dijo tener un tono de piel claro, 28% moreno claro, 4% moreno y 1% oscuro. El 51% de los participantes tenía menos de 25 años, 29% entre 25 y 45 años y 20% más de 45. El 52% eran mujeres y 28% hombres. De un total de 316 personas entrevistadas, 61% radica en la Ciudad de México, 9.5% en el Estado de México, 9.5% en Monterrey, 7.3% en Mérida, 3.5% en Guadalajara y 10% en otras ciudades del país.

[4] El Colegio de México, «"Racismo y belleza" por Mónica Moreno Figueroa», YouTube, 2015, recuperado de https://www.youtube.com/watch?time_continue=483&v=A9zA-sou7Id0&feature=emb_logo.

[5] Mario Arriagada Cuadriello, «Quién no es quién», *Nexos*, 2013, recuperado de https://www.nexos.com.mx/?p=15432.

[6] El Colegio de México, «"Racismo y belleza"...», *op. cit.*

[7] *Idem.*

[8] *Idem.*

[9] Federico Navarrete, *México racista. Una denuncia*, México, Penguin Random House, 2016, p. 95.

[10] Olivia Gall, «Identidad, exclusión y racismo: Reflexiones teóricas y sobre México», *Revista Mexicana de Sociología* 66, núm. 2, 2004, p. 233.

[11] Fabricio Balcázar, Luciano Berardi y Tina Taylor-Ritzler, «El "privilegio de los blancos": otra fuerza de dominación social de las clases privilegiadas», *Espacios en blanco*, núm. 21, 2011, p. 92

[12] Luis Reygadas, *La apropiación. Destejiendo las redes de la desigualdad*, México, Anthropos, 2008, p. 116.

[13] *Ibid.*, p. 118.

[14] Francisco Pimentel, *Memoria sobre las causas que han originado la situación actual de la raza indígena en México y medios de mediarla*, México, Imprenta de Andrade y Escalante, 1864, pp. 210-214, citado en Agustín Basave B., *México mestizo: Análisis del nacionalismo mexicano en torno a la mestizofilia*, México, FCE, 1992, p. 26.

[15] Fabricio Balcázar, Luciano Berardi y Tina Taylor-Ritzler, «El "privilegio de los blancos"», *op. cit.*, p. 103.

[16] Instituto Nacional de Estadística y Geografía (Inegi), «Módulo de Movilidad Social Intergeneracional (MMSI)», 2016, y Centro de Estudios Espinosa-Yglesias, «Encuesta de Movilidad Social 2017 (Esru-Emovi)», 2017.

[17] En cuanto al resto: 35% dijo haber tenido jefes de tez morena clara, 6% de tez morena y tan solo 1% de tez oscura. El 1% de los entrevistados no respondió a la pregunta.

[18] No debemos olvidar que todos estos datos hablan de una correlación, que no es lo mismo que una causalidad. Todavía no sabemos —aunque podemos intuir— cómo funciona esa correlación en la que además del tono de piel incide otro tipo de factores que no nos ocupan en este libro.

[19] Guillermo Trejo y Melina Altamirano, «The Mexican Color Hierarchy: How Race and Skin Tone Still Define Life Chances 200 Years after Independence», en *The Double Bind: The Politics of Racial and Class Inequalities in the Americas*, Washington, D. C., American Political Science Association, 2016, p. 7.

[20] Daniel Zizumbo-Colunga e Iván Flores Martínez, «Is Mexico a Post-Racial Country? Inequality and Skin Tone across the Americas», en *Latin American Public Opinion Project*, 2017, p. 3.

[21] La escala del Proyecto sobre Etnicidad y Raza en América Latina (PERLA, por sus siglas en inglés) es una paleta de 11 colores representativa de las distintas tonalidades de piel dentro de la región latinoamericana. Estas 11 tonalidades están divididas en cuatro grandes grupos: (1-3) tonalidad clara; (4) tonalidad moreno-clara; (5-6) tonalidad morena y (7-11) tonalidad oscura.

[22] Raymundo Campos Vázquez y Eduardo Medina Cortina, «Skin Color and Social Mobility: Evidence from Mexico», *Demography* 56, núm. 1, 2019, p. 3.

[23] Esto es de acuerdo con la encuesta mexicana del Americas Barometer realizada en 2010, la cual constó de un total de 1 562 entrevistas en domicilio en diversas partes de la República (Guillermo Trejo y Melina Altamirano, «The Mexican Color…», *op. cit.*, p. 4).

[24] El estudio, para estos efectos, dividió los estratos socioeconómicos en 10 niveles de riqueza, en los que el nivel 0 es el más bajo y el 10 es el más alto (*ibid.*, p. 6).

[25] Raymundo Campos Vázquez y Eduardo Medina Cortina, «Skin Color…», *op. cit.*, p. 18.

[26] Centro de Estudios Espinosa Yglesias, «Informe de Movilidad Social 2019: hacia la igualdad de oportunidades», Ciudad de México, 2019, p. 37.

[27] *Ibid.*, p. 7.

[28] Daniel Zizumbo-Colunga e Iván Flores Martínez, «Is Mexico…», *op. cit.*, p. 4.

[29] De acuerdo con la encuesta realizada por Andrés Villarreal, «Stratification by Skin Color in Contemporary Mexico», *American Sociological Review* 75, núm. 5, 2010, p. 666.

[30] Guillermo Trejo y Melina Altamirano, «The Mexican Color…», *op. cit.*, p. 10.

[31] Andrés Villarreal, «Stratification by…», *op. cit.*, p. 666, y Patricio Solís *et al.*, «Por mi raza hablará la desigualdad», México, Oxfam México, 2019.

[32] Por profesionista nos referimos a una persona que realiza una actividad habitual para la que se ha preparado y que, al ejercerla, tiene derecho a recibir una remuneración o un salario.

[33] Andrés Villarreal, «Stratification by…», *op. cit.*, pp. 666-667.

[34] *Ibid.*, p. 667.

[35] Patricio Solís *et al.*, «Por mi raza hablará…», *op. cit.*, p. 48.

[36] *Idem.*

[37] Raymundo Campos Vázquez y Eduardo Medina Cortina, «Skin Color…», *op. cit.*

[38] La discriminación, para efectos de este libro, consiste en un trato perjudicial para una persona o grupo minoritario por motivos de raza, orientación sexual, estrato socioeconómico, etc.; también incluye ámbitos como prejuicios inconscientes contra estos grupos minoritarios y las prácticas o políticas que tienen efectos desproporcionales entre ciertos grupos sociales.

[39] Guillermo Trejo y Melina Altamirano, «The Mexican Color…», *op. cit.*, p. 5.

[40] *Ibid.*, p. 7.

[41] *Ibid.*, p. 5.

[42] Gerardo Esquivel, «Desigualdad extrema en México: Concentración del poder económico y político», México, Oxfam México, 2015, citado en Alice Krozer, «Élites y racismo: El privilegio de ser blanco (en México), o cómo un rico reconoce a otro rico», *Nexos*, 2019, recuperado de https://economia.nexos.com.mx/?p=2153.

[43] Consejo Nacional de Evaluación de la Política de Desarrollo Social (Coneval), *Resultados de pobreza en México*, 2016.

[44] *Idem.*

[45] Patricio Solís *et al.*, «Por mi raza hablará…», *op. cit.*, p. 59.

[46] Coneval, *op. cit.*, 2016.

[47] Consejo Nacional de Población, «Proyecciones de indígenas de México y de las entidades federativas 2000-2010», Colección Prospectiva, 2010, p. 30.

[48] *Idem.*

[49] *Ibid.*, p. 33.

[50] Instituto Nacional de los Pueblos Indígenas, «Indicadores sobre adultos mayores indígenas de México», 2016, recuperado de https://www.gob.mx/inpi/articulos/indicadores-sobre-adultos-mayores-indigenas-de-mexico.

[51] Natividad Gutiérrez y Luz María Valdés, *Ser indígena en México. Raíces y derechos (Encuesta Nacional de Indígenas)*, México, Universidad Nacional Autónoma de México, 2015.

[52] Consejo Nacional para Prevenir la Discriminación (Conapred), «Encuesta Nacional sobre Discriminación en México. Resultados sobre trabajadoras domésticas», 2011, disponible en http://www.conapred.org.mx/userfiles/files/Enadis-2010-TD-Accss.pdf.

[53] Conapred, CNDH e Inegi, *Perfil sociodemográfico de la población afrodescendiente en México*, México, Inegi, 2017.

[54] Patricio Solís, *et. al.*, «Por mi raza hablará…», *op. cit.*, p. 58.

[55] Se calculan aquellos municipios en los que al menos 10% de la población es afrodescendiente. Conapred, CNDH e Inegi, *Perfil sociodemográfico…*, *op. cit.*

[56] Mientras a nivel nacional el analfabetismo es de 5.5%, entre los afrodescendientes es de 15.7%. *Idem.*

[57] Conapred, «Encuesta Nacional de Discriminación. Resultados sobre diversidad cultural», 2011, recuperado de http://www.conapred.org.mx/userfiles/files/Enadis-DC-INACCSS.pdf.

[58] La encuesta fue realizada en Oaxaca, Guerrero y Veracruz en 2007, y se tuvo un universo de 380 entrevistados (Julia Flores, *Procesos de construcción de identidad, condiciones de vida y discriminación: Un estudio comparativo de comunidades afrodescendientes en México*, México, IIJ-UNAM/Conapred, 2007, p. 44).

[59] Séverine Durin, *Yo trabajo en casa. Trabajo del hogar de planta, género y etnicidad en Monterrey*, CIESAS, México, 2017, p. 72.

[60] Alicia Castellanos Guerrero, Jorge Gómez Izquierdo y Francisco Pineda, «El discurso racista en México», en *Racismo y discurso en América Latina*, 2a. ed., Barcelona, Gedisa Editorial, 2016, p. 294.

5. SEGREGACIÓN Y PRIVILEGIO BLANCO

[1] Eugenia Iturriaga Acevedo, *Las elites de la ciudad blanca: discursos racistas sobre la otredad*, México, UNAM, 2016, p. 149.

[2] *Ibid.*, p. 147.

[3] En el mundo de la blanquitud mirreynal la idea de «lo bien» se extiende incluso a las relaciones afectivas, en las que no es casual la preferencia por las «güeras», como lo

expresó claramente este modelo tapatío cuando le pregunté por su definición de «niña bien» (*La Maroma Estelar*, PROMO #LaMaromaEstelar SEGREGACIÓN, YouTube, 2019, recuperado de https://www.youtube.com/watch?v=Mkfz1jffR5w.

[4] Luis Reygadas, *La apropiación. Destejiendo las redes de la desigualdad*, México, Anthropos, 2008, p. 119.

[5] *Ibid.*, p. 119.

[6] Se pidió a los encuestados completar una oración que decía: «En la escuela primaria la mayor parte de mis compañeros tenían un tono de piel…».

[7] Preguntamos: «¿Has tenido algún amigo que hable una lengua indígena?».

[8] Alicia Castellanos Guerrero, Jorge Gómez Izquierdo y Francisco Pineda, «El discurso racista en México», en *Racismo y discurso en América Latina*, 2a. ed., Barcelona, Gedisa Editorial, 2016, p. 302.

[9] A principios de los noventa, relata el autor, la aristocracia en México estaba conformada por unas 750 familias repartidas en todo el país. Salvo excepciones, se trata de personas de fenotipo europeo, en 90% de los casos de origen español, y en el resto de ascendencia alemana, francesa, inglesa, estadounidense o italiana. El 85% de estos grupos —que se caracterizan por reivindicar su abolengo y tradición—, reivindican un pasado anterior a la Independencia, mientras que tan solo un 15% se formó entre 1850 y 1910 (Hugo G. Nutini, *Mexican Aristocracy: An Expressive Ethnography 1910-2000*, Austin, University of Texas Press, 2004, pp. 37-38).

[10] *Ibid.*, pp. 70-71.

[11] Líderes Mexicanos, Media Kit 2019, recuperado el 5 de octubre de 2019 de https://lideresmexicanos.com/wp-content/uploads/2018/12/MediaKit-2019-1-1.pdf.

[12] Para asignar el color de piel de las categorías estudiadas se entrenó a tres asistentes de investigación para que determinaran, de la manera más precisa, el tono de piel de cada individuo. Con base en una búsqueda en la plataforma Google Images se observaron múltiples fotografías y cada asistente le asignó el tono de piel que convenía correcto. Al final se tomó el promedio de las tres mediciones y de esta manera se asignó el color de piel de los sujetos de investigación. La paleta de colores utilizada para entrenar a los asistentes de investigación fue creada por Patricio Solís para el Proyecto sobre Discriminación Étnico-Racial en México (Proder), el cual pretende ampliar el conocimiento sobre la discriminación étnico-racial en México, así como sus vínculos con la desigualdad socioeconómica y las políticas públicas destinadas a combatir las desigualdades (Proder, ¿Qué hacemos?, 2019, consultado el 5 de noviembre de 2019 en https://discriminacion.colmex.mx/?page_id=3141.

[13] Véase, por ejemplo, Mónica G. Moreno Figueroa, «Distributed Intensities: Whiteness, Mestizaje and the Logics of Mexican Racism», *Ethnicities* 10, núm. 3, 2010, pp. 387-401.

[14] Entrevista a Federico Navarrete, octubre de 2019.

[15] En contraste, en el grupo moreno claro solo 26% respondió en ese sentido y entre los morenos 11% consideró ventajoso su tono de piel. La pregunta que se formuló fue: «¿Crees que tu tono de piel es una ventaja o una desventaja en México?».

[16] Les preguntamos: «¿Crees que tu tono de piel te va a ayudar a lo largo de tu futuro profesional?».

[17] El 13.4% de las personas de tez clara respondió en este sentido, frente a 3.3% de las de tez morena clara y 2% de las de tez morena.

[18] El resto (30.5%) dijo no haber recibido trato preferencial.

[19] Ana Laura Martínez Gutiérrez, «¿Quién tiene acceso al crédito en México? Un experimento sobre discriminación por tono de piel», CIDE, 2019.

[20] Escribe Mahomed Ramiro: «Ser *whitexican* —según Twitter— es sentirse orgulloso de ser mexicano en todo el mundo menos en México. Es también beber agua Perrier o sentirse alternativo por subirse al metro. Ser *whitexican* es asegurar que la trabajadora del hogar es

"como de la familia". Pero ser *whitexican* no es necesariamente ser blanco y mexicano. Este término *whitexican* hace referencia a las pretensiones, costumbres y hábitos sofisticados de un segmento socioeconómico privilegiado (en su mayoría blanco, pero no exclusivamente). Al *whitexican* se le critican dos cosas: la superioridad moral que perpetúa la aspiración primermundista de su estilo y la ceguera social que lo distingue: esa resistencia a ver a México más allá de su folclore» (Jezzini, Mahomed-Ramiro, «Whitexicans», *Vertebrales*, 2018, recuperado de https://vertebrales.com/whitexicans/).

[21] Así lo plantea, entre otros autores, Reni Eddo-Lodge en *Why I'm no longer talking to white people about race*, Londres, Bloomsbury Circus, 2017.

[22] Federico Navarrete, *México racista. Una denuncia*, México, Penguin Random House, 2016, p. 157.

[23] Alan Knight, «Racism, Revolution, and Indigenismo: México, 1910-1940», en *Graham, Idea of Race in Latin America*, 1990, p. 73, citado en Edward Telles y René D. Flores, «Not Just Color: Whiteness, Nation, and Status in Latin America», *Hispanic American Historical Review* 93, núm. 3, 2013, p. 419.

[24] Mónica G. Moreno Figueroa, «Mestizaje, cotidianeidad y las prácticas contemporáneas del racismo en México», en Elisabeth Cunin (coord.), *Mestizaje, diferencia y nación. Lo «negro» en América Central y el Caribe*, México, INAH, 2010, p. 157.

[25] Susana Vargas Cervantes, «México: la pigmentocracia perfecta», *Horizontal*, 2 de junio de 2015, citado en Federico Navarrete, *México racista…, op. cit.*, p. 153.

[26] La distinción fue planteada en un ensayo de Bolívar Echeverría titulado «Modernidad y "blanquitud"» (México, Era, 2010).

[27] Federico Navarrete, entrevista, octubre de 2019.

[28] Véase, entre otros, Alfonso Forssell Méndez, «Entre blancos y güeros. Desigualdad y privilegio en el discurso popular», *Nexos*, 2019, recuperado de https://cultura.nexos.com.mx/?p=18919.

[29] Ponencia presentada por Alice Krozer en el Seminario «Blanquitud en México: privilegios materiales e identidades», El Colegio de México, 12 de febrero de 2020.

[30] Debo estas reflexiones a Federico Navarrete.

[31] Alfonso Forssell Méndez, «Entre blancos y güeros…», *op. cit.*

6. EL LENGUAJE DEL RACISMO

[1] «El Pirrurris: Sketche (2)», YouTube, 2010, recuperado de https://www.youtube.com/watch?v=mY6fpUyUrWY.

[2] Félix Báez-Jorge, «Los indios, los nacos, los otros…», *Southeastern Council on Latin American Studies*, 2001, p. 32.

[3] Sandra Strikovsky, «Estudio sociolingüístico de la palabra "naco"», México, UNAM-MLA, 2009, p. 5.

[4] «Cómo distinguir a un naco», YouTube, 2018, recuperado de https://www.youtube.com/watch?v=oHgmeZdyI-s.

[5] Eugenia Iturriaga Acevedo, *Las elites de la ciudad blanca: discursos racistas sobre la otredad*, UNAM, 2016, p. 199.

[6] Definiciones citadas en Yvette Bürki, «Prácticas discursivas y estereotipos: la figura del naco en la sociedad mexicana actual», en *Nuevas narrativas mexicanas II*, 2014, p. 402.

[7] Jesús Flores y Escalante, *Morralla del caló mexicano*, 2a. ed., México, Asociación Mexicana de Estudios Fonográficos, 2004.

[8] Enrique Serna, «El naco en el país de las castas», en *Ensayo Literario Mexicano*, México, UNAM, 2008, p. 749.

[9] *Idem.*

[10] *Ibid.*, p. 750.

[11] Guillermo Bonfil, *México profundo. Una civilización negada*, México, Grijalbo, 1990, pp. 89-90.

[12] *Idem.*
[13] Carlos Monsiváis, *Días de guardar*, México, Ediciones Era, 1970, p. 120.
[14] *Idem.*
[15] *Ibid.*, pp. 219-220.
[16] Carlos Monsiváis, *Escenas de pudor y liviandad*, México, Grijalbo, 1988, p. 359.
[17] Yvette Bürki, *op. cit.*, 2014, p. 417.
[18] *Ibid.*, p. 418.
[19] Sandra Strikovsky, «Estudio sociolingüístico de la palabra "naco"», realizado por la investigadora de la UNAM Sandra Strikovsky en 2010, disponible en https://es.scribd.com/ document/15238873/Estudio-sociolinguistico-de-la-palabra-naco.
[20] Nicolás Alvarado, «No me gusta "Juanga" (Lo que le viene guango)», *Milenio*, 2016, recuperado de https://www.milenio.com/opinion/nicolas-alvarado/fuera-de-registro/no-me-gusta-juanga-lo-que-le-viene-guango.
[21] Milenio Digital, «Me entristece que no tengamos una cultura democrática: Nicolás Alvarado», *Milenio*, 2016, recuperado de https://www.milenio.com/cultura/entristece-tengamos-cultura-democratica-nicolas-alvarado.
[22] Noticieros Televisa, «Nicolás y la polémica por Juan Gabriel», YouTube, 2016, recuperado de https://www.youtube.com/watch?v=mTVJar0mT74.
[23] Carmen Aristegui, «Nicolás Alvarado: "Juan Gabriel pone lo joto y lo naco en el centro"», CNN Noticias, 2016, recuperado de https://cnnespanol.cnn.com/video/cnnee-aristegui-intvw-nicolas-alvarado-muerte-juan-gabriel-joto-naco/.
[24] Federico Navarrete, *México racista. Una denuncia*, México, Penguin Random House, 2016, p. 72.

7. APRENDIENDO A DISCRIMINAR: LA FAMILIA Y LA ESCUELA

[1] Mónica Moreno documentó estas como parte de su trabajo sociológico (Mónica G. Moreno Figueroa, «Historically-Rooted Transnationalism: Slightedness and the Experience of Racism in Mexican Families», *Journal of Intercultural Studies* 29, núm. 3, 2008, pp. 17-22).
[2] Patricia es un nombre ficticio asignado por Mónica Figueroa en su estudio. Javier y Martha son nombres inventados por el autor de este libro.
[3] Patricio Solís *et al.*, «Discriminación étnico-racial en México: una taxonomía de las prácticas», en *La métrica de lo intangible: del concepto a la medición de la discriminación*, México, Conapred/Universidad de Guadalajara, 2019, p. 66.
[4] Mónica G. Moreno Figueroa, «"Linda morenita": El color de la piel, la belleza y la política del mestizaje en México», *Entretextos*, 2012, p. 13.
[5] *Idem.*
[6] Óscar Balderas, «Ser güerito sale caro: así es la selección de genes en las clínicas de fertilidad en México», *Vice News*, 2017, recuperado de https://www.vice.com/es_latam/article/599ew3/ser-guerito-sale-caro-asi-es-la-seleccion-de-genes-en-las-clinicas-de-fertilidad-en-méxico.
[7] Patricio Solís, *et al.*, «Discriminación étnico-racial en México...», *op. cit.*, p. 86.
[8] *Ibid.*, p. 73.
[9] Óscar Balderas, «Ser güerito...», *op. cit.*
[10] Mónica G. Moreno Figueroa, «"Linda morenita"...», *op. cit.*
[11] Esta historia fue publicada por Óscar Balderas en el portal de *Vice News*. Para mayores referencias, véase Óscar Balderas, «Papás ricos y niños bonitos: así se discrimina en algunas escuelas privadas de México», *Vice News*, 2017, recuperado de https://www.vice.com/es_latam/article/neemqx/papas-ricos-y-ninos-bonitos-asi-se-discrimina-en-algunas-escuelas-privadas-de-mexico.
[12] Óscar Balderas, «Papás ricos y niños bonitos...», *op. cit.*
[13] *Idem.*

[14] *Idem.*

[15] *Idem.*

[16] Patricio Solís, *et al.*, «Discriminación étnico-racial en México...», *op. cit.*, 2019, p. 18.

[17] *Ibid.*, p. 16.

[18] Cristina Masferrer León, «Yo no me siento contigo. Educación y racismo en pueblos afromexicanos», *Diálogos sobre educación. Temas actuales en investigación educativa 7*, núm. 13, 2016.

[19] De acuerdo con el Diccionario de la Real Academia Española, sorullo es un «tabaco mal torcido y de baja calidad», sin embargo, pudiera derivarse o relacionarse con el término *zurullo*, que hace referencia al excremento (*ibid.*, p. 10).

[20] *Idem.*

[21] Notimex, «Discriminan a niños indígenas en colegio La Salle, acusa Copred», *Excélsior*, 2014, recuperado de https://www.excelsior.com.mx/comunidad/2014/02/17/944252; Jimena Mejía, «Caso del niño mazateco: no era apto para estar en esa escuela», *Excélsior*, 2014, recuperado de https://www.excelsior.com.mx/comunidad/2014/02/19/944546.

[22] Filiberto Cruz Monroy, «Denuncia "bullying" niña mixteca de secundaria en Tepito», en *Excélsior*, 2013, recuperado de https://www.excelsior.com.mx/comunidad/2013/11/30/931311.

[23] La Evaluación Nacional de Logros Académicos en Centros Escolares (ENLACE) fue una prueba de conocimientos realizada por la SEP a nivel nacional que buscaba evaluar el desempeño de los estudiantes de nivel básico y medio superior en áreas académicas como español, matemáticas, ciencias naturales, historia y formación cívica y ética; la prueba se aplicó en un gran número de escuelas públicas y privadas del país. Se empezó a aplicar en 2008, y en 2014 fue sustituida por la evaluación Planea.

[24] Comisión Nacional de Libros de Texto Gratuitos, «Preservación de las lenguas indígenas», Gobierno de México, 2019, recuperado de https://www.gob.mx/conaliteg/articulos/preservacion-de-las-lenguas-indigenas-222785?idiom=es.

8. NUESTRO IDEAL DE BELLEZA

[1] Arturo Ávila Cano y José Antonio Rodríguez, «La India Bonita: Bibiana Uribe», *El Universal*, 2016, recuperado de https://www.eluniversal.com.mx/articulo/cultura/letras/2016/10/10/la-india-bonita-bibiana-uribe#imagen-1.

[2] Rick A. Lopez, «The India Bonita Contest of 1921 and the Ethnicization of Mexican National Culture», *Hispanic American Historical Review* 82, núm. 2, 2002, p. 303.

[3] Apen Ruiz, «La india bonita: nación, raza y género en el México revolucionario», *Signos históricos*, núm. 5, 2001, p. 157.

[4] «Once candidatos al premio en el Concurso de la India Bonita: Ayer reunió el jurado y escogió los tipos, que tendrán que venir a México para hacer la elección definitiva de triunfadores», *El Universal*, 23 de julio de 1921, citado en Rick A. López, *op. cit.*, 2002, p. 306.

[5] Arturo Ávila Cano y José Antonio Rodríguez, «La India Bonita...», *op. cit.*

[6] *Idem.*

[7] *Idem.*

[8] Rick A. López, «The India Bonita...», *op. cit.*, p. 305.

[9] Arturo Albarrán Samaniego, "1921, el año de la India Bonita. La apertura del discurso indigenista en El Universal", Artelogie [En línea], 12, 2018. <http://journals.openedition.org/artelogie/2729>.

[10] Para estos certámenes, cada estado de la República es representado por una participante y al final se elige una ganadora.

[11] Solo en el certamen Mexicana Universal vimos un 45% con tono de piel claro, 32% un tono de piel moreno claro, 23% un tono de piel moreno y ninguna de piel oscura.

[12] Agustín Basave B., *México mestizo: Análisis del nacionalismo mexicano en torno a la Mestizofilia*, México, FCE, 1992, p. 142.

[13] Mónica G. Moreno Figueroa, «"Linda Morenita": el color de la piel, la belleza y la política del mestizaje en México», en *Entretextos*, 2012, p. 6.

[14] Raymundo Campos-Vázquez, «The higher price of whiter skin: an analysis of escort services», *Applied Economics Letters*, 2020.

[15] Mónica G. Moreno Figueroa, «Displaced Looks: The Lived Experience of Beauty and Racism», *Feminist Theory* 14, núm. 2, 2013, pp. 144-145.

[16] Federico Navarrete, *México racista. Una denuncia*, México, Penguin Random House, 2016.

[17] Mónica G. Moreno Figueroa, «"Linda Morenita"…», *op. cit.*, p. 5.

[18] *Ibid.*, p. 4.

[19] https://www.youtube.com/watch?v=OjtdhQkhyiE.

[20] Carlos Monsiváis, *Apocalipstick*, México, Debolsillo, 2009, p. 260.

[21] Kantar Worldpanel, «Mexicanos le invierten al cuidado de su cabello», Kantar Worldpanel, recuperado el 5 de agosto de 2019 de https://www.kantarworldpanel.com/mx/Noticias-/Mexicanos-le-invierten-al-cuidado-de-su-cabello.

[22] Francisco Flores, «Amplía L'Oréal su planta de San Luis Potosí», *Somos Industria*, 2016, recuperado el 5 de agosto de 2019 de https://www.somosindustria.com/articulo/amplia-loreal-su-planta-de-san-luis-potosi/.

[23] Geoffrey Jones, «Globalizing Latin American Beauty: The Making of a Giant Business», *ReVista: Harvard Review of Latin America. Beauty*, vol. 16, núm. 3, 2017, p. 10.

[24] Se realizaron 41 814 rinoplastias, 34 538 injertos grasos y 10 251 modelaciones óseo-faciales. En Estados Unidos ese mismo año se practicaron apenas 19 733 más de ese mismo tipo de intervenciones utilizadas para occidentalizar los rasgos físicos, a pesar de que la población es tres veces más numerosa y su poder adquisitivo es significativamente mayor (Asociación Internacional de Cirugía Plástica Estética [ISAPS], «ISAPS International Survey on Aesthetic/Cosmetic Procedures», 2018, recuperado de https://www.isaps.org/wp-content/uploads/2019/12/ISAPS-Global-Survey-Results-2018-new.pdf, pp. 15-17).

[25] Chilango, «Doctor, ¡quiero ser blanco!», *Chilango*, 2018, recuperado de https://www.chilango.com/noticias/reportajes/blanqueamiento-de-piel-racismo/.

[26] https://www.youtube.com/watch?v=PZiYJ7_oZrQ.

[27] Telemundo 51, «Investigan venta de cremas y jabones con peligrosos niveles de mercurio», Telemundo 51, 2019, recuperado de https://www.telemundo51.com/noticias/reportajes-especiales/investigan-venta-de-cremas-y-jabones-con-peligrosos-niveles-de-mercurio/117531/.

[28] Chilango, «Doctor, ¡quiero ser blanco!», *op. cit.*

[29] Anne McClintock, *Imperial Leather: Race, Gender and Sexuality in the Colonial Contest*. Nueva York, Routledge, 1995, p. 210, citado en Yaba Amgborale Blay, «Skin Bleaching and Global White Supremacy: By Way of Introduction», en *Journal of Pan African Studies* 4, núm. 4, 2010, pp. 4-46.

[30] Yaba Amgborale Blay, «Skin Bleaching…», *op. cit.*, 2010.

[31] Susan Brownmiller, *Femininity*, Nueva York: Simon & Schuster, Inc., 1984, citado en Yaba Amgborale Blay, «Skin Bleaching…», *op. cit.*, p. 21.

9. EL RACISMO EN LA PUBLICIDAD

[1] Mariana Limón Rugerio, «Las razones del racismo en la publicidad», *Chilango*, 2018, recuperado de https://www.chilango.com/ciudad/racismo-en-la-publicidad/.

[2] Federico Navarrete, *México racista. Una denuncia*, México, Penguin Random House, 2016, p. 60.

[3] *Idem.*

[4] Mariana Limón Rugerio, «Las razones del racismo…», *op. cit.*

[5] Nareni Gamboa, «Racismo en la televisión, en el cine, en el teatro», *Nexos*, 2018, recuperado de https://cultura.nexos.com.mx/?p=16732.

[6] *Idem.*

[7] Los datos se extrajeron del material audiovisual que se presentó en el XXIX Festival Círculo de Oro 2019, un certamen que organiza la organización sin fines de lucro Círculo Creativo año con año para elegir los mejores contenidos audiovisuales realizados en el país. Específicamente, se analizaron los contenidos audiovisuales que fueran enfocados a la pantalla chica, es decir, comerciales que fueron lanzados al aire en la televisión mexicana. Se diferenciaron para este análisis únicamente dos grandes tonalidades de piel: «claro» y «moreno», sin reparar en las gradaciones de la segunda tonalidad. Únicamente tomamos en cuenta a las personas que dentro del comercial salían en primer plano de la cámara, sin considerar «extras».

[8] Durante una entrevista, uno de los creadores de esta campaña detalló que «en este trabajo se buscó crear una campaña que represente a todos los mexicanos, sin importar clase social, geografía, acentos o edades». (Redacción Adlatina, «"México unido", lo nuevo de Made para Cerveza Indio», Adlatina, 2017, recuperado de https://www.adlatina.com/articulo.php?slug=/publicidad/"méxico-unido"-lo-nuevo-de-made-para-cerveza-indio).

[9] Federico Navarrete, *México racista…, op. cit.*

[10] Cynthia Sánchez, «Los pedimos mexicanos, pero no tanto», *El Universal*, 2013, recuperado de https://archivo.eluniversal.com.mx/ciudad-metropoli/2013/-34los-pedimos-mexicanos-pero-no-tanto-34-954486.html.

[11] *Idem.*

[12] Redacción de *Proceso*, «Piden "look" Polanco y "nadie moreno" para comercial de Aeroméxico», *Proceso*, 2013, recuperado de https://www.proceso.com.mx/350295/piden-look-polanco-y-nadie-moreno-para-comercial-de-aeromexico.

[13] Federico Navarrete, *México racista, op. cit.*, p. 81.

[14] *Ibid.*, p. 156.

[15] Sacnité Bastida, «Cuestión de color. La campaña de la mujer real de Dove palideció en México. ¿Nuestra publicidad es racista?», *Expansión*, 26 de octubre de 2005, pp. 120-122, citado en Federico Navarrete, *México racista, op. cit.*, pp. 63-64.

[16] *Idem.*

[17] *Ibid.*, p. 65.

[18] Índigo Staff, «Usuarios acusan racismo en comercial de CAPUFE y la dependencia borra el vídeo», *Reporte Índigo*, 2017, recuperado de https://www.reporteindigo.com/reporte/usuarios-acusan-racismo-en-comercial-capufe-la-dependencia-borra-video/.

[19] Mariana Limón Rugerio, «Las razones del racismo…», *op. cit.*

[20] Darinka Rodríguez, «#OrgullosamenteIndio: la campaña en contra del racismo que solo utiliza personas blancas», *El País Verne*, 2018, recuperado de https://verne.elpais.com/verne/2018/10/03/mexico/1538595712_558948.html.

[21] Mario Cantú Toscano, «La pinche India», Celcit, Dramática Latinoamericana 432.

10. EL CINE Y LA TELEVISIÓN

[1] https://www.youtube.com/watch?v=nyNSDjh_6vM.

[2] «Censura Derbez críticas sobre Memín Pinguín», *El Siglo de Torreón*, 13 de marzo de 2007, citado en Federico Navarrete, *México racista. Una denuncia*, México, Penguin Random House, 2016, p. 179.

[3] Mónica G. Moreno Figueroa y Emiko Saldívar Tanaka, «Comics, Dolls and the Disavowal of Racism», en *Creolizing Europe*, 2016.

[4] Enrique Krauze, «The Pride in Memin Pinguin», *The Washington Post*, 2005, citado en Mónica G., Moreno Figueroa y Emiko Saldívar Tanaka, *op. cit.*, 2016, pp. 184-185.

[5] Palapa Quijas, Montaño Garfias y Materos Vega, «Memín Pinguín no es ícono popular

del racismo en México», *La Jornada*, 2005, citado en Mónica G., Moreno Figueroa y Emiko Saldívar Tanaka, «Comics, Dolls…», *op. cit.*, pp. 184-185.

[6] Citado en Mónica G. Moreno Figueroa y Emiko Saldívar Tanaka, «Comics, Dolls…», *op. cit.*, pp. 193-194.

[7] Carlos Monsiváis, «De las tribulaciones de Memín Pinguín», *E-Misférica*, vol. 5, núm. 2, 2008, citado en Mónica G. Moreno Figueroa y Emiko Saldívar Tanaka, «Comics, Dolls…», *op. cit.*, p. 194.

[8] Ernesto Diezmartínez, «El racismo en el cine mexicano», *Letras Libres*, 2015, recuperado de https://www.letraslibres.com/mexico/el-racismo-en-en-el-cine-mexicano.

[9] César Carrillo, *El racismo en México. Una visión sintética*, México, Conaculta, 2010.

[10] Luis Pablo Beauregard, «Racismo en la pantalla», *El País*, 2016, recuperado de https://elpais.com/cultura/2016/07/08/actualidad/1467950853_447975.html.

[11] Margot Castañeda de la Cruz, «El racismo que consumimos en el cine y la televisión mexicana», *Chilango*, 2018, recuperado de https://www.chilango.com/cultura/personajes-racistas/.

[12] César Carrillo, *El racismo en México*, *op. cit.*

[13] Véase un fragmento en https://www.youtube.com/watch?v=DGBubPHseb4.

[14] Margot Castañeda de la Cruz, «El racismo que consumimos…», *op. cit.*

[15] Eugenia Iturriaga Acevedo, *Las elites de la ciudad blanca: discursos racistas sobre la otredad*, UNAM, 2016, p. 323.

[16] Carlos Muñiz, Felipe Marañón y Alma Rosa Saldierna, «¿Retratando la realidad? Análisis de los estereotipos de los indígenas presentes en los programas de ficción de la televisión mexicana», *Palabra Clave 17*, núm. 2, 2014, pp. 263-293.

[17] Jimmy Alfonso Pérez Sánchez, «Pigmentocracia y medios de comunicación en el México actual: la importancia de las representaciones socio-raciales y de clase en la televisión mexicana», 2012.

[18] Arturo Perea, «Los morenos no podemos protagonizar TV», *Reforma*, 2016, recuperado de https://www.reforma.com/aplicaciones/articulo/default.aspx?id=886878.

[19] Nareni Gamboa, «Racismo en la televisión, en el cine, en el teatro», *Nexos*, 2018, recuperado de https://cultura.nexos.com.mx/?p=16732.

[20] Freeform (@FreeformTV), «An open letter to the Poor, Unfortunate Souls: #TheLittleMermaid #Ariel #MyAriel», 6 de julio de 2019, Twitter, recuperado de https://bit.ly/3aIU6N8.

11. LA COMENTOCRACIA Y LOS MEDIOS

[1] Hernán Gómez Bruera, «La oligarquía comentocrática», *El Universal*, 2018, recuperado de https://www.eluniversal.com.mx/articulo/hernan-gomez-bruera/nacion/la-oligarquia-comentocratica.

[2] Ricardo Aguirre Cuéllar, «Carta a un amigo», en *Latitud Megalópolis*, 2018, recuperado de https://latitudmegalopolis.com/2018/09/24/carta-a-un-amigo-31/.

[3] Instituto Nacional de Estadística y Geografía (Inegi), «Módulo de Movilidad Social Intergeneracional (MMSI)», 2016, y Centro de Estudios Espinosa-Yglesias, «Encuesta de Movilidad Social 2017 (ESRU-EMOVI)», 2017.

[4] Para estos cálculos se utilizó el listado de la Plantillas de Radio y Televisión y la Plantilla de Medios Impresos de Eficiencia Informativa de Central de Inteligencia Política. Se seleccionaron a los conductores y panelistas de los principales programas de noticias, análisis y debate políticos transmitidos por una lista de canales de televisión y medios impresos considerados como los más importantes a nivel nacional. En la lista se incluyeron 13 presentadores de TV Azteca; 33 de Foro TV; 15 de Las Estrellas; 21 de Canal Once; seis de Imagen Televisión; 37 de ADN 40; 12 de El Financiero Bloomberg y 35 de Milenio TV. En cuanto a los columnistas en medios impresos, se eligieron a 16 de *Reforma*, 47 de

Excélsior, 21 de *El Universal*, nueve de *La Jornada*, 38 de *El Financiero Bloomberg* y 31 de *El Economista*.

[5] Alicia Castellanos Guerrero, Jorge Gómez Izquierdo y Francisco Pineda, «El discurso racista En México», en *Racismo y discurso en América Latina*, 2a. ed., Barcelona, Gedisa Editorial, 2016, p. 308.

[6] *Reforma*, 3 de enero de 1994, citado en Alicia Castellanos Guerrero Jorge Gómez Izquierdo y Francisco Pineda, *Racismo y discurso...*, *op. cit.*, p. 314.

[7] Alicia Castellanos Guerrero, Jorge Gómez Izquierdo y Francisco Pineda, *Racismo y discurso...*, *op. cit.*, p. 308.

[8] *Ibid.*, p. 309.

[9] *Ibid.*, p. 310.

[10] *Ibid.*, p. 312.

[11] *Ibid.*, p. 311.

[12] *Ibid.*, p. 310.

[13] *Idem.*

[14] Organización de las Naciones Unidas para la Educación, la Ciencia y la Cultura (UNESCO), «Declaración sobre la Raza y los Prejuicios Raciales», 1978, recuperado de http://portal. unesco.org/es/ev.php-URL_ID=13161&URL_DO=DO_TOPIC&URL_SECTION=201. html.

[15] Karla Agis, Mireya González y Javier Aceves, «Así es como las revistas mexicanas reflejan la discriminación racial en México», BuzzFeed, 2016, recuperado de https://www.buzz-feed.com/mx/karlaagis/asi-es-como-se-refleja-la-discriminacion-racial-de-mexico-en.

[16] *Idem.*

[17] Consejo Nacional para Prevenir la Discriminación (Conapred), *Encuesta Nacional de Discriminación, 2010. Resultados Generales*, 2011.

[18] Federico Navarrete, «El racismo de @CartonCalderon es realmente descarado. ¿Cómo le puede parecer chistoso o ilustrativo o siquiera admisible representar así a México? ¿Él se ve a sí mismo así o solo a los demás mexicanos? ¿Si se quiere burlar de Peña Nieto por qué no lo dibuja a él? Twitter, 2018, recuperado de https://twitter.com/fedenavarrete/status/1035729385482006528?lang=da.

[19] @poisonJadeVine, «Otro cartón racista de @CartonCalderon, Twitter, 2018, recuperado de https://twitter.com/poisonjadevine/status/967039795401773056?lang=fa.

[20] Monoaureo, «Canadian Club», Hemeroteca de Cartones, 2017, recuperado de https://monoaureo.com/2017/02/26/canadian-club/.

[21] Monoaureo, «Yo, pecador», Hemeroteca de Cartones, 2016, recuperado de https://monoaureo.com/2016/02/21/yo-pecador/.

12. EL RACISMO CADENERO

[1] Eugenia Iturriaga Acevedo, *Las elites de la ciudad blanca: discursos racistas sobre la otredad*, UNAM, 2016, p. 219.

[2] *Ibid.*, pp. 220-221.

[3] *Ibid.*, pp. 224-229.

[4] Óscar Balderas, «"La gente es como la basura: hay que separarla": cadeneros de antros en México», Vice News, 2017, recuperado de https://www.vice.com/es_latam/article/yww7xg/la-gente-es-como-la-basura-hay-que-separarla-cadeneros-de-antros-en-mexico.

[5] *Idem.*

[6] *Idem.*

[7] *Idem.*

[8] Tonatiuh Suárez Meaney, Jair Arriaga Carbajal y Andrés Portilla Martínez, «El racismo y su negación en México», Animal Político, 2018, recuperado de https://www.animal-politico.com/blog-invitado/racismo-negacion-mexico/.

[9] Óscar Balderas, «"La gente es como la basura…», *op. cit.*

[10] Patricio Solís *et al.*, «Discriminación étnico-racial en México: una taxonomía de las prácticas», en *La métrica de lo intangible: del concepto a la medición de la discriminación*, México, Conapred/Universidad de Guadalajara, 2019, p. 81.

13. LA MIGRACIÓN «DESEABLE» E «INDESEABLE»

[1] Editorial Medio Tiempo, «El conjunto de Santos podría ser analizado por racismo contra Baloy», *Medio Tiempo*, 2006, recuperado de https://www.mediotiempo.com/futbol/liga-mx/el-conjunto-de-santos-podria-ser-analizado-por-racismo-contra-baloy.

[2] Redacción, «Acusa Baloy de racismo a Palacios y Verón», *El Siglo de Torreón*, 2010, recuperado de https://www.elsiglodetorreon.com.mx/noticia/522994.acusa-baloy-de-racismo-a-palacios-y-veron.html.

[3] Editorial *Medio Tiempo*, «Lanza afición de Pumas gritos racistas a Benítez», *Medio Tiempo*, 2013, recuperado de https://www.mediotiempo.com/futbol/liga-mx/lanza-aficion-pumas-gritos-racistas-benitez.

[4] Redacción, «Valencia y Ayoví víctimas de racismo por parte de afición», Radio Fórmula, 2014, recuperado de https://www.radioformula.com.mx/deportes/futbol/20140216/valencia-y-ayovi-victimas-de-racismo-por-parte-de-aficion-con-enrique-munoz/.

[5] Juan Diego Quesada, «La sombra del racismo acecha a la liga mexicana de fútbol», *El País*, 2015, recuperado de https://elpais.com/deportes/2015/12/08/actualidad/1449585075_798293.html.

[6] Este caso derivó en una queja ante la CNDH que puede consultarse en la siguiente liga https://cdhcm.org.mx/2014/06/seguimiento-a-recomendacion-16_2013/.

[7] Entrevista a Pablo Álvarez Icaza, funcionario del Copred, 15 de enero de 2020, México.

[8] Federico Navarrete, *México racista. Una denuncia*, México, Penguin Random House, 2016, p. 109.

[9] Jürgen Buchenau, «Small Numbers, Great Impact: Mexico and Its Immigrants, 1821-1973», en *Journal of American Ethnic History* 20, núm. 3, pp. 23-49.

[10] Olivia Gall, «Racismos y xenofobias mexicanos frente a los migrantes: 1910-2018», *REMHU* 26, núm. 53, 2018, p. 117.

[11] Hans Wollny, «Asylum Policy in Mexico: A Survey», *Journal of Refugee Studies* 4, núm. 3, 1991, p. 223.

[12] Daniela Gleizer, «Recordar lo que no pasó: memoria y usos del olvido en torno a la recepción de los refugiados judíos del nazismo en México», *Revista de Indias* 72, núm. 255, 2012, p. 467.

[13] Pablo Yankelevich y Chanillo Alazraki, «La arquitectura de la política de inmigración en México», en Pablo Yankelevich (coord.), *Nación y extranjería*, México, PUMC/UNAM, 2010, p. 196, citado en Olivia Gall, «Mexican Long-Living Mestizophilia versus a Democracy Open to Diversity», *Latin American and Caribbean Ethnic Studies* 8, núm. 3, 2013, p. 291.

[14] Si bien esta ley aún mantiene la tendencia a considerar necesaria la inmigración colectiva, facultó, de acuerdo con el artículo 64, a la Secretaría de Gobernación para restringir y seleccionar la inmigración. Ley de Migración, 30 de agosto de 1930, *Diario Oficial de la Federación*, t. LXI.

[15] Marta Saade, «Una raza prohibida: afrodescendientes en México», Pablo Yankelevich (coord.), *Nación…, op. cit.*, pp. 237-238, citado en Olivia Gall, «Mexican Long-Living…», *op. cit.*, p. 291.

[16] Daniela Gleizer, «México y el refugio a judíos a partir de la "solución final"», en Pablo Yankelevich (coord.), *Nación…, op. cit.*, p. 254, citado en Olivia Gall, «Mexican Long Living…, *op. cit.*, p. 291.

[17] Daniela Gleizer, «Recordar lo que no pasó…», *Revista de Indias* 72, núm. 255, 2012, p. 467.

[18] Pedro Salmerón, «Benjamín Argumedo y los Colorados de la Laguna», *Estudios de Historia Moderna y Contemporánea de México* 28, núm. 334, 2004, p. 186.

[19] *Ibid.*, p. 187.

[20] *Idem.*

[21] Ricardo Raphael, *El otro México: Un viaje hacia el país de las historias extraordinarias*, México, Ediciones Temas de Hoy, 2011, p. 314.

[22] Alejandra Stern, «Mestizofilia, biotipología y eugenesia en el México posrevolucionario: hacia una historia de la ciencia y el Estado, 1920-1960», *Relaciones. Estudios de historia y sociedad* 21, núm. 81, 2000, p. 64.

[23] Ricardo Raphael, *El otro México…*, *op. cit.*, p. 314.

[24] *Idem.*

[25] *Idem.*

[26] *Ibid.*, p. 316.

[27] *Ibid.*, p. 317.

[28] *Ibid.*, p. 318.

[29] Cartas de la Liga Nacional Anti-China y Anti-Judía al presidente de la República; al ministro de Gobernación y al ministro de Industria y Comercio, 23 de octubre de 1930, A.G.N. Gob., 2-360(29)8105, citado en Judit Bokser Liwerant, «El México de los años treinta: cardenismo, inmigración judía y antisemitismo», en Delia Salazar (coord.), *Xenofobias y xenofilia en la historia de México, siglos XVIII y XIX*, México, Dirección de Estudios Históricos, 2006, p. 5.

[30] Véase A.G.N. 2-360 (1). «No más judíos inmigrantes», *El Nacional Revolucionario*, México, 2 de marzo de 1931; «El mago de los sueños negros», 8 de mayo de 1931, citado en Judit Bokser Liwerant, «El México de los años treinta…», *op. cit.*, p. 6.

[31] Judit Bokser, «El México de los años treinta…», *op. cit.*, p. 29.

[32] Carta de los comerciantes, industriales y profesionistas honorables al presidente Abelardo Rodríguez, 4 de agosto de 1933, A.G.N. Gob., 5-9.2-41, citada en Judit Bokser, «El México de los años treinta…», *op. cit.*, pp. 7-8.

[33] Hans Wollny, «Asylum Policy in Mexico: A Survey», *Journal of Refugee Studies* 4, núm. 3, 1991, pp. 219-236.

[34] Daniela Gleizer, *El exilio incómodo. México y los refugiados judíos, 1933-1945*, México, El Colegio de México-Centro de Estudios Históricos/UAM, Unidad Cuajimalpa, 2011, p. 16.

[35] Gleizer, Daniela. «Recordar lo que no pasó…», *Revista de Indias* 72, núm. 255, 2012, p. 468.

[36] Daniela Gleizer, *El exilio incómodo…*, *op. cit.*, pp. 40-41.

[37] Circular Confidencial n° IV-32-71, «Prohibiciones y Restricciones Establecidas en Materia Migratoria», Secretaría de Gobernación, 11 de agosto de 1934, Archivo de Relaciones Exteriores (AREM), Ramo Entrada a México de Judíos Americanos, citado en Judit Bokser, «El México de los años treinta…», *op. cit.*, p. 11.

[38] Judit Bokser, «El México de los años treinta…», *op. cit.*, pp. 17-18.

[39] Informe correspondiente a marzo de 1938 enviado por el Encargado de Negocios *ad interim* en la Embajada de México en los Estados Unidos, Luis Quintanilla, Washington, 31 de marzo de 1938, AREM, 30-3-9 (I), citado en Judit Bokser, «El México de los años treinta…», *op. cit.*, p. 21.

[40] Memorándum del secretario de Gobernación para el presidente de la República, México, 3 de enero de 1939, AREM, Ramo Refugiados III-1246-9-I (549/18), citado en Judit Bokser, «El México de los años treinta…», *op. cit.*

[41] Daniela Gleizer, «Recordar lo que no pasó…», *Revista de Indias* 72, núm. 255, 2012, p. 474.

[42] Hernán Gómez Bruera, «Sr. Migrante, Bienvenido a México», *El Universal*, 2018, recuperado de https://www.eluniversal.com.mx/articulo/hernan-gomez-bruera/nacion/sr-migrante-bienvenido-mexico.

[43] Elba Coria y Patricia Zamudio, «Inmigrantes y refugiados: ¿Mi casa es tu casa?», *Documentos de Política Migratoria*, CIDE, 2018, p. 9.

[44] Jenaro Villamil, «El racismo y la xenofobia explotaron en las redes», *Proceso*, 2018, recuperado de https://www.proceso.com.mx/556299/el-racismo-y-la-xenofobia-explotaron-en-las-redes.

[45] Consejo Nacional para Prevenir la Discriminación (Conapred), «Encuesta Nacional sobre Discriminación en México. Resultados Generales», México, Conapred, 2011, p. 36.

[46] Edgar Morales Sales y Guadalupe Carrillo, «Expresiones relevantes de la xenofobia en México en el siglo XX y en los primeros años del siglo XXI», en *Temas de historia y discontinuidad sociocultural en México*, Universidad Autónoma del Estado de México, 2015, p. 89.

[47] Conapred, «Mitos y realidades sobre la Caravana migrante y las personas refugiadas», 2018, recuperado de https://www.conapred.org.mx/userfiles/files/MR_Caravana_OK.pdf.

[48] Centro de Investigación y Docencia Económicas (CIDE), Encuesta México, las Américas y el Mundo 2013, Reporte México 2012-2013, p. 17.

[49] Maritza Caicedo y Agustín Morales Mena, «Imaginarios de la migración internacional en México. Una mirada a los que se van y a los que llegan. Encuesta Nacional de Migración», México, UNAM, 2015.

[50] Instituto Nacional de Geografía y Estadística (Inegi), Encuesta Intercensal 2015. Tabulados de Migración, 2015; Redacción, «Estadounidenses ilegales en México aumentan 37.8%», *Excélsior*, 2017, recuperado de https://www.excelsior.com.mx/nacional/2017/02/28/1149157.

[51] Astrid Cuero Montenegro, «Racismo, migración y colonialismo interno. México frente a la implosión de las fronteras nacionales con el paso de la caravana migrante centroamericana», *Iberoamérica Social. Revista de Estudios Sociales* 6, núm. 11, 2018, p. 13.

[52] Maritza Caicedo y Agustín Morales Mena, «Imaginarios de la migración…», *op. cit.*

[53] Consulta Mitofsky, «Endurecimiento de medidas a migrantes», 2019, recuperado de http://www.consulta.mx/index.php/encuestas-e-investigaciones/item/1303-endurecimiento-de-medidas-a-migrantes.

[54] Milenio Digital, «Ya no queremos migrantes en Tijuana: alcalde», *Milenio*, 2018, recuperado de https://www.milenio.com/estados/ya-no-queremos-migrantes-en-tijuana-alcalde.

14. ESA FORMA DE TRABAJO FEUDAL QUE NOS PARECE TAN NORMAL

[1] La historia fue contada a Eugenia Iturriaga por una persona no identificada (Eugenia Iturriaga Acevedo, *Las elites de la ciudad blanca: discursos racistas sobre la otredad*, México, UNAM, 2016, pp. 193-194). Aquí la llamamos Adriana.

[2] El nombre de Adriana es ficticio. La entrevistada de Iturriaga no reveló su identidad.

[3] *Ibid.*, p. 194.

[4] Consejo Nacional para Prevenir la Discriminación (Conapred), Encuesta Nacional de Discriminación 2010. Resultados Generales, 2011, p. 26.

[5] *Ibid.*, p. 28.

[6] Instituto Nacional de Estadística y Geografía, Encuesta Nacional de Ocupación y Empleo. Cifras durante el primer trimestre de 2018, 2018.

[7] El 57.1% de las trabajadoras del hogar remuneradas declaró que en el país se respetan poco o nada sus derechos; le sigue en porcentaje la población indígena, con 49.1 y las personas con discapacidad, con 48.1% (Conapred, Encuesta Nacional sobre Discriminación 2017. Prontuario de resultados, 2018, p. 97).

[8] Conapred, «Condiciones laborales de las trabajadoras domésticas. Estudio cuantitativo con trabajadoras domésticas», 2015, p. 11, recuperado de http://www.conapred.org.

mx/userfiles/files/TH_completo_FINAL_INACCSS.pdf?wptouch_preview_theme=e-nabled.

[9] Conapred, Encuesta Nacional…, *op. cit.*, 2018, p. 50.

[10] Secretaría del Trabajo y Previsión Social (STPS), «El trabajo doméstico en México: la gran deuda social», México, Gobierno de la República, 2016, p. 53.

[11] Dorian Villanueva, «Empleadas del hogar ganan en promedio mil 550 pesos al mes», *La Jornada*, 2020, recuperado de https://www.jornada.com.mx/2020/02/04/politica/006n1pol.

[12] Conapred, «Condiciones laborales…», *op. cit.*, p. 51.

[13] *Ibid.*, p. 19.

[14] Abril Saldaña, «Racismo, proximidad y mestizaje: el caso de las mujeres en el servicio doméstico en México», *Trayectorias* 15, núm. 37, 2013, p. 74.

[15] Según el Inegi, en el año 2010, 18.6% de las personas en el servicio doméstico reportaron ser indígenas, citado en Abril Saldaña, «Racismo, proximidad y mestizaje…», *op. cit.*, 2013, pp. 75-76.

[16] Conapred, Encuesta Nacional…, *op. cit.*, 2018, p. 38.

[17] En la Ciudad de Monterrey, por ejemplo, ocho de cada diez mujeres indígenas en Monterrey y su área metropolitana se dedican al trabajo en el hogar (Séverine Durin, «Trabajadoras del hogar indígenas y *au pairs* latinas en el orden doméstico global. Mujeres migrantes en los márgenes de las regulaciones laborales», en *Migración: nuevos actores, procesos y retos. Vol. 1. Migración internacional y mercados de trabajo*, México, Colección México, CIESAS, 2017, p. 19).

[18] *Ibid.*, p. 21.

[19] *Ibid.*, p. 50.

[20] Ainara Arrieta, *El trato social hacia las mujeres indígenas que ejercen trabajo doméstico en zonas urbanas*, Ciudad de México, Dirección General Adjunta de Estudios, Legislación y Políticas Públicas/Conapred, 2008, p. 21.

[21] Silvia Loret de Mola, «¿Existe racismo en Yucatán?», *Diario de Yucatán*, 14 de marzo de 2016, p. 4.

[22] *Idem.*

[23] *Idem.*

[24] Debo estas reflexiones a Xavi Sala.

[25] Carlos Bonfil, «El ombligo de Guie'dani», *La Jornada*, 2019, recuperado de https://www.jornada.com.mx/2019/10/06/opinion/a07a1esp.

15. EL RACISMO EN LA POLÍTICA

[1] Citado en Mónica G. Moreno Figueroa, «Mestizaje, cotidianeidad y las prácticas contemporáneas del racismo en México», en Elisabeth Cunin (coord.), *Mestizaje, diferencia y nación. Lo «negro» en América Central y el Caribe*, México, INAH, 2010, p. 131.

[2] Redacción Animal Político, «Se disculpa exfuncionario que llamó "simio" a Ronaldinho», *Animal Político*, 2014, recuperado de https://www.animalpolitico.com/2014/09/llama-exfuncionario-simio-ronaldinho-gallos-blancos-pide-sancion/.

[3] https://www.youtube.com/watch?v=Fce8tdjGbx0.

[4] Federico Navarrete, *Alfabeto del racismo mexicano*, México, Malpaso Ediciones, 2017.

[5] Katia Rejón, «El racismo es una forma de concebir el mundo: Eugenia Iturriaga», *La Jornada*, 2019, recuperado de https://www.lajornadamaya.mx/2019-05-14/El-racismo-es-una-forma-de-concebir-el-mundo--Eugenia-Iturriaga.

[6] Debate, «Titular de CDI cambia nombres a pueblos indígenas; son "raros", dijo», *Debate*, 2014, recuperado de https://www.debate.com.mx/mexico/Titular-de-CDI-cambia-nombres-a-pueblos-indigenas-son-raros-dijo-20140304-0186.html.

[7] Artículo 3 de la Ley de la Comisión Nacional para el Desarrollo de los Pueblos Indígenas, https://www.gob.mx/cms/uploads/attachment/file/32281/cdi-ley-de-la-cdi.pdf.

[8] Gibrán Ramírez, «Diatriba de Enrique Krauze, propagador de odio», en *Milenio Diario*, 11 de mayo de 2020, recuperado de https://www.milenio.com/opinion/gibran-ramirez-reyes/pensandolo-mejor/diatriba-de-enrique-krauze-propagador-de-odio.

[9] Manu Ureste, «Funcionario renuncia tras comentario racista contra perredistas», *Animal Político*, 2014, recuperado de https://www.animalpolitico.com/2014/07/funcionario-renuncia-tras-comentario-racista-contra-perredistas/.

[10] Federico Navarrete, *México racista. Una denuncia*, México, Penguin Random House, 2016, p. 116.

[11] *Ibid.*, p. 155.

[12] En casi todos los grupos parlamentarios la tez clara es minoritaria: PRD 27%, PVEM 23%, PES 27%, MC 27%, PT 21%, PRI 38%, PAN 33% y Morena 19 por ciento.

[13] En medio se sitúan partidos como el PRI, con 43%, el PAN, con 42%, y Morena, con 41%. En el PT hay únicamente un 17% de senadores de tez clara.

[14] Se analizaron para esta categoría los gabinetes presidenciales con los cuales empezaron su gobierno Felipe Calderón Hinojosa (2006), Enrique Peña Nieto (2012) y Andrés Manuel López Obrador (2018). El análisis no consideró los gabinetes ampliados, y contempla las secretarías de Estado existentes en ese momento.

[15] Se contemplaron los gobernadores de las 32 entidades federativas que se encontraban en funciones en septiembre de 2019.

[16] Se escogieron las universidades autónomas de las 32 entidades federativas, así como otras instituciones de nivel superior relevantes a nivel nacional, como el IPN y la UAM. En el caso de las universidades privadas, se seleccionaron las 22 universidades con mayor presencia a nivel nacional.

[17] Rosario Aguilar, «Los tonos de los desafíos democráticos: el color de la piel y la raza en México», en *Política y gobierno*, 2013, pp. 25-57.

[18] Agustín Velasco, «Photoshop, el mejor amigo de los candidatos», La Silla Rota, 2015, recuperado de https://lasillarota.com/photoshop-el-mejor-amigo-de-los-candidatos/80010.

[19] Agustín Velasco, «Aspirantes a gobernadores "enchulan" sus candidaturas con Photoshop», La Silla Rota, recuperado de https://lasillarota.com/aspirantes-a-gobernadores-enchulan-sus-candidaturas-con-photoshop/112731.

[20] Luis Pablo Beauregard, «Una candidata presidencial con problemas de crédito», *El País*, 2017, recuperado de https://elpais.com/internacional/2017/10/11/mexico/1507747812_669389.html.

[21] *Idem.*

[22] José Gil Olmos, «La discriminación del INE a Marichuy», *Proceso*, 2017, recuperado de https://www.proceso.com.mx/510256/la-discriminacion-del-ine-a-marichuy.

16. LA PEJEFOBIA

[1] Hernán Gómez Bruera, «La pejefobia», *El Universal*, 2018, recuperado de https://www.eluniversal.com.mx/articulo/hernan-gomez-bruera/nacion/la-pejefobia.

[2] *Idem.*

[3] Gato, para quien no lo sepa, es una manera despectiva para referirse a la gente que realiza trabajos en el hogar, sean empleadas domésticas, conserjes o ayudantes en general.

[4] Enrique Krauze, «El mesías tropical», *Letras Libres*, 2006, recuperado de https://www.letraslibres.com/espana-mexico/revista/el-mesias-tropical.

[5] https://twitter.com/HernanGomezB/status/1125150411608940544.

[6] Héctor Alejandro Quintanar, «Los ladridos de la "perrada" y "masa ignorante" que apoya a AMLO», *Nación 321*, 2019, recuperado de https://www.nacion321.com/opinion/los-ladridos-de-la-perrada-y-masa-ignorante-que-apoya-a-amlo.

[7] Mónica Cruz, «Enrique Ochoa, presidente del PRI, llama "prietos" a los militantes de Morena», El País, 2018, recuperado de https://elpais.com/internacional/2018/02/10/mexico/1518297366_560676.html.

[8] Para justificarse ante las críticas de clasismo y racismo que siguieron a su tuit, Mariana Gómez del Campo tan solo escribió: «Es una caricatura... Tranquilos», citado de la Redacción de Sin Embargo. «Mariana Gómez del Campo (PAN) critica a los "fifís de ocasión" y las redes la tachan de "clasista" », Sin Embargo, 2018, recuperado de https://www.sinembargo.mx/06-10-2018/3481071.

[9] Blanca Heredia, «Nos volvimos extranjeros (en la 4T)», El Financiero, 2019, recuperado de https://www.elfinanciero.com.mx/opinion/blanca-heredia/nos-volvimos-extranjeros-en-la-4t.

[10] Dentro del gabinete presidencial de AMLO la piel morena estaba mejor representada de lo que lo estuvo en los dos gobiernos anteriores, al alcanzar 50% en las distintas tonalidades morenas, en contraste con 32% de Peña y 25% de Calderón.

17. SUPERAR LA NEGACIÓN

[1] Juan A. Santaella, Twitter, 2017, recuperado de https://twitter.com/SantaellaJulio/status/875733323276062722.

[2] David Páramo, «Guerra de Castas recargada», Dinero en Imagen, 2017, recuperado de https://www.dineroenimagen.com/2017-06-19/87906.

[3] Mónica G. Moreno Figueroa, «Displaced Looks: The Lived Experience of Beauty and Racism», Feminist Theory 14, núm. 2, 2013, p. 139.

[4] Mónica G. Moreno Figueroa, «Distributed Intensities: Whiteness, Mestizaje and the Logics of Mexican Racism», Ethnicities 10, núm. 3, 2010, p. 391.

[5] Voto particular presentado por el diputado Bernardo Bátiz Vásquez, citado en Alicia Castellanos Guerrero, Jorge Gómez Izquierdo y Francisco Pineda, «El discurso racista en México», en Racismo y discurso en América Latina, segunda ed., Barcelona, Gedisa Editorial, 2016, p. 316.

[6] Alicia Castellanos Guerrero, Jorge Gómez Izquierdo y Francisco Pineda, Racismo y discurso..., op. cit., p. 319.

[7] Banco Mundial, Afrodescendientes en Latinoamérica: Hacia un marco de inclusión, Washington, D. C., Banco Mundial, 2018, p. 55.

[8] Tal fue el caso del actor Mauricio Martínez que argumentó así: «Benito Juárez fue presidente de México en 1858. En Estados Unidos no hubo un presidente de color sino hasta 2009, cuando Obama llegó al poder. Con eso tienes para darte cuenta de que el tema del racismo aquí en Estados Unidos es mucho más profundo. No niego que México sea racista. Pero no se compara».

[9] Mónica G. Moreno Figueroa, «Mestizaje, cotidianeidad...», op. cit., p. 130.

[10] Tonatiuh Suárez Meaney, Jair Arriaga Carbajal y Andrés Portilla Martínez, «El racismo y su negación en México», Animal Político, 2018, recuperado de https://www.animalpolitico.com/blog-invitado/racismo-negacion-mexico/.

[11] El País, «El racismo que México no quiere ver», YouTube, 2019, recuperado de https://www.youtube.com/watch?v=-cWUtzeXsKw.

[12] Ariel E. Dulitzky, «A Region in Denial: Racial Discrimination and Racism in Latin America», en Neither Enemies nor Friends: Latinos, Blacks, Afro-latinos, Anani Dzidzienyo y Suzanne Oboler (eds.), Nueva York, Palgrave Macmillan, 2005, p. 2.

[13] Ibid., p. 10.

[14] Así quedó plasmado en la Sustentación del XVI-XVII Informe Consolidado de México sobre el Cumplimiento de la Convención Internacional sobre la Eliminación de todas las Formas de Discriminación Racial presentado ante el CEDR el 14 y 15 de febrero de 2012.

[15] Mónica G. Moreno Figueroa, «El archivo del estudio del racismo en México», *Destacados* 51, 2016, p. 93.

[16] Bianca Carreto, «Petición de perdón a España sacó pensamiento racista a flote: AMLO», *Expansión*, 2019, recuperado de https://politica.expansion.mx/presidencia/2019/03/29/peticion-de-perdon-a-espana-saco-pensamiento-racista-a-flote-amlo.

[17] Andrés Manuel López Obrador, «Versión estenográfica. Diálogo con pueblos indígenas, en La Yesca, Nayarit», 2019, recuperado de https://lopezobrador.org.mx/2019/11/17/version-estenografica-dialogo-con-pueblos-indigenas-en-la-yesca-nayarit/

[18] Para ver el tuit con sus respectivos comentarios dirigirse a https://bit.ly/2vgkuha.

[19] Hernán Gómez Bruera, «AMLO y el racismo», *El Universal*, 2019, recuperado de https://www.eluniversal.com.mx/opinion/hernan-gomez-bruera/amlo-y-el-racismo.

[20] Federico Navarrete, *México racista. Una denuncia*, México, Penguin Random House, 2016, p. 91.

[21] *Ibid.*, p. 76.

[22] Eugenia Iturriaga Acevedo, *Las elites de la ciudad blanca: discursos racistas sobre la otredad*, México, UNAM, 2016, p. 12.

[23] Agustín Basave, «Racismo mexicano: Venganza o redención», *Proceso* 2234, 22 de agosto de 2019.

PARA TERMINAR

[1] Teun A. Van Dijk, «Denying Racism: Elite Discourse and Racism», *Discourse and Society* 3, núm. 1992, p. 181.

[2] Se preguntó lo siguiente: «En caso de que hayas presenciado una actitud racista en otras personas, ¿interviniste de algún modo?».

www.ingramcontent.com/pod-product-compliance
Lightning Source LLC
Chambersburg PA
CBHW020527270326
41927CB00006B/472